獨步千年極簡美學！

宋朝服飾穿搭設計圖解事典

陸蕾／著

國家圖書館出版品預行編目（CIP）資料

獨步千年極簡美學！宋朝服飾穿搭設計圖解事典
／陸蕾著. -- 初版. -- 臺北市：臺灣東販股份有限公司，2024.08
240面；16.3×23公分
ISBN 978-626-379-473-3（平裝）

1.CST：服飾 2.CST：文化史 3.CST：宋代
4.CST：中國

538.182　　113008853

獨步千年極簡美學！
宋朝服飾穿搭設計圖解事典

2024年8月1日初版第一刷發行

著　　者　陸蕾
主　　編　陳其衍
美術編輯　林泠
發 行 人　若森稔雄
發 行 所　台灣東販股份有限公司
＜地址＞台北市南京東路4段130號2F-1
＜電話＞(02)2577-8878
＜傳真＞(02)2577-8896
＜網址＞https://www.tohan.com.tw
郵撥帳號　1405049-4
法律顧問　蕭雄淋律師
總 經 銷　聯合發行股份有限公司
＜電話＞(02)2917-8022

購買本書者，如遇缺頁或裝訂錯誤，
請寄回更換（海外地區除外）。
Printed in Taiwan

前言

中國古代有著嚴格的服飾制度，不同身分的人在不同場合所穿服飾的制式、色彩等均有規定，宋朝也不例外。此外，在宋朝三百多年的歷史中，其服飾風格也從延續唐、五代的寬博外放向崇尚窄瘦修身的婉約內斂轉變，形成了清雅俊逸的風格特徵。

宋朝是文人墨客的黃金時代，他們或宅邸燕居，或園林雅集，或郊野宴遊，吟詩作賦，掛畫插花，焚香點茶，用諸般雅事昇華著藝術，昇華著生活。宋朝仕女的閨閣生活也豐富多彩，她們或瑤台賞月，或荷亭奕釣，或圍爐博古，或品茗賞雪，在山林苑囿、亭台樓閣中陶冶著情操，消遣著時光。

宋朝的繪畫藝術也是中國畫史上的一個高峰。宋朝人物畫在唐、五代人物畫的基礎上繼續發展，題材廣泛，佳作眾多。宋畫所描繪的人物涵蓋不同階層、不同年齡、不同職業，且寫實性強，能夠比較直觀、準確地傳達當時的風土人情與社會風貌。

此外，繪畫、影像比之古籍文獻更為形象生動，可將人物、服飾、活動等資訊場景化，也讓人更好地去理解某種服飾的適用人群、適用場合。得益於此，千年之後的我們仍然可以展開一幅幅宋朝人物畫卷，找尋宋詞裡的峭窄春衫、褶褶珠裙，一覽宋朝文人雅士、宮妃仕女的楚楚衣冠、麗影霓裳，管窺「侍」農工商、稚女小兒的職業裝扮、四季時服。

本書第一至五章以宋朝絹本畫為主要藍本，以宋朝壁畫為輔助，建構了33個虛擬場景，大到謁廟朝會、宮宴雅集，小到燕居侍花、耕織鬥茶，嘗試在特定情境的代入中，闡述不同人物的巾帽冠帶、衫袍鞋服。需要說明的是，各個場景配圖僅作為場景搭建的參考，文字中的服飾描述以後面文字及人物形象插圖為準。此外，透過對古籍

文獻的考證，在第六、七章建構了5個虛擬場景，呈現宋朝冠禮、及笄禮、婚禮中所穿服飾、所用配飾。

我想，同科學研究一樣，歷史的研究大多也不能一蹴而就，隨著研究資料的補充，抑或是百家爭鳴的討論之後，那些「歷史的謎團」即使沒有論斷，也會達成共識。鑑於此，本書在尚有異議之處，儘量結合影像、文字資料，給出較為合理的推斷。

懷揣著對傳統文化、宋朝美學的一腔熱情，我投入到漫長的考證、查閱、整理與撰寫的歷程中，就像是一位沉浸在探坑中的考古工作者，手持軟毛刷子一點點刷去文物上的塵土，忐忑著又期待著。寫作的旅途有時是令人雀躍的，當那些歷史圖像裡的服飾與古籍記述吻合時，像是拿對了開啟寶箱的鑰匙；有時是令人驚歎的，當那些精工細作的華服釵鈿從地下的沉睡中蘇醒時，像是在時間的冰原裡突然觸碰到大宋文明的餘溫；有時也是令人沮喪的，當那些存疑的認知在百轉千迴的探索之後仍無定論時，像是在迷宮中兜兜轉轉又回到了原地。

這是一本宋朝服飾的科普書，但我更希望它是感受理解宋韻美學的一扇窗，於是我融入了宋畫、宋詞以及中國傳統色彩的相關表達。希望所有的同袍們、同胞們，能夠透過「華章之美」，體會大宋氣韻，感受中國氣派！

2023年8月

目錄

第二章　官家官員的通勤裝

第三章　士宦富賈的休閒裝

第四章 少年兒童服飾

第五章　庶民百工服飾

第六章　成人禮服飾

第七章　婚禮服飾

第八章　宋朝服飾體系梳理

後記

書中人物介紹

讀者朋友們，大家好。我是模特江城子，愛好古琴、書法。我將為大家試穿宋朝不同階層、不同身分男子的裝束。

讀者朋友們，大家好。我是模特西江月，也是一位傳統服飾愛好者。我將為大家帶來宋朝不同階層、不同身分女子的裝束展示。

哥哥姊姊、叔叔阿姨們，大家好。我是南鄉子，今年7歲了。我將為大家帶來宋朝女童的裝束展示。

哥哥姊姊、叔叔阿姨們，大家好。我是小重山，今年5歲了。我將為大家帶來宋朝男童的裝束展示。

第一章

命婦仕女服飾

命婦泛指有封號的婦女，分為內命婦與外命婦。內命婦是指皇室成員，包括后妃、未婚的公主、宗室之母和妻，外命婦包括已婚的公主、高官之母及妻。除此以外，皇家乳母、宮中女官以及有突出社會貢獻的女性也可以獲得外命婦封號。命婦不僅可以身穿華麗的服飾，同時還享有各種儀節上的待遇。

仕女是來自士人階層、家庭殷實的女子，包括出生在讀書人、官宦、商賈、富農等家庭的女性。命婦仕女是社會中上階層的女性，社會地位高，經濟條件優越，她們的服飾裝扮華麗考究，同時也受到諸多禮制的約束。

場景一　帝后謁太廟

是年孟春，帝后謁太廟。帝服通天冠朝服，后著褘（ㄏㄨㄟ）衣。褘衣深青色，上有翬翟（ㄏㄨㄟ　ㄉㄧˊ）圖案，衣領上有黑白相間的花紋，袖口衣邊用紅羅為緣飾。腰束大帶，帶與衣色相同。蔽膝同裙色，上繪翟紋，穿青襪金舄（ㄒㄧˋ），戴白玉雙佩。頭戴鋪翠九龍四鳳冠，插十二枝花，配博鬢三對。華冠麗服，光彩照人。

▲　宋，佚名繪《女孝經圖》局部

一、后妃命婦的禮服

宋朝命婦的禮服有著嚴明的等級之分與適用場合，主要有褘衣、鞠衣、褕翟（ㄩˊㄉㄧˊ）、朱衣、禮衣。

1. 褘衣——皇后的最高級禮服

褘衣是皇后專屬的最高等級禮服，在受冊封、朝謁景靈宮、朝會及祭祀等重大儀典時穿著。根據《宋史・輿服志》記載，褘衣的形制如下：其衣深青色，上有翬翟圖案，衣領上有黑白相間的花紋，袖口衣邊用紅羅為緣飾。腰束大帶，帶與衣色相同。蔽膝與下裳顏色相同，上繪翬雞圖案，戴白玉雙佩，腳穿青色羅襪以及裝飾有黃金的舄。宋朝皇后坐像中的褘衣，雖然跟記載不完全吻合，但從中依然可以看到形制、圖案等細節。

▼ 穿褘衣的宋朝皇后形象

2. 鞠衣——皇后的專屬禮服

鞠衣也是皇后的專屬禮服，在祭祀蠶神時穿著。根據《宋史・輿服志》記載，鞠衣的形制如下：由黃羅面料製成，裡面的襯裡為白色。腰前繫蔽膝，腰繫大帶、革帶，穿皮革做的舄，顏色和衣服顏色相同，其餘和禕衣一樣，只是沒有翟紋。

3. 褕翟——外命婦的最高級禮服

褕翟是除皇后以外的內命婦以及外命婦的最高等級禮服，嬪妃、皇太子妃受冊封、朝會以及公主婚嫁時穿褕翟。褕翟形制和皇后的禕衣類似，主要有三點不同：大帶不用朱裡，正面用朱錦，背面用綠錦包裹，穿青舄但不加金飾。

▶ 宋朝聶崇義撰《新定三禮圖》中的鞠衣

◀ 宋朝聶崇義撰《新定三禮圖》中的褕翟

4. 朱衣——朝謁聖容的禮服

朱衣是宋朝「曇花一現」的禮服，是宋朝禮官們為了迎合劉娥太后的參政需求增設的。朱衣基本形制與大禮服相似，但用色和紋樣較為簡單。朱衣用「緋羅」製成，腰前加繫蔽膝，腰繫革帶、大帶、佩綬。腳穿襪和帶有金飾的履，履和衣色相同。朱衣多在朝謁聖容及乘坐轎輦時穿著，在劉娥以後，並沒有被延續使用。

5. 禮衣——宴見賓客的禮服

禮衣是宴見賓客時所穿的服裝，基本形式是兩袖寬大的大袖衣。《唐六典》記載，釵鈿禮衣，戴十二寶鈿，服裝顏色沒有規定，形制同鞠衣，加雙佩小綬，不穿舄，改穿履。

二、后妃命婦的禮冠

宋朝后妃命婦的禮冠是在形似團冠的帽胎基礎上，裝飾花樹、博鬢、鳳凰、翬鳥、游龍、珠旒（ㄌㄧㄡˊ）等飾物製作而成，璀璨華美，多在冊封、謁廟等重大場合戴，是尊貴身分的體現。禮冠上的飾物形象、數量依據主人身分品階不同，具有嚴格的等級劃分。以《宋史・輿服志》所記載政和年間的規制為主要依據，禮冠主要有如下四類。

1. 皇后的九龍四鳳冠

「皇后首飾花一十二株，小花如大花之數，並兩博鬢，冠飾以九龍四鳳」。由此可見，皇后所戴禮冠為「九龍四鳳冠」，大花十二株，小花十二株，雖然這裡記載的是「兩博鬢」，但由宋朝多位皇后畫像以及出土的明朝皇后鳳冠實物可知，皇后的禮冠兩側各有三對博鬢。

2. 嬪妃與公主的九翬四鳳冠

「妃首飾花九株，小花同，並兩博鬢，冠飾以九翬、四鳳」。妃子的禮冠上大小花各有九株，用兩博鬢，沒有龍飾，而是用九翬四鳳。翬是有五彩羽毛的野雞，雖不及鳳凰高貴，但也不失華美。由《武林舊事》卷二《公主下降》的相關記載可知，公主的禮冠也是九翬四鳳冠。

3. 皇太子妃的花釵冠

「皇太子妃首飾花九株，小花同，並兩博鬢」。太子妃的禮冠沒有龍鳳裝飾，大小花各九株，共十八株，與皇太子遠遊冠的梁數相同，用兩博鬢。

4. 其他命婦的花釵冠

其他命婦的禮服冠也叫花釵冠，「皆施兩博鬢，寶鈿飾」，按品級不同，形制上也有差異。《宋史・輿服志》記載：「第一品，花釵九株，寶鈿準花數，翟九等；第二品，花釵八株，翟八等；第三品，花釵七株，翟七等；第四品，花釵六株，翟六等；第五品，花釵五株，翟五等。」

其實，由宋朝皇后畫像可以看出，實際上皇后禮冠的樣子與《宋史・輿服志》所載並不完全契合，比如畫像中皇后的博鬢是各有三對，冠上的裝飾也不局限於龍、鳳、翬、花，還有「仙人」的形象。

▲ 宋朝皇后畫像中的鳳冠

三、舄——等級最高的鞋子

《宋史‧輿服志》提到，在身穿褘衣、褕翟時應該配青舄。那麼，舄是什麼呢？

舄是雙層底的淺幫履，鞋底墊木，用絲絛（ㄊㄠ）裝飾，且裝有鞋帶，是古代身分最尊貴的人穿的鞋子。王公大臣、后妃等在朝會、祭祀等重大場合，需要長久站立，穿這種下面墊木的鞋子，可以防止濕氣或泥土進入。

不同顏色的舄均有穿著規範，要與相應的禮服搭配。天子和諸侯的舄，有赤舄、白舄、黑舄三種，后妃有搭配褘衣、褕翟的青舄以及搭配鞠衣的黃舄。

▼ 赤舄　宋，佚名繪《宋宣祖坐像》局部

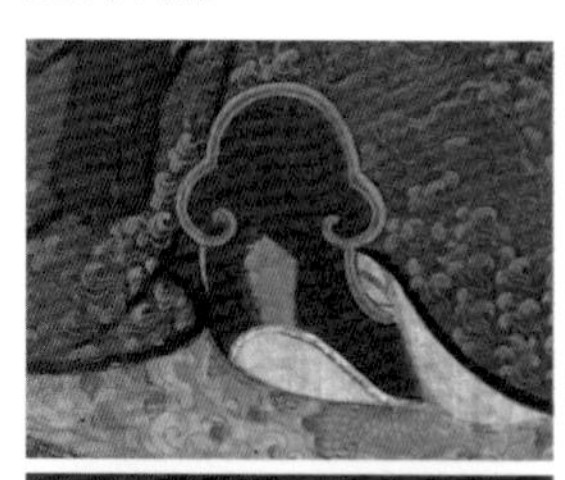

▶ 赤舄　宋，佚名繪《宋欽宗坐像》局部

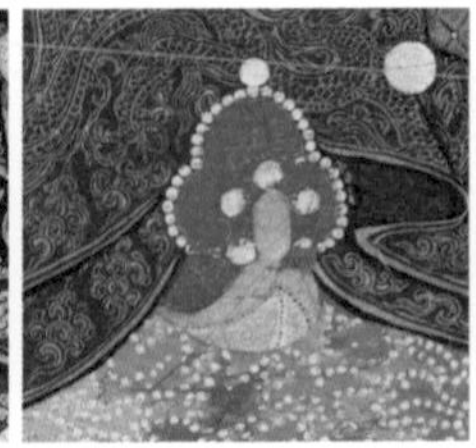
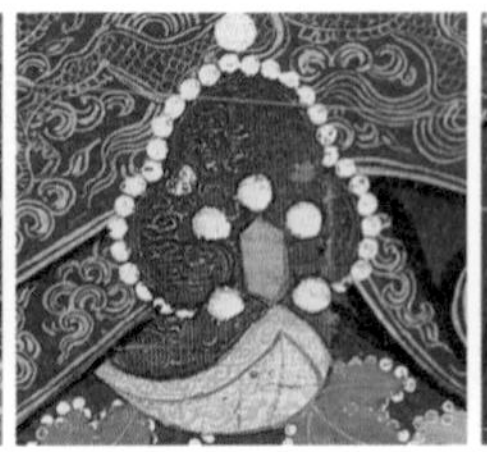

▲ 宋朝皇后畫像中的青舄

四、宋朝的流行面飾

在傳世的宋朝皇后畫像中，皇后們幾乎無一例外地戴著裝綴珍珠的鳳冠，貼著珍珠花鈿，戴著珍珠耳飾，既低調奢華，又不失清新典雅。那麼，宋朝的貴婦們為何會如此熱衷於「珍珠妝」呢？

1. 宋朝為何流行珍珠妝

（1）素雅清秀的審美風格。

宋朝崇尚淡雅清秀的審美風格，前朝妝容中常用的面靨、額黃、斜紅對於宋朝女子來說過於嫵媚嬌豔了。於是，愛美的她們將這些部位的裝飾換成了素雅的珍珠，引領了「珍珠妝」的潮流。

（2）日益成熟的育珠技術。

中國是最早進行人工養殖珍珠的國家，宋朝龐元英所著《文昌雜錄》，詳細地記載了人工育珠的始創者和具體方法。隨著宋朝人工培育珍珠技術的成熟與推廣，珍珠的廣泛使用與流行成為可能，不僅應用在妝容上，而且廣泛應用於飾品、鞋服、器物上。

（3）日趨繁榮的商品經濟。

在宋詞中，多見關於「珠裙」、「珠鞋」的描述，由此可見，上到官宦貴族，下至平民百姓，都偏愛用珍珠作為裝飾。即使在今天，一顆品質上乘的珍珠也是價值不菲。那麼，在千年之前的宋朝能夠如此普遍地使用珍珠，也側面反映出宋朝的經濟實力。

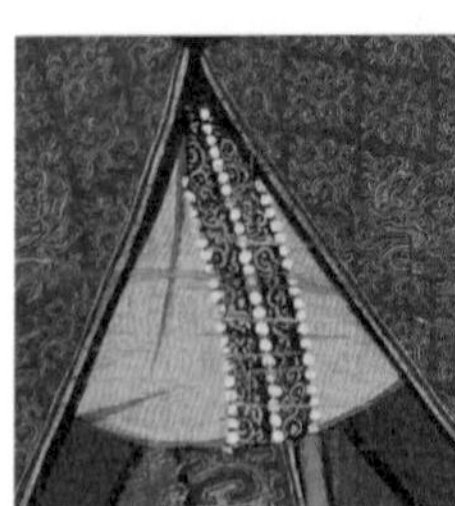

▲ 皇后袖口上的珍珠裝飾

▲ 皇后袖口上的珍珠裝飾

▲ 椅帔上的珍珠裝飾

▲ 宮女鞋上的珍珠裝飾

2. 珍珠是用什麼黏貼的

呵膠，以魚鰾製成，易融化，是古代女子黏貼花鈿的黏膠。宋朝葉廷珪的《海錄碎事・百工醫技》記載：「呵膠出遼中，可以羽箭，又宜婦人貼花鈿，呵嘘隨融，故謂之呵膠。」呵膠一經呵氣，黏合力會很強，除了黏花鈿，還可以用來黏箭羽。卸妝時用熱水一敷，便可取下花鈿，方便好用。

▲ 珍珠花鈿
宋，佚名繪《宋高宗后坐像》局部

3. 魚媚子——別具巧思的面飾

愛美的宋朝女子們除了用珍珠飾面，還有一種別具巧思的「魚媚子」。據《宋史・五行志三》記載：「淳化三年，京師裡巷婦人競剪黑光紙團靨，又裝鏤魚腮中骨，號『魚媚子』以飾面。」據當代學者陳詩宇考證，「魚腮中骨」應該是青魚喉部的一塊硬如石頭的骨頭，叫魚石，經過打磨拋光後瑩潤如玉，可以做成飾品裝飾面部或裝在髮冠上，十分美觀。因此，「魚媚子」的製作方式應該是先用黑光紙剪成一個圓形，然後將雕鏤成一定形狀的魚石黏在黑光紙上，在黑光紙的襯托下，紅潤的魚石更顯瑩亮明媚。

▲ 魚媚子
根據史料記載推測繪製

小知識　現代宋制婚禮可以穿褘衣或褕翟嗎？

可以。如果作為婚服穿著，新郎也要穿相應級別的禮服——通天冠服或遠遊冠服。但這或許「過於隆重」，建議在服飾展示、文化科普等場合穿著。

場景二　賜宴外命婦

上元佳節，眾外命婦奉旨進宮赴宴，遂有幸一睹諸后妃鳳顏榮光。

諸后妃均穿常服赴宴。后穿絳羅褙子，外罩牡丹紋紗羅大袖，下穿印金球路紋黛青長裙。披鳳穿雲紋刺繡霞帔，配花草紋玉帔墜，霞帔緣邊均綴以珍珠裝飾，華美粲然。后面著三白妝，飾以珍珠面靨、耳墜，頭戴鏤金鳳簪，頸項佩戴紅白相間的水晶珠鏈，其做工精細奇巧，歎為觀止。

其餘諸妃或披大袖霞帔，或著各色褙子，戴白角團冠、縷金雲月冠，以白玉簪導之。目之所及，衣香鬢影，雯華若錦。

▲ 宋，佚名繪《宋宣祖后坐像》局部

一、大袖——貴婦的盛裝

1. 大袖的形制

大袖是宋朝上層女性的常服，這裡所說的「常服」不同於我們現代理解的「日常服飾」，是指在較為正式的場合穿著的盛裝。《宋史・輿服志》記載：「其常服，后妃大袖，生色領，長裙，霞帔，玉墜子，褙子、生色領皆用絳羅，蓋與臣下不異。」

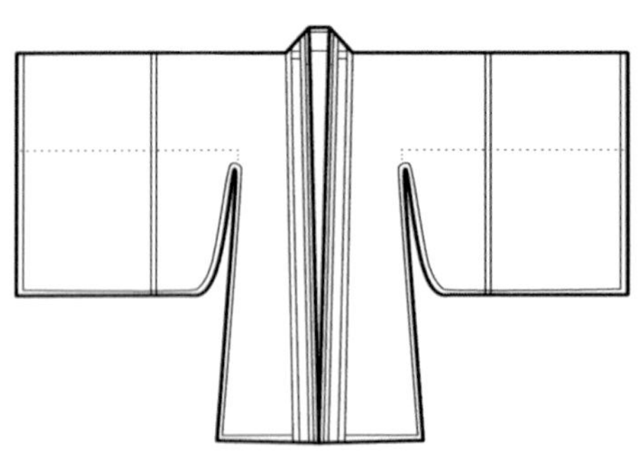

▲ 大袖形制示意圖正面
根據福建省福州市南宋黃昇墓出土大袖衫繪製

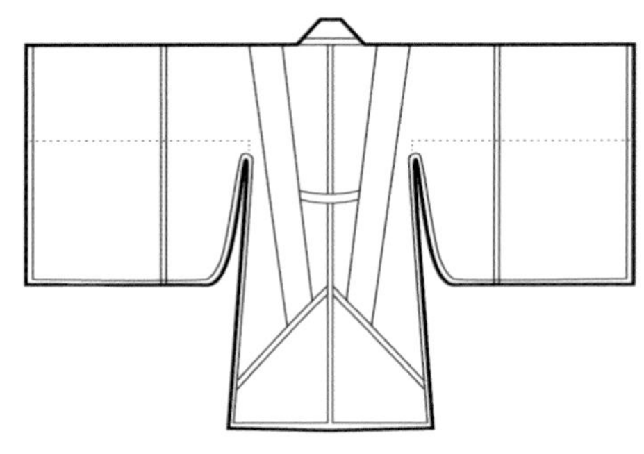

▲ 大袖背後儲放霞帔末端的三角兜

大袖為直領對襟，衣袖寬博，衣長及膝下，兩側開衩，領口、衣襟處多用刺繡、銷金、彩繪等工藝裝飾，所謂「生色領」即有花卉圖案裝飾的領子。《宋宣祖后坐像》以寫實的畫風與細膩的筆觸，讓我們穿過千年的時光一睹大袖的風華。杜太后身穿黃羅暗紋大袖，杏黃曳地長裙，衣擺後身開衩，前短後長，外搭有藍底鳳紋霞帔，頭戴鋪翠鳳冠、博鬢，將后妃華美粲然的形象表現得淋漓盡致。

2. 后妃的其他常服

除大袖以外，宮妃的常服還有哪些呢？李心傳《建炎以來朝野雜記》記載：「真紅大袖，紅羅生色為領，紅羅長裙，紅霞帔，藥玉墜子，紅羅褙子，黃紗衫子，白紗襦褲，明黃裙，粉紅紗短衫。」由此可見，后妃常服多為大袖、褙子、長裙、衫，多以羅、紗為面料，顏色多是紅、黃等較為明豔的色調。

二、霞帔——身分的象徵

1. 霞帔的形制

霞帔是在披帛基礎上發展出的一種新形式，其制式為狹長形，前端相連成V形，下端繫金或玉質地的「帔墜」。霞帔上常繡有鳳鳥花紋圖案，或在邊緣裝飾珍珠，穿戴時自領後繞至胸前，披搭而下，在大袖領子側部有紐襻固定。

宋朝帔墜的質地主要分金、銀、銀鎏金、玉幾種，形狀大都為雞心狀，紋飾主要以禽、花草、魚等為主，做工精細考究。吳自牧《夢粱錄》記載：「且論聘禮，富貴之家當備三金送之，則金釧、金鐲、金帔墜者是也。」由此可見，南宋時金帔墜已經成為富貴人家嫁娶時必備的聘禮之一。

▲ 霞帔紋樣

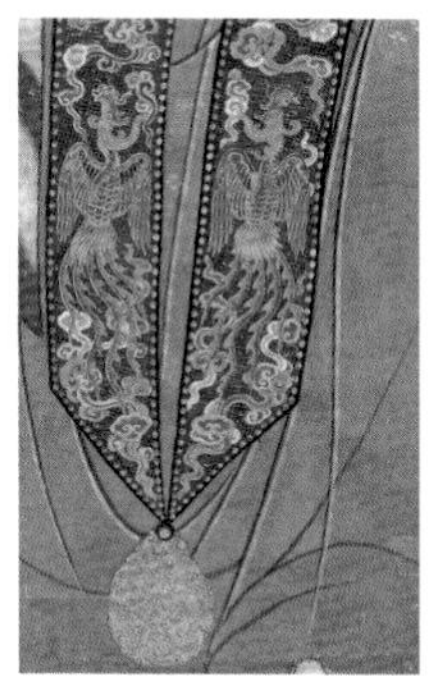
▲ 霞帔末端

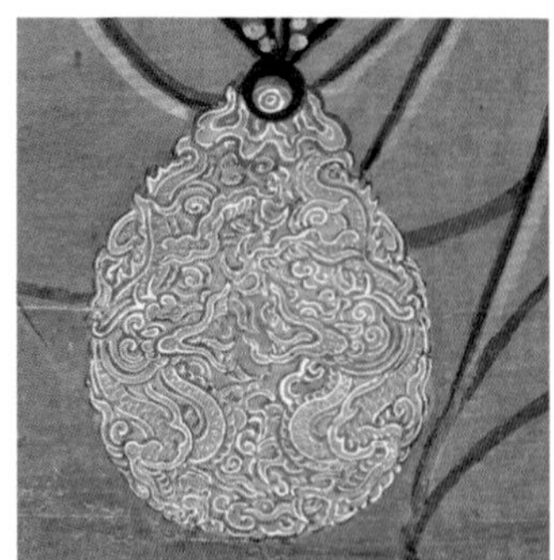
▲ 霞帔墜

2. 哪些人有資格穿霞帔？

宋朝霞帔非恩賜不得服，只有成為命婦，才有資格穿戴霞帔，一般的女性穿大袖時只能搭配橫帔或直帔，如江西省贛州市慈雲寺塔絹畫中的女子即穿大袖衫搭配橫帔。但是也有例外，比如歌舞樂者因表演角色需要，可以穿戴霞帔。依據「大禮可攝勝」的禮制規定，平民女子在出嫁這天可以破例穿戴霞帔。

3. 宋朝與明朝霞帔的區別

宋朝與明朝霞帔的區別主要體現在兩個方面。第一點是宋朝霞帔紋樣未有嚴格的等級之分，目前尚無明確記載宋朝霞帔等級的文字。而明朝霞帔以雲霞花鳥紋區別等級，有比較嚴謹的規制，「鳳冠」和「霞帔」成為命婦禮服的固定搭配，這時候才有了「鳳冠霞帔」的統一叫法。第二點則體現在帔墜上，宋時帔墜有孔無鉤，用繩繫於霞帔底端，發展至明朝則逐漸便利化，在帔墜上增加了鉤，佩戴時直接掛在霞帔末端即可。

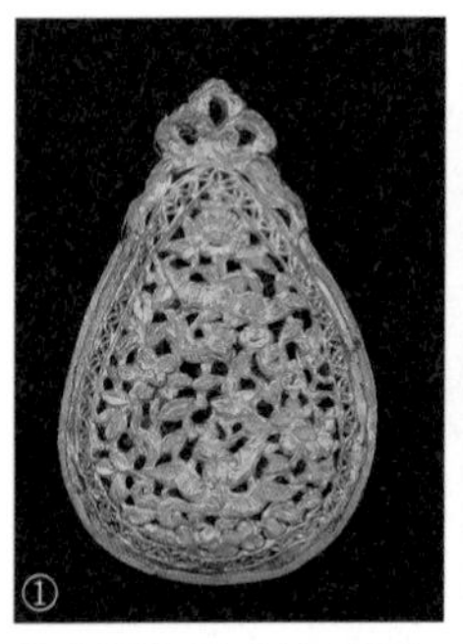

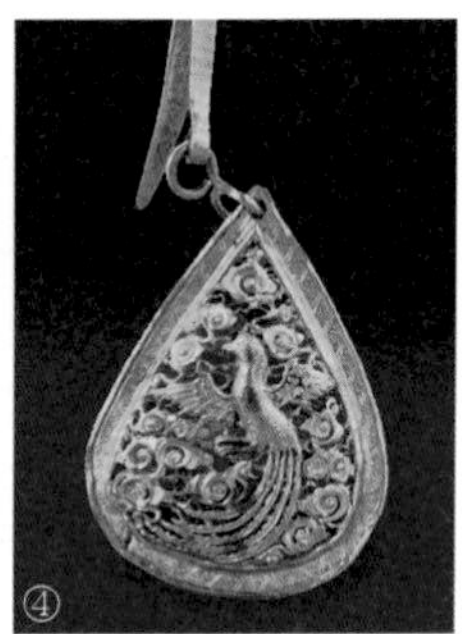

① 宋朝鸞鳳穿花紋金帔墜
② 南宋銀鎏金鴛鴦銜荷紋霞帔墜
③ 南宋桃形透雕石霞帔墜
④ 帶有掛鉤的明朝金帔墜

4. 霞帔、橫帔、直帔的區別

成書於北宋元豐年間（1078—1085）的《事物紀原》（高承）記載：「今代帔有二等，霞帔非恩賜不得服，為婦人之命服，而直帔通用於民間也。」成書於南宋的《朱子語類》記載：「《蒼梧雜誌》載『背子』，近年方有，舊時無之……女人無背，只是大衣。命婦只有橫帔、直帔之異爾。」那麼，霞帔、橫帔與直帔有什麼區別呢？目前，相關學者一般認為，霞帔是命婦專用的有五彩圖案的披帛，直帔形似霞帔，用法也與霞帔相似，但只是用布帛製成，沒有額外的五彩圖案裝飾。橫帔與直帔都是民間通用的樣式，但橫帔的佩戴方式與霞帔、直帔不同，從背部向前環繞然後於兩手相交處垂下。

大袖衫的穿搭展示

英英肯似焉支貴。漫脫紅霞帔。

——宋，劉辰翁《虞美人・大紅桃花》

◀ 命婦的盛裝——大袖霞帔

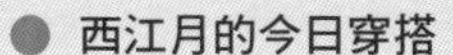

● 西江月的今日穿搭：

桃紅抹胸＋鵝黃素羅上襦＋泥金菊花紋緣邊絳羅褙子＋牡丹花羅絳紅大袖＋黛青球路紋百迭裙＋雲鳳紋黛青霞帔＋纏枝花草玉帔墜＋絳紅翹頭履

● 髮型配飾：

同心髻＋鏤金鳳簪＋珍珠寶石排珠耳墜＋紅白水晶珠鏈＋綠松石金戒指

● 妝容：

三白妝＋珍珠花鈿面靨

曲眉淺臉鴉髮盤，白角瑩薄垂肩冠。

——宋，梅堯臣《當世家觀畫》

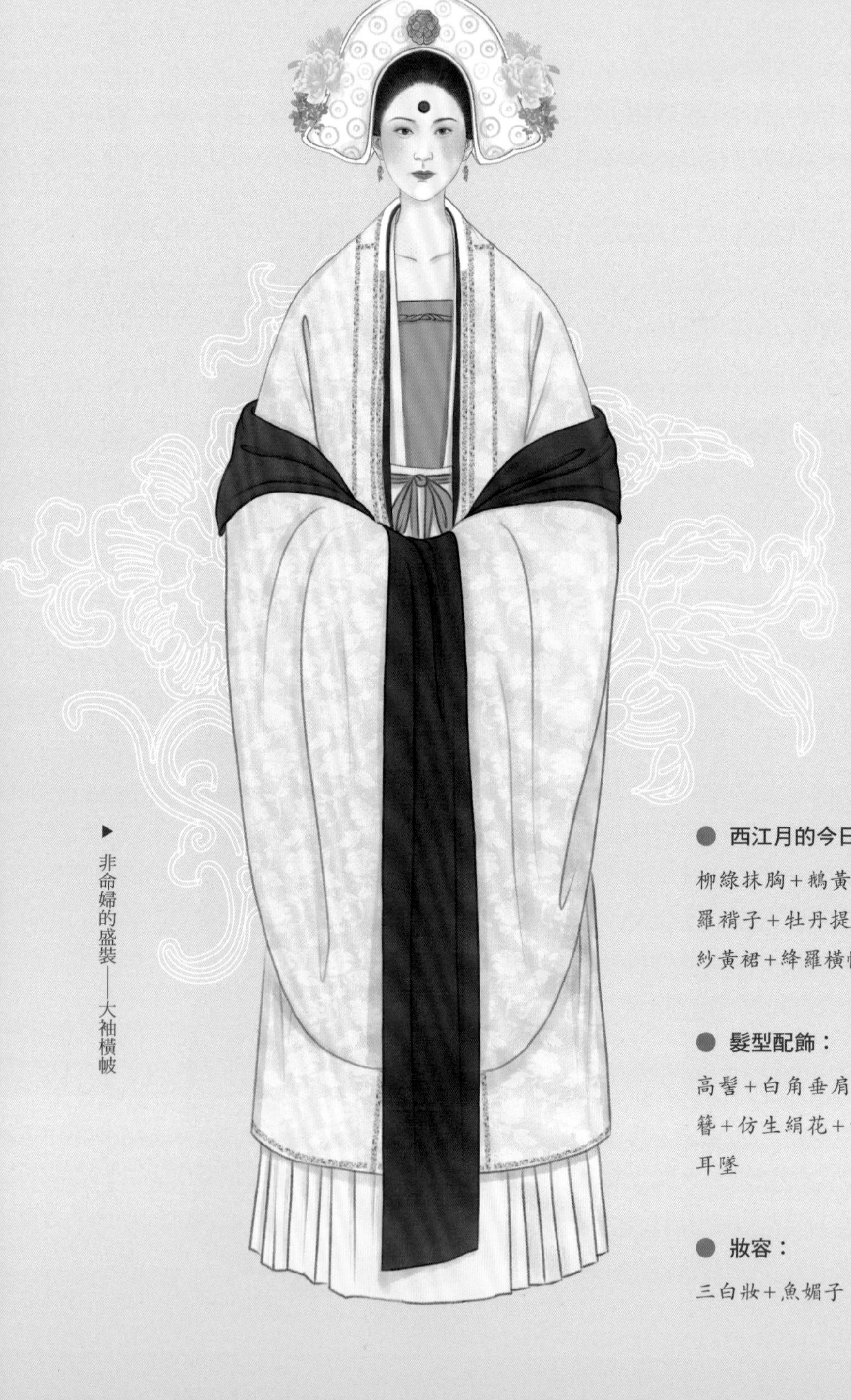

▶ 非命婦的盛裝——大袖橫帔

● **西江月的今日穿搭：**

柳綠抹胸＋鵝黃素羅上襦＋紅羅褙子＋牡丹提花羅大袖＋素紗黃裙＋絳羅橫帔

● **髮型配飾：**

高髻＋白角垂肩冠＋鎏金花頭簪＋仿生絹花＋童子執荷葉金耳墜

● **妝容：**

三白妝＋魚媚子

三、宋朝貴婦的首飾盒裡有什麼

透過《宋宣祖后坐像》我們可以看到，杜太后脖子上戴著紅白相間的珠串項鍊，耳朵上戴著排珠耳墜。其他宋朝皇后畫像裡也出現了不同款式的珍珠耳墜，一般長度較長，還出現了珍珠與寶石搭配的樣式，推測這種奢華的長耳墜應該只有后妃、命婦可以佩戴。那麼，宋朝貴婦的首飾盒裡還有哪些飾品呢？

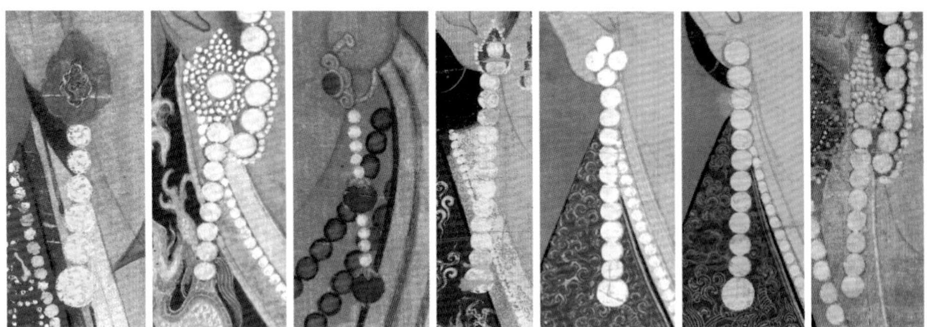

▲ 宋朝皇后畫像中的耳墜

1. 耳飾

宋朝耳飾的材質以金質居多，也有金與水晶結合、花絲嵌寶石的做法，樣式繁簡不一。根據耳飾主體形狀的不同，可將宋朝耳飾分為以下樣式：魚鉤形、月牙形、長葉形、花卉果實形、幾何形、動物形、動植物與人物組合形等。

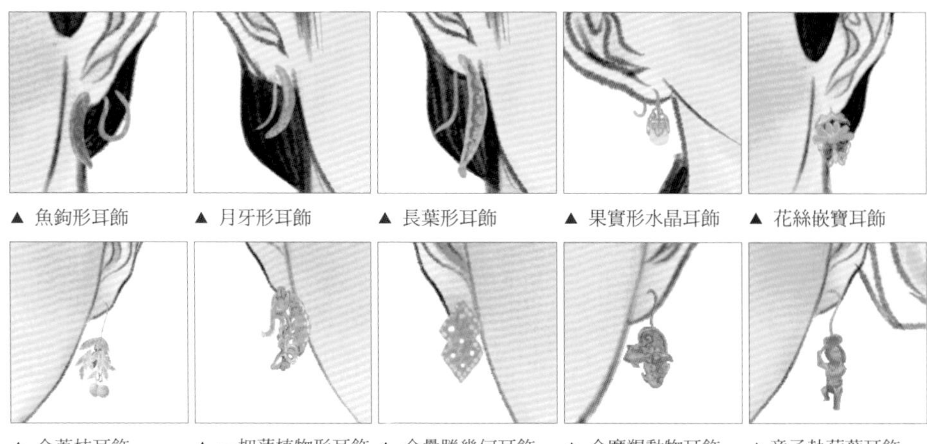

▲ 魚鉤形耳飾　▲ 月牙形耳飾　▲ 長葉形耳飾　▲ 果實形水晶耳飾　▲ 花絲嵌寶耳飾

▲ 金荔枝耳飾　▲ 一把蓮植物形耳飾　▲ 金疊勝幾何耳飾　▲ 金摩羯動物耳飾　▲ 童子執荷葉耳飾

2. 項飾

從目前發現的宋朝項飾實物來看，主要有珠串以及念珠兩類。

（1）珠串。

珠串是由數枚穿孔的珠子穿連而成的一種項飾。一條珠串的珠子可能為同一質地，也可能穿插幾顆其他質地的珠子；珠子大小或相等，或穿插幾枚大小不等的珠子，或在珠子之間插有其他形狀的裝飾品。

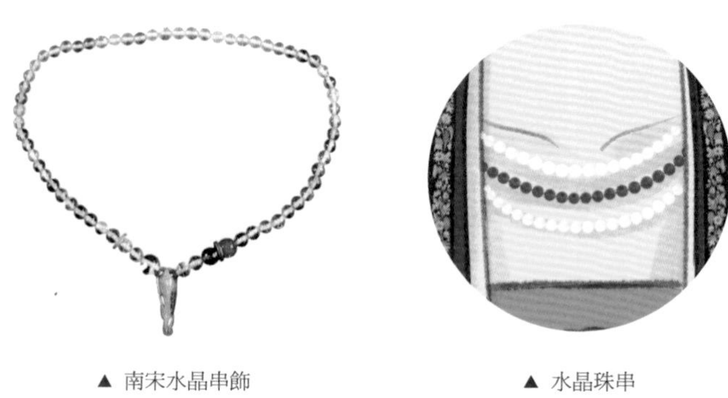

▲ 南宋水晶串飾　　▲ 水晶珠串

（2）念珠。

也稱為「佛珠」、「數珠」，原為佛教教徒念佛的工具，由數枚穿孔的木珠穿連而成，後來發展成為裝飾品的一種。南宋黃昇墓出土了兩串木念珠，2008年在南京市秦淮區長干寺地宮出土了水晶念珠，五代南唐周文矩的《荷亭奕釣仕女圖》中亦有一位戴念珠的女子。

▲ 念珠

3. 臂飾

宋朝的臂飾主要為「纏釧」，又稱「跳脱」、「條脱」、「纏臂金」等。其形式似彈簧，少則兩圈，多則數圈不等。鐲頭用粗絲纏作活扣與下層的連環套結，可以左右滑動調節鬆緊。纏釧表面可用花草紋樣裝飾或者光素無紋，是極富女性特質的首飾，最適合上臂豐潤的女子佩戴。金燦燦的臂釧，更能襯托出肌膚勝雪、柔媚綽麗的容姿。

▲ 金臂釧

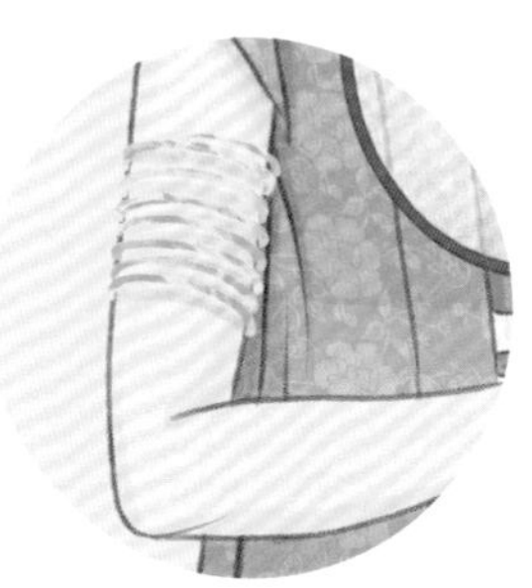

▲ 金臂釧佩戴示意圖

4. 腕飾

目前出土的宋朝腕飾主要有鉗鐲和手串兩類。鉗鐲一般為單環，有豁口，鐲面則有寬有窄，寬鐲面通常有弦紋將鐲面等分或有花鳥紋樣裝飾，窄式一般沒有弦紋分割。手串主要有瑪瑙、水晶兩種不同的質地，出土實物有河北省定州市靜志寺地宮出土的北宋瑪瑙手串，以及上饒博物館館藏的水晶手串等。

▲ 南宋花卉紋金鉗鐲

▲ 南宋弦紋金鐲

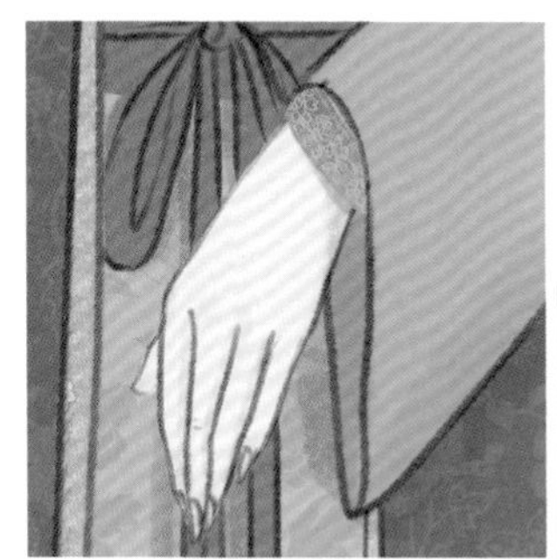

▲ 花草紋鉗鐲

▲ 瑪瑙珠串　參考定州市靜志寺地宮出土的北宋珠串實物繪製

5. 指飾

在宋朝，指環又被稱作「指鐲」。目前可以看到的宋朝流傳下的指環實物多出土於墓葬，材質以金質居多，可分為鉗鐲式、纏釧式、嵌寶式指環三類。

▲ 鉗鐲式金戒指
參考浙江省建德市大洋鎮下王村宋墓出土金指鐲繪製

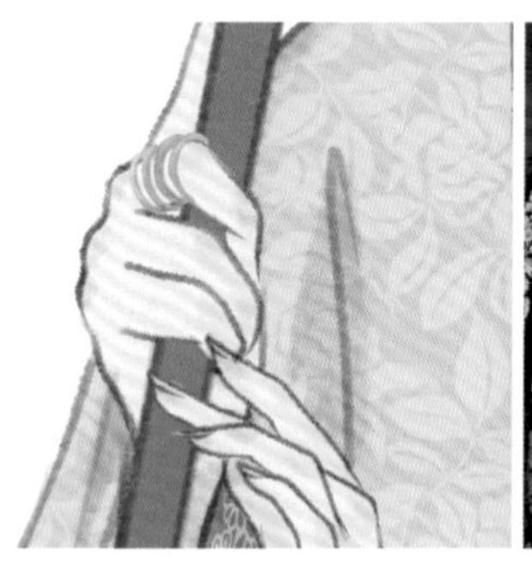

▲ 纏釧式金連戒
參考江蘇省常州博物館藏南宋纏釧式金連戒繪製

▲ 嵌寶金戒指
參考浙江省杭州市臨安區宋墓出土金嵌松石指環繪製

小知識　在現代，哪些場合適合穿著大袖霞帔？

建議把大袖霞帔作為出席較為正式場合的盛裝，可以在學校的畢業晚會、宋制婚禮、漢服展示或走秀、寫真影片拍攝等場合穿著，穿著時可搭配團冠、花冠、博鬢或者體量較小的鳳冠。

場景三　閨蜜下午茶

鶯飛蝶舞，春日漸長，宮中的午後時光愈發慵懶無趣。張娘子欲烹些新茶，去找苗娘子一起品飲。

「阿奴，幫我更衣梳妝，今日就穿檀色素羅襦配球路紋真絲綃下裙。對了，再配上那條天青色披帛。」羅衣更畢，阿奴又幫張娘子梳上高高的鬟髻，戴上銀鎏金珍珠鈿釵、插梳，再戴上前日官家剛賞的一對金鐲，甚是典雅濃麗。「娘子，阿奴再給您化個檀暈妝，才更顯氣色呢。」只見阿奴先在張娘子兩頰薄施鉛粉，再敷檀粉，薄染面中和眉下，微紅的顏色層層暈開，如這春日裡的桃花綻放，煞是嬌羞。

行至東御園，苗娘子身著襦裙披帛迎風走來，還帶來她親製的精巧茶點。主僕四人，賞春品茗，打趣逗樂，相談甚歡。

北宋初期的服飾風格沿襲晚唐、五代遺風，以寬博舒適為主。此時的襦裙亦延續晚唐、五代的齊胸穿法，即將裙束在高至胸部的位置。

襦裙一般為上穿短襦下穿裙的搭配方式，是宋朝女子較為普及的日常服飾。從《飲茶圖》可以看出，宋朝女子上身穿襦，下身著長裙，以裙掩衣，肩部配有披帛。

▲ 宋，佚名繪《飲茶圖》局部

一、襦與襦裙

襦，短衣，可以加腰襴，也可以不加，有單層、複層之分，單襦近乎衫，複襦則近襖，衣身兩側不開衩。兩漢樂府詩《陌上桑》裡「緗綺為下裙，紫綺為上襦」的詩句以及出土服飾實物印證了秦漢時期已有「襦」的存在。

1. 襦的種類與穿法

襦按照領型的不同，可以分為直領、交領、坦領三種形制。女子穿襦多和下裙搭配穿著，所以也稱「上襦」。襦的形制簡單，不分身分高低，平民與貴族都可以穿著。

► 穿直領對襟襦裙的女子
五代，顧閎中繪《韓熙載夜宴圖》局部

2. 交領要「右衽」

《飲茶圖》中女子（正面）上襦的穿著方式為「交領右衽」，即左衣襟壓右衣襟呈現y字形，這是中國古代漢民族多採用的服飾穿著方式。

交領是指將門襟相互交疊穿著的領型，是最早被稱為「有領」且飾有領緣的領型，是中國傳統服飾的經典領型，在歷代傳統服飾中皆有使用。需要注意的是，交領的右衽與左衽要分辨清楚。在歷史上，多數情況下，漢族採用「右衽」，少數民族採用「左衽」。

3. 襦裙的穿衣層次

從江西省贛州市慈雲塔絹畫中供養人的形象可以看出，北宋初期仍延續齊胸襦裙的穿法，且上襦為對襟穿法，外面罩穿了寬袖衫，寬袖衫的袖長僅到肘部。而《飲茶圖》中女子所穿齊胸襦裙的上襦為交領穿著，《浴嬰圖》中女子在齊胸襦裙外還罩了件半袖短衫，穿著風格變得相對內斂。

▲ 穿齊胸襦裙的仕女
江西省贛州市慈雲塔絹畫

▲ 齊胸襦裙
宋，佚名繪《飲茶圖》局部

▲ 齊胸襦裙外搭半袖短衫
宋，佚名繪《浴嬰圖》局部

襦裙的穿搭展示

月下步蓮人，薄薄香羅，峭窄春衫小。
——宋，曹組《醉花陰·九陌寒輕春尚早》

◀ 宋初 胸襦裙穿搭

● **西江月的今日穿搭：**

檀色素羅襦＋球路紋齊胸羅裙＋天水碧紗羅披帛

下裙紋樣根據宋劉松年《宮女圖》推測繪製

● **髮型配飾：**

多鬟髻＋銀鎏金鳳簪＋金插梳＋嵌珠金博鬢＋弦紋金鐲

● **妝容：**

檀暈妝

二、裙的分類

上衣下裳是中國古代服飾形制之一，下裳即裙之意。宋朝女子下裙多為長裙，蓋住鞋襪。長裙曳地，腰間繫帶。結合出土實物以及石刻、壁畫等圖像資料，宋朝常見的裙子主要有五種，百褶裙、百迭裙、合圍裙、三襉裙以及兩片裙——旋裙，至於較少見的前短後長等異形裙，本節不做贅述。

1. 百褶裙

在宋朝，百褶裙的製作要先用多塊布幅拼綴成一整個長方形，再將長方形布幅做滿褶襉，透過對裙身褶襉寬窄、多少的調整完成腰部收束。受古代織機紡布的幅寬限制，下裙的布帛門幅較窄，通常要多幅布帛才能拼成一條裙子。唐朝的裙多為六幅，宋時女子下裙有六幅、八幅、十二幅等，最多達三十幅，多有褶襉，所以稱為「褶裙」或「折裙」。

2. 百迭裙

百迭裙又叫交疊式百褶裙，是百褶裙的一種。裙身兩側或寬或窄，留有部分布片不做褶襉，穿上之後，這兩部分布片在身前交疊，形成一長條平整無飾的素面。

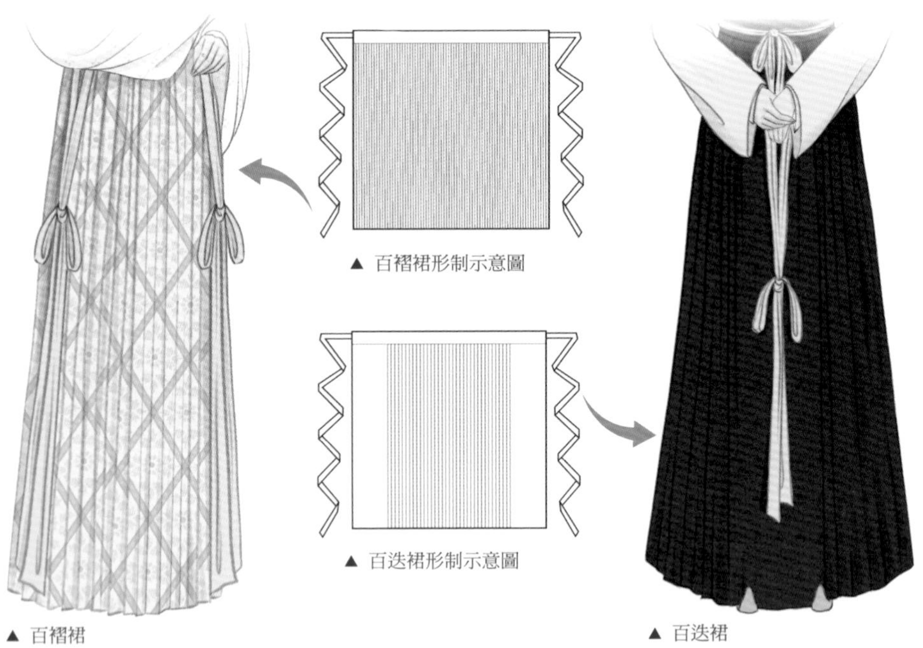

▲ 百褶裙形制示意圖

▲ 百迭裙形制示意圖

▲ 百褶裙

▲ 百迭裙

3. 合圍裙

合圍裙的裙腰寬度較小，與一個成年女子的腰圍相當，沒有或者僅有少量裙腰交疊。合圍裙在搭配中應該是穿著在其他裙或褲之外的罩裙，行走間，裙褶舒展，內層衣裝隱現，極富層次感。

合圍長短不一，從目前的文物實物來看，又有百褶式合圍、百迭式合圍和一片式合圍。開衩可在前側中間，也可在身體一側，其穿著搭配方式是比較靈活的。

▲ 百迭式合圍　南京高淳花山鄉宋墓出土

▲ 百褶式合圍　福州南宋黃昇墓出土

▲ 一片式合圍：星地折枝花紋綾夾裙
江西省德安縣南宋周氏墓出土

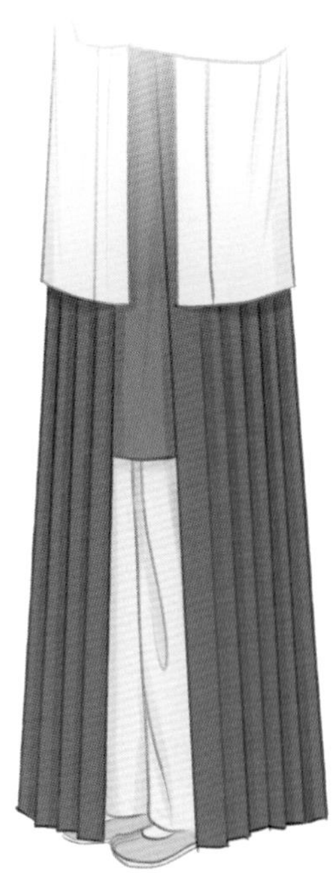

▲ 合圍

◀ 身穿合圍的農婦　元，程棨摹宋朝樓璹《耕織圖》局部

4. 三襉裙

三襉裙由四幅方形布拼接，在裙身正中及左右兩側留有三個褶襉，其他地方均為素面。身穿三襉裙行走時，襉褶處會隨著腳步擺動，素面處略有搖動，呈現出與百褶裙、百迭裙不同的姿態。

目前留存的三襉裙實物較少，僅有德安周氏墓的駝色如意珊瑚紋羅裙。三襉裙的裙擺較為寬闊，遠大於其他裙裝，德安周氏墓這條羅裙的裙擺寬度幾乎是裙腰的兩倍，差值達到了111公分。

5. 旋裙

旋裙的「旋」字用作定語時是「便捷」的意思，是一種前後開胯以便於出行乘騎的裙。從結構上來説，旋裙是兩片式長裙，裙身由兩個互相獨立的裙片組成，所謂「開胯」，就是指衣裙布片在胯部分裂而形成開衩。當外出騎乘時，身前身後疊合的裙片會被向兩旁撐開，以開衩為界垂在兩腿上。

這類裙裝在宋朝女子墓葬中大量出土，其中南宋黃昇墓出土的21條裙裝之中就有17條旋裙，而且在兩側、下擺及縫脊處有精美的印金或彩繪裝飾。有意思的是，當時黃昇身穿旋裙外罩著合圍式百褶裙，從這個穿著順序，我們還能看出旋裙與合圍式百褶裙的搭配方式。這是宋朝普遍的搭配方式還是黃昇個人的喜好，我們便不得而知了。但是，由此也可以看出宋朝女子著裝搭配方式的多樣與靈活性。

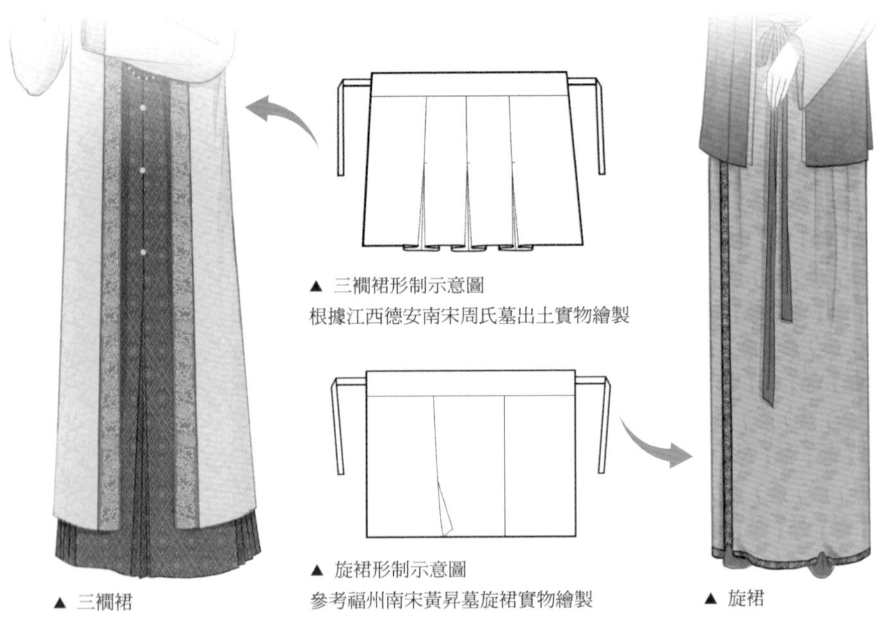

▲ 三襉裙形制示意圖
根據江西德安南宋周氏墓出土實物繪製

▲ 旋裙形制示意圖
參考福州南宋黃昇墓旋裙實物繪製

▲ 三襉裙

▲ 旋裙

三、宋詞裡的「裙」

宋詞裡關於裙的描述很多，表現了裙的面料、顏色以及裝飾等方面的特徵。

1. 裙的面料

在宋詞裡，「羅裙」出現的頻率較高，由此可見宋朝女子的裙子大多以羅製成。

雙蝶繡羅裙。東池宴，初相見。——張先《醉垂鞭‧雙蝶繡羅裙》

記得綠羅裙，處處憐芳草。——賀鑄《綠羅裙‧東風柳陌長》

羅裙香露玉釵風。靚妝眉沁綠，羞臉粉生紅。——晏幾道《臨江仙‧鬥草階前初見》

也有關於「紗裙」的描寫：

宮錦袍熏水麝香。越紗裙染鬱金黃。——賀鑄《減字浣溪沙‧十五之十》

一片西窗殘照裡，誰家。卷卻湘裙薄薄紗。——蔣捷《南鄉子‧黃葵》

銀紅裙襉皺宮紗。風前坐，閒鬥鬱金芽。——蔣捷《小重山‧晴浦溶溶明斷霞》

宋朝的服飾面料以絲織品為主，品種有織錦、花綾、紗、羅、絹、絲等。製作裙子多以羅或紗為主，輕薄透氣，雅致舒適。

2. 裙的顏色

紅裙在宋朝非常流行，深受女子喜愛。因為紅裙常用茜草、石榴花染製而成，所以也叫「茜裙」、「石榴裙」。

水濕紅裙酒初消，又記得、南溪事。——晏幾道《留春令‧採蓮舟上》

金尊照坐紅裙繞。怪一餉、歌聲悄。——王之道《青玉案‧金尊照坐紅裙繞》

東亭南館逢迎地，幾醉紅裙。——賀鑄《羅敷歌（採桑子）‧五之五》

紅裙中尤以石榴裙最為鮮豔，多是歌伎樂舞的穿著。

訴衷情

晏幾道

御紗新制石榴裙。沉香慢火熏。越羅雙帶宮樣，飛鷺碧波紋。

隨錦字，疊香痕。寄文君。系來花下，解向尊前，誰伴朝雲。

像石榴花一樣濃麗的紗裙，用越羅裁製的裙帶上繡著宮中最時興的紋樣——飛鷺碧波紋。晏幾道的這首詞呈現了裙的面料、顏色、圖案。此外，還有「退紅裙」——淺紅色裙子：

退紅裙，雲碧袖，花草爭春。——毛滂《于飛樂‧和太守曹子方》

碧玉篦扶墜髻雲。鶯黃衫子退紅裙。——張先《定風波令（般涉調）》

還有「湘葉忩忩換翠裙」、「碧染羅裙湘水淺」、「草色連天綠似裙」、「揉藍衫子杏黃裙」、「嬌兒兩幅青布裙」……從這些描繪裙子顏色的詞句中，我們可以看到翠、碧、綠、杏黃、青等裙子的色彩，其中青裙一般為在田野勞作的婦女所穿著。

3. 裙的裝飾

宋朝女子裙上的裝飾工藝種類繁多，精巧華美。

刺繡：「雙蝶繡羅裙」、「繡羅裙上雙鴛帶」。

草木染：「淡黃衫子鬱金裙」、「上界笙歌下界聞，縷金羅袖鬱金裙」。宋朝有人用鬱金香草染裙，使之有鬱金的顏色和香味，鬱金相當於今天的杏黃色。

縷金：「縷金裙窣輕紗，透紅瑩玉真堪愛」、「絳裙金縷褶，學舞腰肢怯」。縷金即以金絲為飾。

裝飾珍珠：「恐舞罷、隨風飛去，顧阿母、教窣珠裙」、「荷香涼透，柳陰深鎖，翠袂珠裙」。

此外，束裙的裙帶也常用刺繡、綴玉或將其結成花朵形狀等進行裝飾。

四、披帛戴法知多少

披帛是古代的女子披搭在肩背，纏繞於雙臂的長條帛巾，又稱「領巾」。起初多是嬪妃、歌姬、舞女使用，後來逐漸普及至民間婦女群體。

從存世的宋畫、壁畫等等圖像資料來看，披帛在北宋依然流行，多在搭配襦裙、大袖時出現，到了南宋時期，女子使用披帛的頻率逐漸減少。宋朝披帛主要有以下三種戴法：一是披搭在兩肩，披帛兩端垂在身體前方，在身體腰背處形成弧度；二是披搭在兩肩，披帛兩端垂在身體後方，在胸前、腰腹處形成弧度；三是從後往前披搭，後面在腰上下形成弧度，前面的兩端搭在肘關節附近。

▲ 披帛
宋，劉松年繪《宮女圖》局部

小知識　披帛怎麼固定不容易掉？

利用別針、磁鐵、髮卡等將披帛固定在衣服的兩肩膀處。比較推薦用磁鐵，不傷衣服。如果採取第三種披搭方式，可將披帛繫紮在肘關節位置。

場景四 奴面不如花面好

是月，春光將暮，百花盡開，牡丹尤為奇絕。娘子晨起，曉妝雲髻，想來是插花初畢，佇立盥手。只見她頭梳小盤髻，以紅絲繒（ㄗㄥ）髮帶束起，戴纏枝牡丹紋青玉插梳，綴珠金篦梳一對，長葉形金耳墜一對。身穿印金白羅襦，外罩芙蓉梅花紋紗羅背心，下穿菱格花草紋齊腰百褶裙，繫鵝黃色絛帶。叢竹蘢蔥，拳石翠草，漆案朱几，雙鬟侍候，似是宮中別苑。她一邊盥洗纖指，一邊回顧古銅花觚裡的牡丹，顧盼凝視間，似在喃喃低語「奴面不如花面好」。

▲ 宋，佚名繪《盥手觀花圖》局部

一、齊腰襦裙的穿搭

1.「短袖」疊穿

在宋畫《盥手觀花圖》及《妝靚仕女圖》中均描繪了身穿齊腰襦裙的仕女形象：她們高挽鬟髻，頭戴簪釵，身穿上襦、曳地長裙，肩戴披帛，腰間還繫有環佩。

在襦裙的穿搭基礎上，還可以疊加半臂，宋朝佚名畫作《浴嬰圖》中即有襦裙外搭配紅紗半臂的女子形象。除此以外，半臂也可以跟上襦一起掩入裙內，就像《宮沼納涼圖》所描繪的這樣。

① 身穿齊腰襦裙的仕女 宋，佚名繪《盥手觀花圖》局部
② 身穿齊腰襦裙的仕女 宋，蘇漢臣繪《妝靚仕女圖》局部
③ 穿半臂的仕女 宋，佚名繪《宮沼納涼圖》局部

半臂與襦裙疊穿的穿搭展示

約腕金條瘦。裙兒細裥如肩皺。

——宋，呂渭老《千秋歲·寶香盈袖》

● **西江月的今日穿搭：**

印金白羅襦＋芙蓉梅花紋紗羅半臂＋菱格花草紋齊腰百褶裙＋鵝黃色條帶

下裙紋樣根據宋劉松年《宮女圖》推測繪製

● **髮型配飾：**

小盤髻＋纏枝牡丹紋青玉插梳＋綴珠金篦梳＋長葉形金耳墜

▶ 半臂與襦裙疊穿

二、宋朝女子流行髮式

我們常說的「鬟髻」其實是兩種髮型，也是宋朝女子的主要髮式類型。鬟是中空如環形的髮型，髻是盤在頭頂或腦後的髮式，「鬟」和「髻」又可以細分為多種樣式。透過宋朝仕女們的「寫真肖像」，我們得以一覽佳人們的雲鬟霧鬢。

1. 鬟

依編結而成的鬟數分為以下三種。

雙鬟：其髮式的特點是將頭髮從中間向左右分開，兩側各取出一股頭髮，形成中空的鬟，髮尾處繞結於耳後，盤卷垂下。

多鬟：在頭頂盤結三個及以上中空的鬟。

雙垂鬟：將頭髮分成兩部分，在頭的兩側各梳有一鬟髻，並使之垂下。多為未婚女子或侍女、僮僕等所梳。

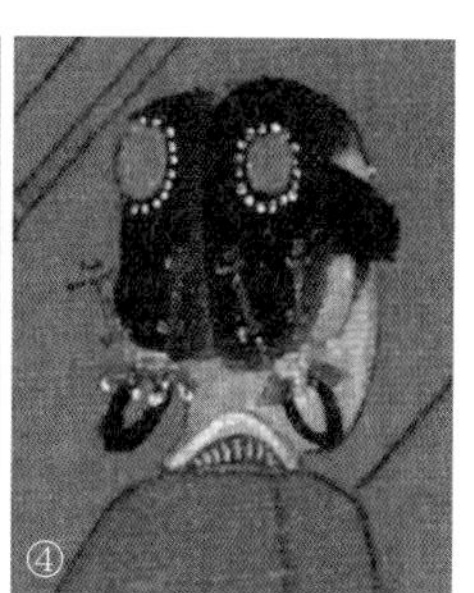

① 雙鬟（右）　宋，牟益繪《擣衣圖》局部
② 多鬟　宋，劉松年繪《宮女圖》局部
③ ④ 雙垂鬟　宋，劉松年繪《宮女圖》局部

2. 髻

根據髻的形狀，可分為如下幾類：

（1）同心髻。

將頭髮梳於頭頂後，盤成一個圓形的高髻。

（2）流蘇髻。

在將頭髮綰成同心髻後，在髮髻底部束絲帶，絲帶飄揚猶如流蘇，因此得名。

①同心髻　宋，佚名繪《女孝經圖》局部
②流蘇髻　宋，佚名繪《飲茶圖》局部

（3）芭蕉髻。

將頭髮束於後腦處，梳成橢圓形的髮髻，再在髻的四周用珠翠釵鈿裝飾。

（4）雙蟠髻。

因宋朝蘇軾詞中「紺綰雙蟠髻」的句子得名，又名龍蕊髻。其髮式有些像壓扁的鬟髻，髻心較大，髻底部多繫束絹帛，周圍以髮帶、花鈿、珠花等頭飾裝飾。

（5）高椎（ㄔㄨㄟˊ）髻。

將頭髮攏結，綰成單椎，造型類似木椎。宋朝女子多將髮髻梳於頭頂，為高椎髻。

（6）雙髻。

由兩個實心髮髻組成，通常是將女子頭髮從中分成兩股，用絲絛結成雙髻，可以高豎於頭頂，也可以垂在腦後梳成雙垂髻。此髮式多為少女和未婚女子所梳。

（7）小盤髻。

又稱為拋髻，是宋代時女子較為流行的髮式。「凡三圍插金釵，不用網固者為小盤髻。」其髻式特點是將頭髮束起後圍成三圈，緊緊紮牢，插以金釵，不用絲網固定。與之對應的是大盤髻，是用絲網固定，圍成五圈的髮髻。

（8）飛天髻。

其髮式是將頭髮分三等分，結三鬟於頭頂。劉松年《宮女圖》中就有此髮式。據《宋書・五行志》記載：「文帝元嘉六年，民間婦人結髮者，三分髮，抽其鬟直上，謂之飛天 。」

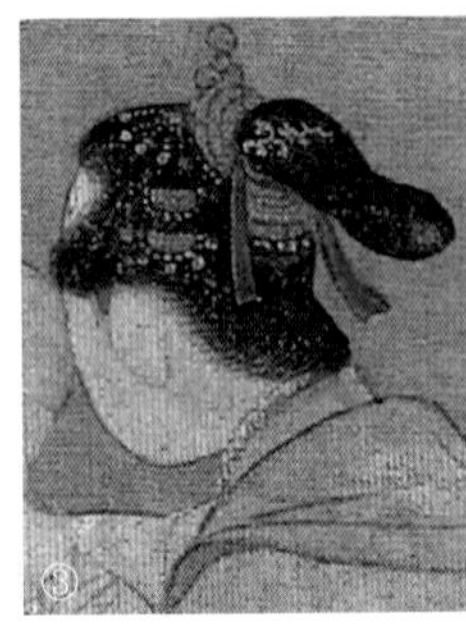

③ 芭蕉髻　宋，佚名繪《浴嬰圖》局部
④ 雙蟠髻　宋，佚名繪《飲茶圖》局部

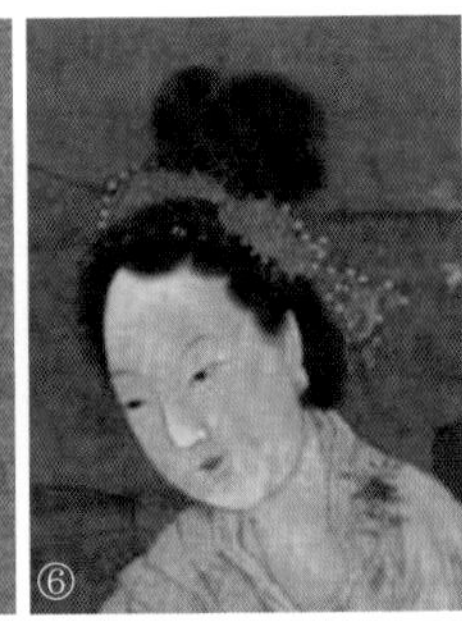

⑤ 高椎髻　宋，佚名繪《浴嬰圖》局部
⑥ 雙髻　宋，李嵩繪《聽阮圖》局部

⑦ 小盤髻　宋，李嵩繪《聽阮圖》局部
⑧ 飛天髻　宋，劉松年繪《宮女圖》局部

（9）**墮馬髻。**

也稱作墜馬髻，不同的時期形制有所不同。秦漢時期，為於腦後一側下垂式的髮髻，形如人將要從馬上墜落時。唐宋時期，發展成高盤於頭頂的髮髻，即髮髻集於頭頂處且呈現一側下垂狀。

⑨ 墮馬髻　宋，蘇漢臣繪《妝靚仕女圖》局部

（10）**盤福龍髻。**

又名「便眼覺」，也稱「便眠髻」，因髻形扁圓不妨礙睡眠得名，是一種大而扁的髮髻。

（11）**包髻。**

宋時特有的髮式之一，在髮式造型完成後，再用色絹、繒一類布帛，把髮髻包住。此外，可以利用布帛的可塑性，將髮髻包成花朵、浮雲等形狀，並飾以鮮花、珠翠等裝飾物。

⑩ 盤福龍髻　宋，佚名繪《女孝經圖》局部
包髻　宋，佚名繪《女孝經圖》局部

3. 梳頭工具

梳妝的場景是在宋朝仕女畫中常見的題材。那麼，宋朝女子的梳頭工具有哪些呢？從文字資料、存世實物以及圖像資料來看，宋朝女子常用的梳頭工具主要有梳子、篦子。梳篦大多為半月形，梳子又可分為一體式梳子和包背式梳子，此外，還有插梳、簾梳這種具有裝飾功能的梳子。

（1）**一體式梳。**

一體式髮梳所用的原料有木、骨、犀牛角、玉、金銀等，梳背可鑲嵌珍珠或者鏤雕花紋。木梳因其價格低廉，所以最為普及，金屬或玉質的一體式梳最能體現宋朝梳篦的復古華麗。由於金屬打造的梳齒較軟，玉質的梳齒易折，所以金、玉質地的梳子多是用來裝飾髮髻的插梳或簾梳。

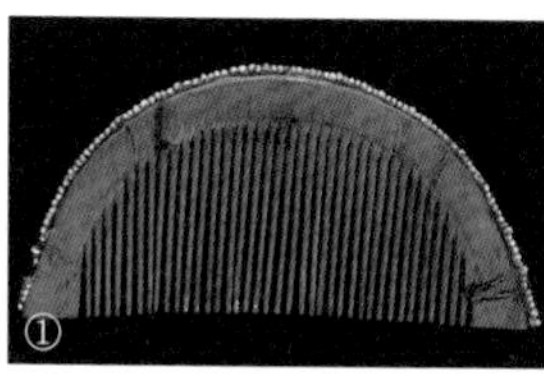

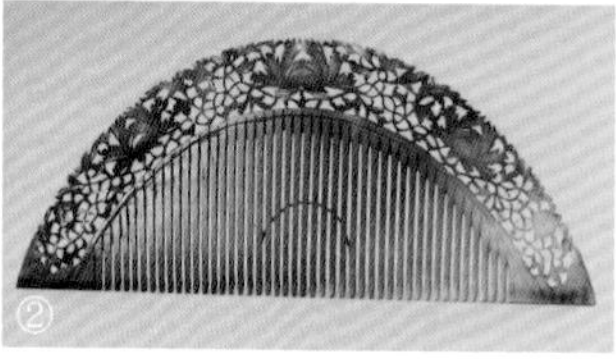

① 宋半月形鑲珠木梳
② 宋纏枝牡丹紋玉梳

（2）包背式梳。

分為梳背和梳體兩部分，梳體多為木質，梳背多用金銀製作，然後包鑲於梳體。由於木質易腐，所以考古發掘的實物多僅剩梳背。

（3）篦子。

宋朝篦子的出土數量遠少於梳子，材質也比較單一，多為竹子所製成。篦子的造型分為兩種，第一種與梳子相似，但篦齒更加細密；第二種很接近現代的篦子，外形似「非」字，如常州武進村前蔣塘南宋墓出土的竹篦，兩面篦齒細密，中間由兩片竹質篦梁將篦齒及篦檔夾住，輔以棉線捆綁固定。

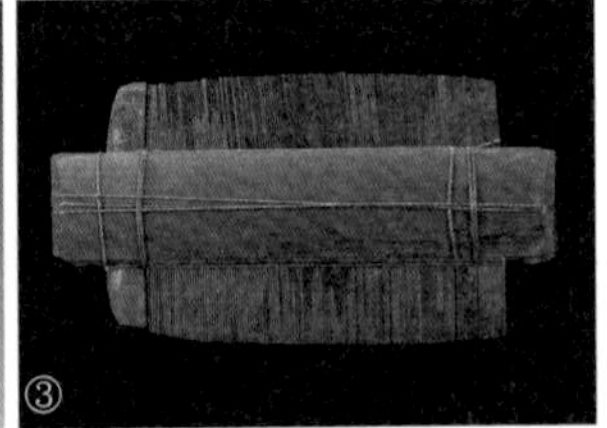

① 宋荷花紋玉梳背
② 宋鏤空金梳背
③ 宋竹篦

三、宋朝女子的髮飾

從《盥手觀花圖》中我們可以看到，仕女髮髻上與手腕上都戴著精美的飾品，宋朝人非常重視妝飾，且其飾品工藝也極為考究。宋朝女子常用的髮飾大體可以分為三類：簪釵、步搖和篦梳。

1. 簪釵

宋朝女子最常見的首飾便是簪釵了。折股釵在兩宋時期相當流行，當時的典型裝飾紋是竹節、竹葉和花卉。宋朝的花鈿釵在唐朝的基礎上進行了創新，把原本分散的花鈿相連，形成一道彎弧，佩戴起來既方便又美觀。此外，大宋美人還新創了橋梁式簪釵、花瓶簪。花瓶簪由琉璃製成，簪首呈花瓶形狀，可以插入時令鮮花或仿生羅絹花，然後簪在髮髻上。宋朝女子鍾愛簪花，花瓶簪也是體現這一偏好的精巧發明了。

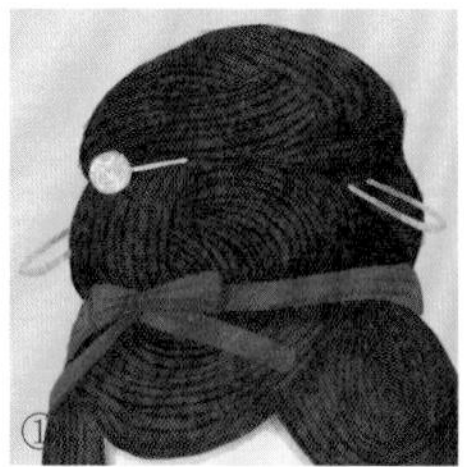
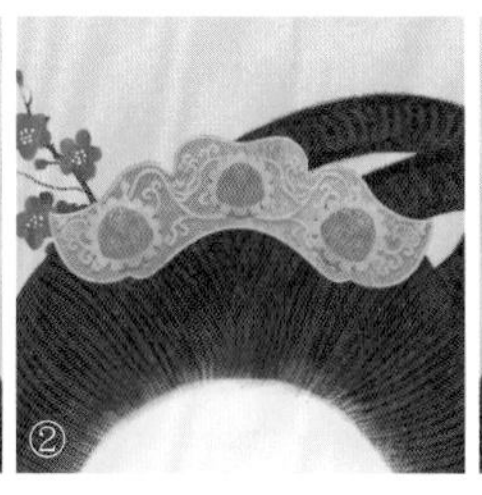
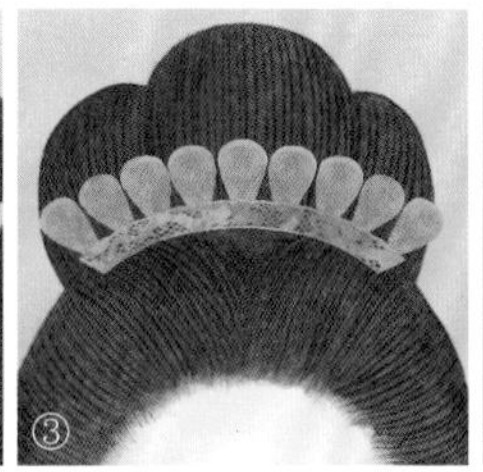
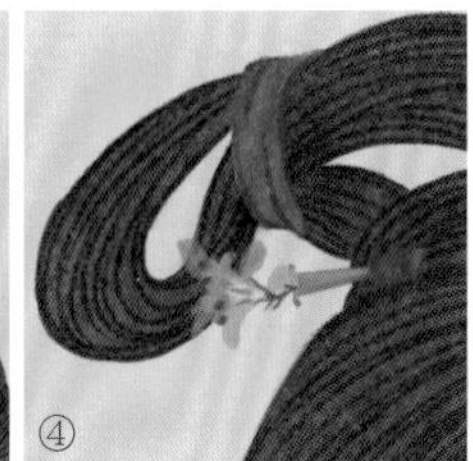

① 金球簪與折股釵　參考常州博物館藏南宋金球銀簪與江蘇江陰夏港宋墓折股釵繪製
② 花鈿釵　參考南宋江陰山觀窖藏南宋花鈿釵繪製
③ 橋梁釵　參考宋朝金橋梁式花筒釵繪製
④ 花瓶簪　參考上海玻璃博物館宋朝藍色琉璃花瓶簪繪製

2. 步搖

宋朝的步搖中，一類是將釵簪之首做成搖顫的花枝，是繼承隋唐以來的古典樣式。另一類是宋朝的新式步搖，釵簪造型略如彎月，下邊也可以銜墜，名為博鬢，一般的佩戴方式是左右各一枝，左右對稱，皇后的鳳冠上常有三對博鬢。

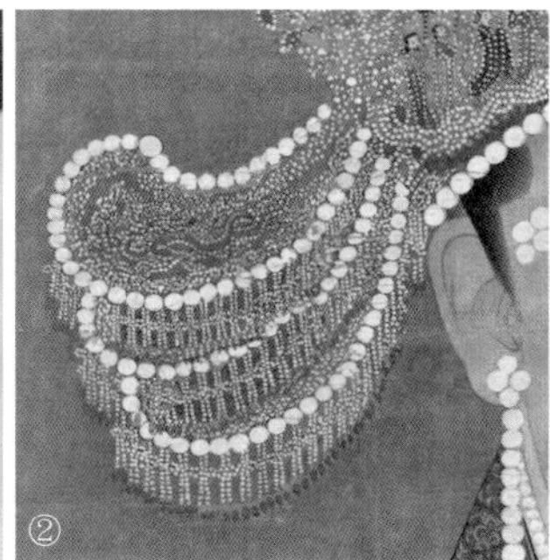

① 博鬢
② 皇后鳳冠上的博鬢　宋，佚名繪《宋仁宗后坐像》局部
③ 皇后鳳冠上的博鬢　宋，佚名繪《宋神宗后坐像》局部

3. 簾梳

宋朝不僅沿用了唐朝的「梳篦」，還在原有基礎上新創了簾梳。簾梳是梳篦和步搖的結合體，佩戴時梳齒插於髮髻，花綱自然披垂如簾，行走間極具靈動之美。

▶ 金簾梳　參考上饒市博物館藏南宋雙龍戲珠鏤空金簾梳繪製

四、宋朝女子的腰飾

1. 祈福吉祥寓意——裙帶、香纓

宋朝女子常以腰帶束裙，時人美稱為「裙帶」、「香羅帶」。宋朝陳允平在《夜遊宮・窄索樓兒傍水》中有詞句云：「香羅帶、翠閒金墜。」

裙帶大多以布帛製成，有同心帶、合歡帶、鴛鴦帶等樣式，深受年輕女子所喜愛，甚至常被女子用作定情信物，象徵成雙成對、永不分離。此外，宋朝女子還可以用裙帶求文人墨客題詩，《宋稗類鈔》中記載文人在裙帶上題詩詞的場景：「王岐公在翰林時……上悅甚，令左右宮嬪各取領巾裙帶，或團扇手帕求詩。」在《蕉陰擊球圖》與《荷亭嬰戲圖》中均能看到在衣裙間的細長裙帶，前者的白色裙帶末端還綴有紅色的珠子裝飾。

香纓，是女子出嫁時繫縛在衣襟或腰間的彩色帶子，用五色絲線編織，上面通常還繫有香囊等物。通常由長輩為女子繫結，以示身有所繫。

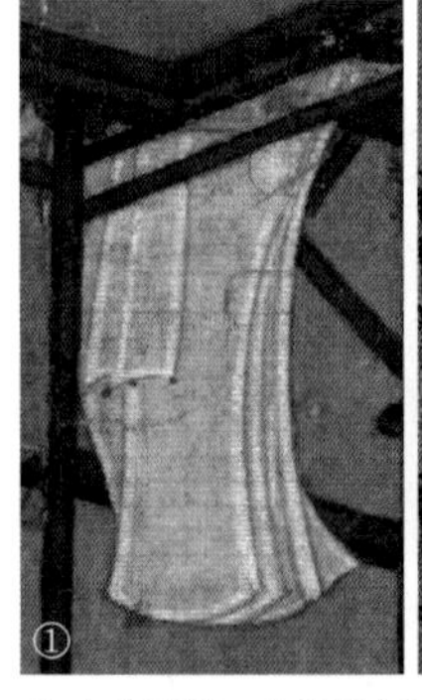

① 白色裙帶，末端綴有紅色珠飾
宋，佚名繪《蕉陰擊球圖》局部
② 斑點裙帶
宋，佚名繪《荷亭嬰戲圖》局部

2. 儀態管理神器——環佩、宮絛

環佩是古代人們繫在裙帶上的一種飾品。將不同形狀的環佩，以彩線穿起來組合成一串繫在腰間，稱為「禁步」。禁步最初用於壓住裙擺。佩戴行步之時，其所發出的聲音緩急有度，輕重得當，能顯示端莊優雅的儀態。如果節奏雜亂，會被認為是失禮的表現。所以禁步不僅起到了裝飾和壓住裙擺的作用，更多的是用來約束女子的步行速度和舉止。宋朝常見的禁步是玉製的圓環飾物，也叫「玉環綬」，可以佩戴一條在裙擺中間，也可以在腰部兩側佩戴。

宮絛也是繫在腰間的懸掛裝飾物，多為長的彩色線繩，來回纏繞於腰間，兩端繫有玉佩、金飾、流蘇等飾物，藉以壓住裙擺，使其不致散開影響美觀。

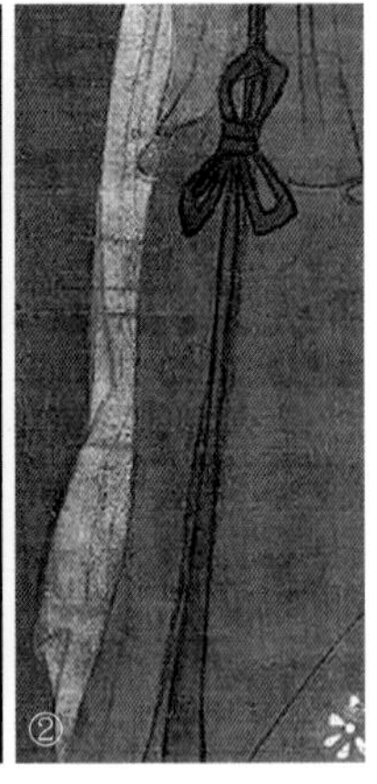

① 在裙正中佩戴的環佩
山西太原晉祠聖母殿彩塑
② 絛帶
宋，佚名繪《宮沼納涼圖》局部

3. 好看又實用——香囊、荷包

除此以外，古代女子還會在腰間佩掛香囊、荷包等掛飾，兼具實用性與裝飾性。

香囊是一種貯放香料的布袋，有的也用金、銀製成，一般佩戴在腰際及胸襟，也有放在袖子裡的，不僅散發香氣，怡人醒腦，而且能驅蟲防病。

荷包，也叫繡囊，它的功能與現在的口袋相同，用來貯放隨身用的手巾、錢幣等物品，一般佩掛於腰際。荷包上常刺繡有精美的圖案，不僅美觀，而且具有吉祥寓意。

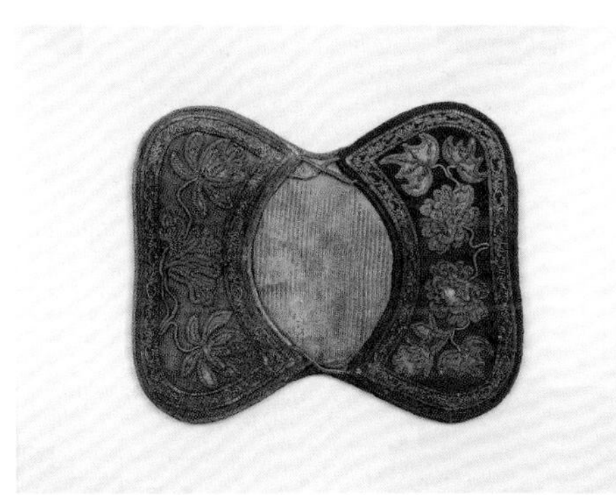

▲ 褐色羅地貼繡牡丹蓮花紋荷包
常州周塘橋南宋墓出土

▲ 宋朝鎏金銀香囊
南京大報恩寺遺址出土

小知識　穿漢服時，一定要梳古代的髮型嗎？

並不是必須的。縱觀漢服的歷代演變，每個朝代不僅會延續前朝的服制，而且還會發展出當代獨特的時代特徵。漢服的當代傳承也要考慮符合現代人的生活習慣、行為模式，融入現代生活場景，才能生生不息地發揚下去。

場景五　給愛妻的開芳宴

▲ 河南省登封市宋墓壁畫局部

今日上巳節，我準備給良人（宋朝夫妻互稱「良人」）辦一個「開芳宴」，這是我們大宋專門秀恩愛的家宴。

宴會伊始，良人款款走來，裝扮得體，端莊嫻雅。她梳著雲尖巧額，挽高髻，飾金球簪，戴花絲嵌寶金耳墜。上身著花綾抹胸、對襟窄袖衫，束龜背紋曳地羅裙。著飛霞妝，面如桃花，胭脂點塗半唇，峨眉細長，嬌俏秀氣。

夫妻相對，淺酌共飲，觀堂前歌舞。兩盞茶後，天氣轉涼，遂讓丫鬟拿來那件天碧色蝶戀花紋半袖衫子給良人穿上。月落中庭，琴瑟和鳴，愈發愛吾妻，愛此良夜。

與北宋初期常見的「裙掩衣」的穿著方式相比，北宋中後期則常見「衣掩裙」的衫裙穿搭方式。衫裙組合的穿著人群更加廣泛，上至名媛貴族，下至農婦侍女，都可以穿著。

一、宋朝的「衫」

「簟（ㄉㄧㄢˋ）紋衫色嬌黃淺」、「青衫透玉肌」、「揉藍衫子杏黃裙」、「來看紅衫百子圖」、「翠羅衫上，點點紅無數」……從這些宋詞當中，不僅可以感受到宋朝女子喜愛穿「衫」的風尚，而且可得知她們所穿衫子的顏色：淡黃、青、藍、大紅、翠綠等。

衫，單層不用襯裡，直領對襟，兩側開衩，袖口樣式有寬有窄。宋朝女子的衫，以紗、羅等輕薄面料為主，內穿的衫叫「中單」、「汗衫」，外穿的衫根據袖型的不同，有廣袖衫、直袖衫、窄袖衫、半袖衫，前文所講的大袖衫即為廣袖樣式。

1. 直袖衫

直袖衫，即袖子寬窄從肩部到腕部沒有明顯變化，呈直筒狀的衫。這類袖型相對寬鬆，但與廣袖相比有所收窄，更加注重實用性與便捷性。

▲ 直袖衫
宋，劉松年繪《博古圖》局部

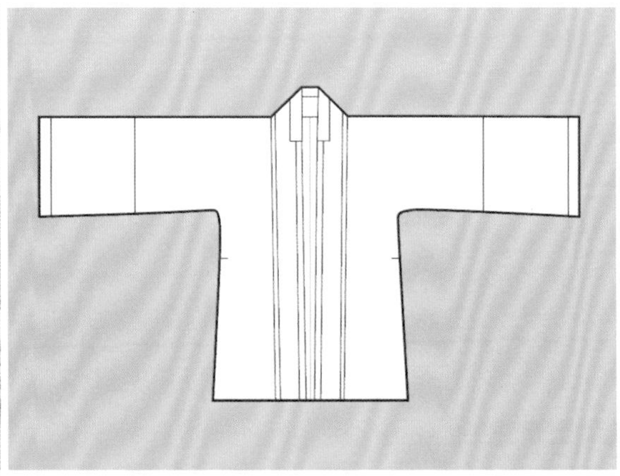

▲ 直袖衫形制示意圖
參考福州南宋黃昇墓出土實物繪製

2. 窄袖衫

宋朝常見的窄袖衫主要有兩種樣式，一種流行於北宋時期，是一種袖型從肩膀向手腕逐漸收窄的對襟衫，因為袖型頗像飛機機翼，所以現代俗稱「飛機袖」。另外一種窄袖衫流行於南宋時期，從肩膀至手腕的袖型較「飛機袖」進一步收窄，更加強化「便身利事」的特徵，《招涼仕女圖》等繪畫作品中的女子服飾多為這種窄袖樣式。

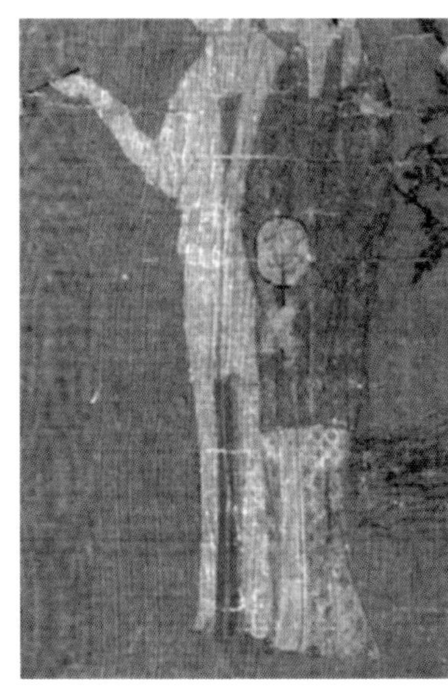

▲ 窄袖衫
宋末元初，錢選繪《招涼仕女圖》局部

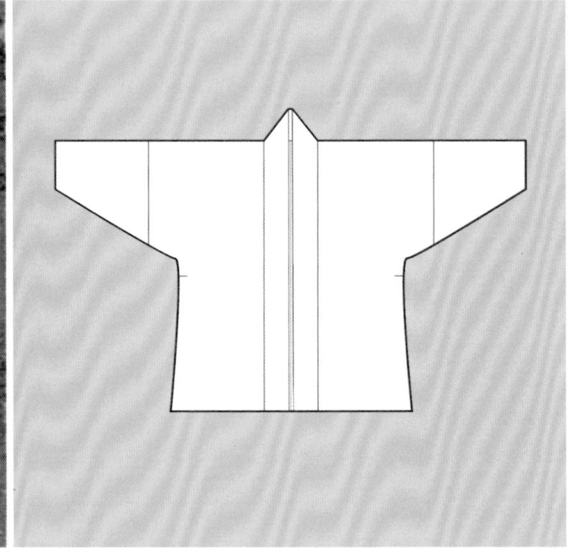

▲ 飛機袖形制示意圖
根據安徽蕪湖北宋鐵拐墓實物繪製

3. 半袖衫

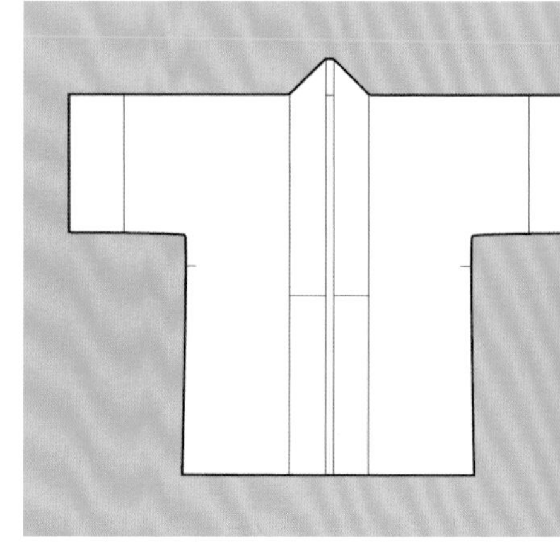

▲ 半袖衫形制示意圖
根據南京長干寺地宮的泥金花卉飛鳥羅半臂繪製

半袖，為半截袖子的上衣，也稱「半臂」。目前宋朝半臂的出土實物是來自南京長干寺地宮的泥金花卉飛鳥羅半臂，因此半袖褙子也俗稱為「長干寺褙子」。這件半臂為對襟直領，兩側開衩，其身長和開衩與褙子類似。

宋朝著半臂之普及可以從「半臂忍寒」的故事中略知一二，《東軒筆錄》卷十五載：「宋子京博學能文章……嘗宴於錦江，偶微寒，命取半臂……竟不敢服，忍冷而歸。」而宋朝王沂孫的詞《一萼紅》中寫道：「羅帶同心，泥金半臂，花畔低唱輕斟。」可見，半臂是宋朝男女老少都會穿著的常見服飾。

二、宋朝的流行妝容

宋朝的妝容整體清麗淡雅，眉以細長為主，美稱為「遠山黛」。雖然用色清淡，但宋朝的「美妝博主們」在妝飾上極為講究，又富有創新精神，創造出多種獨具大宋特色的摩登妝容。

1. 妝容類型

飛霞妝：先塗胭脂後敷粉，妝容白裡透紅。

慵懶妝：薄施朱粉，淺畫雙眉，兩鬢薄而蓬鬆，有慵懶倦怠之態。

檀暈妝：先使用鉛粉打底，再敷檀粉（鉛粉和胭脂調和而成），薄染面中或眉下，顏色微紅，逐漸向四周暈開。

梅花妝：在額頭貼梅花形狀的花鈿。在宋朝，面靨依然很流行，除了花朵形狀，宋朝還流行珍珠、魚媚子等面靨。

淚妝：用粉點染眼角，似有淚痕。

三白妝：額頭、下巴、鼻梁三處著重塗白，與現代妝容的高光異曲同工。

珍珠妝：在兩鬢、臉頰或眉間飾以珍珠。

▲ 飛霞妝＋點半唇

▲ 慵懶妝

▲ 檀暈妝

▲ 梅花妝

▲ 淚妝

▲ 三白妝

▲ 珍珠妝

窄袖衫裙的穿搭展示

淡黃衫子鬱金裙。長憶個人人。

——宋，柳永《少年游．十之五．林鐘商》

▶ 北宋窄袖衫+百褶裙穿搭

西江月的今日穿搭：

梔子黃素羅抹胸+淡黃窄袖短衫+蝴蝶刺繡鬱金裙+海棠形水晶環佩絛帶

髮型配飾：

雲尖巧額團髻+長腳金球簪+銀鎏金折股釵+紅絲繒髮帶+月牙形金耳環

妝容：

飛霞妝+點半唇

天碧染衣巾。血色輕羅碎摺裙。

——宋，張先《南鄉子・送客過餘溪》

◀ 窄袖衫+半袖衫+百褶裙穿搭

● **西江月的今日穿搭：**

藕荷色抹胸+天水碧素羅窄袖衫+龜背紋提花羅褶裙+蝶戀花紋天水碧半袖衫+白玉環佩絛帶+天水碧羅鞋

● **髮型配飾：**

雲尖巧額團髻+白角團冠+紅絲繒髮帶+花絲嵌寶耳墜

耳飾參考洛陽邙山宋墓文物繪製

● **妝容：**

飛霞妝+點半唇

2. 化妝工具

現代女生的化妝工具可謂是五花八門、琳琅滿目，那麼宋朝的小姊姊們能用到哪些化妝工具呢？

（1）妝奩。

妝奩是古代女子的梳妝台，一般的結構是上方為鏡台，下方有數個小抽屜，放置胭脂、妝粉、眉筆等化妝工具。秦漢時期的妝奩多為漆器，而且是名門仕女才能擁有的。經過唐宋的演變發展，妝奩開始進入平民社會，人們不僅追求妝奩精巧的造型，而且更加注重它的實用性。

▲ 妝奩與鏡架　宋，佚名繪《盥手觀花圖》局部

（2）銅鏡。

大家是否也曾經有過這樣的疑問：銅鏡真的能夠把人照清楚嗎？其實古代的磨鏡技術遠比我們想像的高超，一面製作精良的銅鏡可以清晰地照出人像。此外，銅鏡的形狀與大小也很多樣，除了常見的圓形之外，還有方形、六邊形、八邊形等不同形狀，小的銅鏡可以拿在手裡，大的可以放在梳妝台或用架子支起來使用。

▲ 宋有銘素面紋方銅鏡

（3）粉盒。

漢代多以帶彩繪紋飾的漆奩、漆盒盛放脂粉，隋唐以後則出現了瓷質的粉盒，存世的宋朝粉盒實物尤以青瓷質地的居多。這些粉盒形制多樣，造型精美。粉盒不僅是一件實用的器皿，它本身更像是精美的陳設物件。打開盒蓋，粉盒內更是別有洞天，例如下圖這件北宋湖田窯纏枝丹紋青白釉堆塑粉盒，造型獨特，工藝精湛。另外，南宋官窯博物館在2017年「中成堂藏宋朝器物展」上展出過一件瓜棱形金香盒，十分華美。

這些精巧的粉盒，不僅蘊含著匠心，而且是宋朝生活風尚以及女子審美品位的映射。

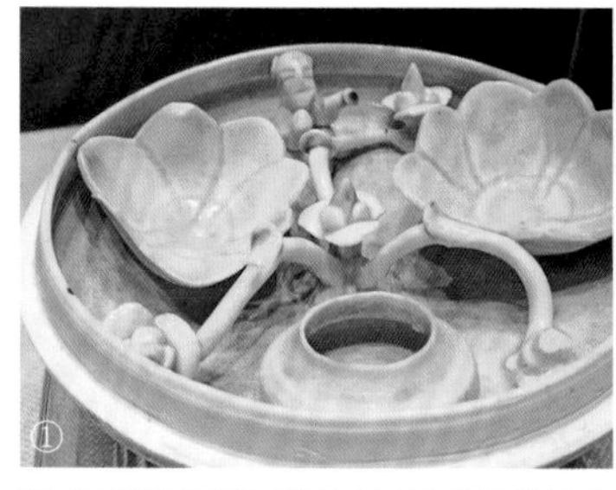

① 北宋湖田窯纏枝牡丹紋青白釉堆塑粉盒
② 宋景德鎮窯青白瓷菊瓣盒
③ 南宋瓜棱形金香盒　2017年南宋官窯博物館「中成堂藏宋朝器物展」展出

（4）粉撲。

現代女生使用粉撲、粉刷上底妝，其實早在宋朝就出現了粉撲。周密《浩然齋雅談》載姚翻《詠美人》詩云「還將粉中絮，擁淚不教垂」，這裡的「粉中絮」就是現在的粉撲，也有文人墨客雅稱它為「香綿」。福州南宋黃昇墓中出土了粉撲實物，背面還有精緻的花紋。

3. 化妝用品

（1）粉底。

化妝需要先打粉底。古人所用的粉底主要有米粉和鉛粉兩種，實際使用時，會在米粉、鉛粉的基礎上，加入蚌粉、豆粉、草藥以及花汁等各種原料調和配製。

（2）粉餅。

南宋黃昇墓出土的漆奩內有二十塊粉餅，有圓形、四邊形、六邊形，印有水仙、牡丹、菊花、梅花、蘭花等四季花卉圖案。

（3）胭脂。

胭脂也是宋朝女子妝奩內必不可少的化妝品。由於當時對胭脂的需求量很大，還出現了胭脂專賣店，甚至還誕生了「馳名商標」。《夢粱錄》的「鋪席」條記錄了一批「杭城市肆名家」，其中就有「修義坊北張古老胭脂鋪」與「染紅王家胭脂鋪」。

（4）畫眉墨。

宋朝女性畫眉流行使用一種煙墨，是人工配製的化妝品。南宋陳元靚在《事林廣記後集》中還記載了煙墨的製作方法：「真麻油一盞，多著燈心搓緊，將油盞置器水中焚之，覆以小器，令煙凝上，隨得掃下。預於三日前，用腦麝別浸少油，傾入煙內調勻，其墨可逾漆。一法旋剪麻油燈花，用尤佳。」手作愛好者們可以試試用這個法子，看看是否能夠成功做出宋式畫眉墨。

（5）口紅。

在所有化妝品裡，最提升氣色的非口紅莫屬，宋朝女子的妝奩內也少不了口紅。「寶奩常見曉妝時，面藥香融傅口脂」，這句宋詞裡的「口脂」便指口紅。宋朝的口脂不僅有膏狀，而且有類似今天口紅的管狀，以蜂蠟、紫草、朱砂、香料等為原料，用小竹筒為模具，製作出來的口脂為圓柱狀，裝入圓筒之內，便可以使用了。

（6）香水。

宋朝女子不僅能夠用上國產香水——薔薇水，名門貴族的大小姐還能用上來自大食國（即阿拉伯帝國）的進口薔薇水。此外，宋人用一種叫作「朱欒」的花，再加上其他香料，高溫蒸餾，取其蒸餾液用瓷器密封，也很有大宋特色。

（7）染甲液。

大家小時候有沒有用鳳仙花染過指甲？這種染甲方法可不是現代人的發明，早在南宋周密的《癸辛雜識續集》中就記載了這種染甲方法。將鳳仙花搗碎加明礬，敷在指甲上，然後用布包裹，反復染幾次，顏色會更深，是不是和記憶中鳳仙花染指甲的方法一模一樣呢？

三、宋朝髮冠知多少

這裡的髮冠為女子日常佩戴的便冠，不包括重大禮儀場合的「禮冠」。從材料上分，宋朝的便冠有金銀冠、角冠、魚枕冠、玳瑁冠、水晶冠、鹿胎冠等，其中白角冠最為常見。在宋朝詩詞的描述中，便冠造型多樣，有體長頭尖的「柘枝冠」、雲彩形狀的「朵雲冠」、如意形狀的「如意冠」、小巧的「繡草冠」、枕頭形狀的「堆枕冠」、后妃們佩戴的「縷金雲月冠」等。根據常見便冠的造型及其裝飾方式，可將其分成團冠、垂肩冠、花冠三大類，此外還有重樓子冠等被宋人定義為「服妖」的奇裝異服的少見冠式。

1. 團冠

團冠大體造型呈現團形，包括圓形、橢圓形、扁圓形等近似團形的冠式，也稱為圓冠。團冠多用白角、金銀、水晶等材質製作而成，冠上可以鑲嵌珍珠或用鎏金工藝進行圖案裝飾，裝綴珍珠的團冠也稱「珠冠」。團冠前後用笄或簪子固定，冠笄樣式簡單，形似一根「長釘子」，冠簪簪首常有不同造型的裝飾，在宋朝文字及圖像資料裡常見的冠簪有金球簪、松塔簪、玉龍簪等。

團冠中的山口冠也是一種常見的冠式，多高聳，呈現中間低、兩側高的造型樣式。錢選《招涼仕女圖》中左側的女子頭戴半透明的水晶山口冠，水晶透明輕盈，給人清涼之感，最宜夏季佩戴。

▶ 南宋金冠
安徽省安慶棋盤山宋墓出土

▲ 白角團冠

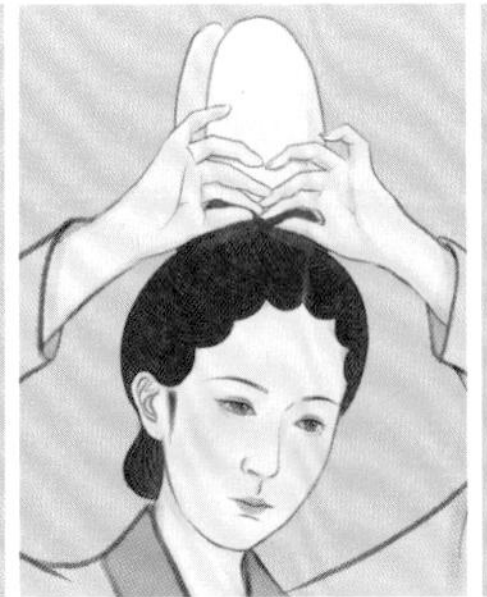
▲ 山口冠

▲ 水晶團冠

▲ 縷金銀團冠

2. 垂肩冠

垂肩冠興起於北宋中期，梅堯臣《當世家觀畫》中有寫道：「曲眉淺臉鴉髮盤，白角瑩薄垂肩冠」。垂肩冠是宋朝最獨特的冠飾，其形制「兩翼抱面，下垂及肩」（《夢溪筆談・器用》），也叫「等肩冠」、「嚲（ㄉㄨㄛˇ）肩冠」。

垂肩冠是從團冠發展而來的，在團冠的基礎上，把伸長的地方四角彎曲而下垂至肩，冠上用金銀珠翠、花朵點綴，如《大宋宣和遺事》記載：「佳人卻是戴嚲肩冠兒，插禁苑瑤花」。這種冠飾體量較大，裝飾華貴，多流行於中上階層的女子群體。在山西省陽泉市平定縣城關鎮姜家溝村北宋墓壁畫《伎樂圖》中，還有一種「片狀」的垂肩冠，極似梅堯臣所寫的「白角瑩薄垂肩冠」。

此外，北宋學者王得臣在《麈史・禮儀》中記述「又以嚲肩直其角而短，謂之短冠」，垂肩冠的四角變直、變短，就是另一種冠式——短冠。

① 戴垂肩冠和短冠的仕女　山東淄博窯金三彩人物俑
② 簪花垂肩冠
③ 戴短冠的婦人　山西省運城市臨猗縣原諸葛武侯祠宋墓磚雕

3. 花冠

廣義的花冠具有兩層含義，一是指用花裝飾的髮冠，各式團冠、垂肩冠、短冠等均可用花疊加裝飾。除了鮮花，在宋朝還流行用布帛、金銀珠翠、通草等做成仿生花進行裝飾。二是指冠體為花朵造型的冠，花樣繁多，製作精巧，常見的有牡丹花冠、蓮花冠、杏花冠等。這類花冠整體輪廓呈現團狀，具有團冠的造型特徵。

① 用仿生花裝飾的軟冠　五代，佚名繪《浣月圖》局部
② 蓮花冠　宋，佚名繪《卻坐圖》局部
③ 鋪翠花冠

4. 兩宋冠式對比

對比兩宋絹本畫、壁畫中戴冠的女子形象，可以總結出兩宋冠式與戴法的不同。北宋流行冠式偏高、偏大且敞口，多戴於頭頂。南宋冠式多為相對較小的扁圓樣式，頂部封口，戴的位置偏向腦後位置。同服飾風格一樣，兩宋冠式的體量、造型也從「寬博奔放」向「婉約清麗」轉變。

小知識　穿漢服時，一定要遵守傳統的搭配方式嗎？

古代禮制條條框框的規定較多，對女子的約束更甚，但是在現代社會，我們可以按照自己的個性和方式搭配漢服。漢服可以和現代服裝搭配，不同朝代的漢服單品也可以混搭，得體即可。當然，如果是在文化展示、講解的場合，應該力求準確地表達真實的歷史與傳統。

場景六　後庭消夏時

夏日炎炎，熱得人心神恍惚，直至日落西山，方消了些暑熱。

曹娘子行至後庭中，吩咐阿奴備水給小皇子沐浴。曹娘子高挽鬟髻，簪珠釵，插纏枝牡丹紋玉梳，薄掃胭脂，淺畫峨眉。上穿泥金白紗羅對襟衫，束菱格花草紋百迭裙，清涼透氣，最是酷熱天氣的消暑裝扮。

▲ 宋，劉松年繪《宮女圖》局部

《宮女圖》中的仕女上穿泥金白紗衫，下穿裙，且衫在裙外，呈現「衫掩裙」的穿著方式。南宋時期的衫裙較北宋時期更為修身，袖形更加窄瘦，從宋朝傳世畫作中得以窺見。透過半透明的紗羅，圖中仕女手臂線條和內搭的衣服隱現。這件「內衣」呈現交領無袖的樣式，具體形制暫不可考。那麼，從目前已出土的宋朝服飾來看，宋朝女子的「內衣」有哪些呢？

一、宋朝女子的內衣

1. 抹胸

褻衣即內衣，是貼身內衣的統稱。宋朝以前，褻衣有多種具體名稱，如汗衣、汗衫、汗襦、心衣、袙（ㄆㄚˋ）腹、寶襪等。宋朝出現了抹胸，又稱抹肚。抹胸穿著後，上可覆乳，下可遮肚，整個胸腹全被掩住，用帶子繫結，可為單層，也可雙層或夾綿。

目前出土的抹胸實物有兩種。其中一種具有代表性的是南京花山宋墓出土的抹胸，呈長方形，兩邊繫繩，為絹質，輕薄堅韌，表面光澤柔和。

另外一種具有代表性的是福州南宋黃昇墓出土的抹胸，表裡均為素絹，絮以絲綿。從圖片可以看出這種短小的抹胸呈「前胸單片式結構」，在抹胸的上端及腰間各綴有帶，以便繫紮。

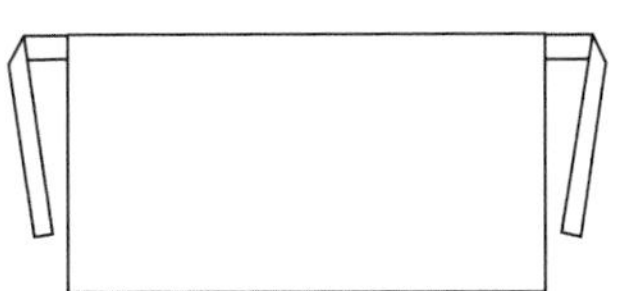

▲ 圍裹式女子抹胸形制示意圖
根據南京花山宋墓出土抹胸繪製

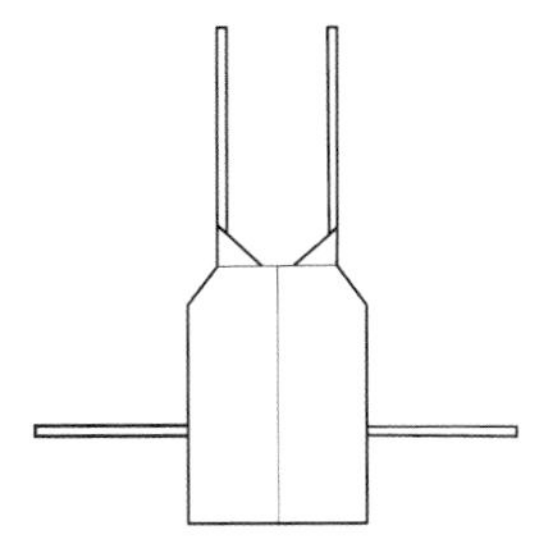

▲ 抹胸形制示意圖
根據福州南宋黃昇墓出土抹胸繪製

2. 裹肚

裹肚用於包裹住腹部，形制與抹胸類似，但比抹胸長。裹肚著重於包裹住肚子，故名「裹肚」，可以穿在褲子的裡面，也可以穿在褲子外面，類似於當今的束腹帶。

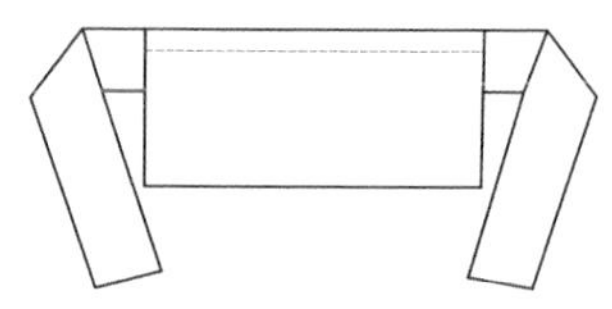

▲ 裹肚形制示意圖

夏季穿衣層次的穿搭展示

● 層次1：

素羅抹胸+白絹褌+鞔鞋

鞔鞋形制暫無考證，圖中為推測繪製

● 層次2：

層次1+彩繪山茶花揉藍衫+白絹袴+弓鞋

● 層次3：

層次2+薔薇提花杏黃旋裙

揉藍衫子杏黃裙，
獨倚玉闌無語點檀唇。
——宋，秦觀《南歌子‧香墨彎彎畫》

◀夏季穿衣層次展示
參考福州南宋黃昇墓相關服飾推測繪製

● 西江月的今日穿搭（層次4）：

素羅抹胸＋彩繪山茶花揉藍衫＋芙蓉紋紗羅背心＋薔薇提花杏黃旋裙＋弓鞋

● 髮型配飾：

雙髻＋金篦梳＋靈芝紋水晶簪＋金摩羯耳墜

● 妝容：

慵懶妝

抹胸的夏季穿搭展示

似佳人、素羅裙在，碧羅衫底。
——宋，葛長庚《賀新郎·詠牡丹》

● **西江月的今日穿搭：**

棗紅抹胸＋彩繪描金花草緣邊白羅衫＋菱格花草紋百迭裙

下裙紋樣根據宋劉松年繪《宮女圖》推測繪製

● **髮型配飾：**

小盤髻＋纏枝牡丹紋青玉插梳＋綴珠金篦梳＋長葉形金耳墜

● **妝容：**

慵懶妝

◀ 抹胸與直袖衫裙的穿搭

二、背心——夏季的清涼穿搭

除了穿面料輕薄的衫，宋朝女子在夏季還可以穿清涼的背心消暑。「背心」是一種無袖的衣服，兩肩處開口很大，只能包裹覆蓋住胸前和胸後，貼身而穿。背心由「裲襠」發展而來，成為宋朝女性衣櫥裡的常見衣式，既可以穿在裡面用來保暖，又可以疊穿在外面。

福州南宋黃昇墓出土了八件背心，質地有花羅、素羅、絹、縐紗等，其中一件為夾背心。夏季的背心為單層，清涼透氣；秋冬款背心為雙層或夾綿款，可以內穿或罩在外面，既可以防寒保暖，又便於行動，還為服飾搭配增加了層次感。

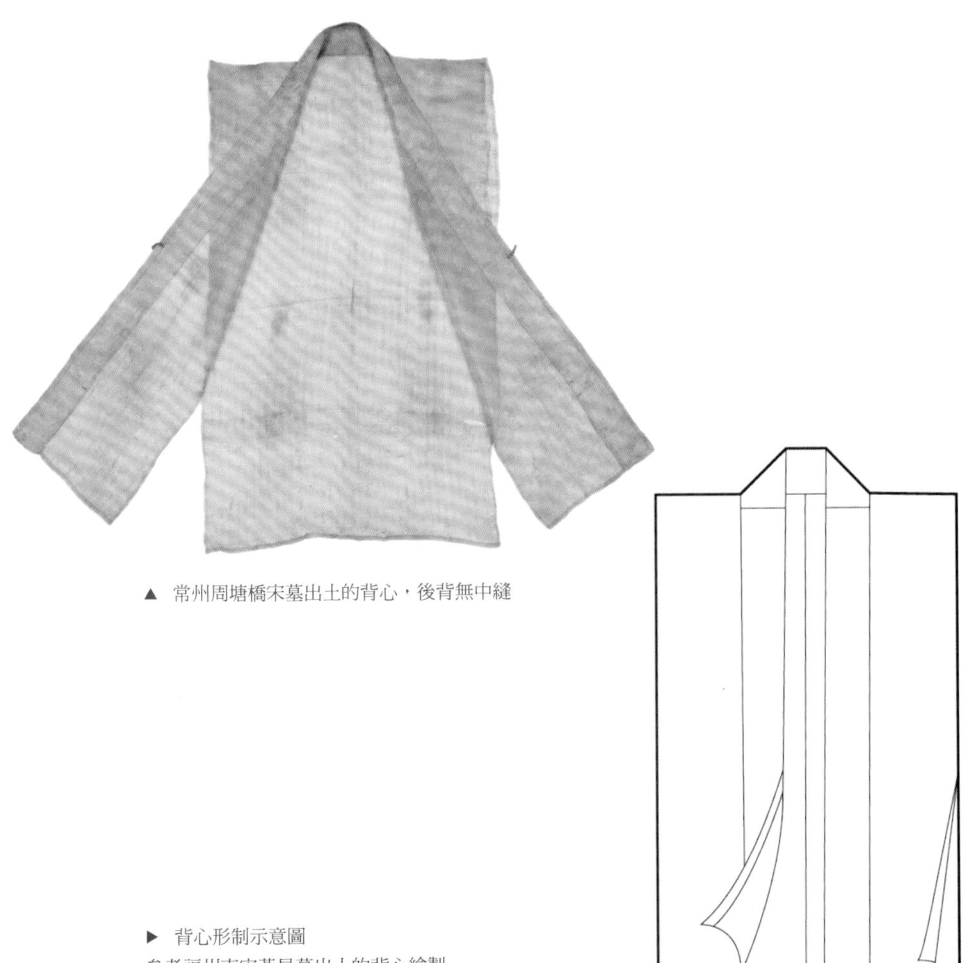

▲ 常州周塘橋宋墓出土的背心，後背無中縫

▶ 背心形制示意圖
參考福州南宋黃昇墓出土的背心繪製

背心和裙的夏季穿搭展示

柬花金釧約柔荑。昔曾攜。事難期。

——宋，秦觀《江城子．三之三》

▶ 背心＋裙的夏季穿搭
參考福州南宋黃昇墓出土相關服飾推測繪製

● **西江月的今日穿搭：**

琥珀色抹胸＋芙蓉梅花紋紗羅背心＋菱格花草紋百迭裙

下裙紋樣根據宋劉松年繪《宮女圖》推測繪製

● **髮型配飾：**

小盤髻＋琉璃花瓶簪＋石榴花＋金臂釧＋月牙形金耳環

● **妝容：**

慵懶妝

三、宋朝服飾的裝飾工藝

宋畫中很多仕女身穿白衫，輕盈的紗羅面料上點綴著耀眼的「金泥」，這是備受宋朝女子偏愛的「銷金為飾」的工藝。除此以外，還有刺繡、彩繪、彩繪與印金相結合、裝綴珍珠等裝飾方式。

1. 飾金

飾金，即「以金為飾」。《宋史・輿服志》記載的宋朝女服禁奢令有一半是關於禁金的，側面體現出宋朝貴族婦女的奢侈生活以及「糜金以飾服」的風尚。

如《宋史》記載，大中祥符八年（1015）官方曾下詔規定：「內庭自中宮以下，並不得銷金、貼金、間金、戭（ㄧㄢˇ）金、圈金、解金、剔金、陷金、明金、泥金、楞金、背影金、盤金、織金、金線撚絲，裝著衣服，並不得以金為飾。」

禁金的詔令也呈現出宋朝多樣的加金工藝，有銷金、貼金、間金、戭金等十幾種，多用來裝飾衣領、袖口等部位的花邊紋樣。「黃羅銀泥裙」、「織金短衫」、「銷金大袖」、「黃羅銷金裙」、「步縷金鞋小」、「銷金羅帕」……從這些文獻、詩詞等資料中可以看出，在宋朝，衫、裙、鞋襪、手帕等均可加金裝飾。

▲ 織金

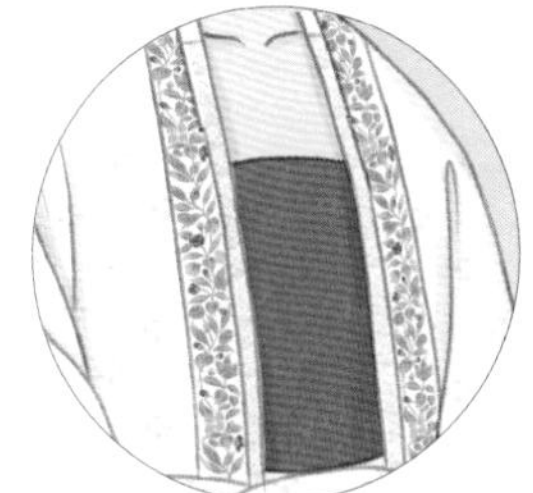
▲ 彩繪描金與印金

2. 刺繡

刺繡也是南宋女子服飾花邊中的一項重要工藝，其針法形式多樣，所用絲線多數為褐色、黃色，少數為棕色。繡工採用不同針法技藝將其巧妙組合，擅用不同色線，使繡紋準確清晰、真實生動。

▲ 刺繡

▲ 縷金刺繡霞帔

3. 彩繪

宋朝彩繪工藝會先用淡色繪出圖案網底，然後在其上逐筆描繪出花葉的形狀，再敷上彩色，最後用濃筆勾勒出花形的輪廓。此外，宋人還將印金與彩繪工藝相結合，在印金紋式輪廓線條裡，填敷上各種顏色，尤顯絢麗多彩。

▲ 彩繪

4. 綴珠

衣服裝綴珍珠，也是宋朝女子所鍾愛的裝飾方式，衣服、裙子、鞋子上都出現了加珍珠的裝飾方式。在傳世的宋朝皇后畫像裡，能夠看到衣服、霞帔、鞋子上都有珍珠的裝飾。「雪裡珠衣寒未動」、「珠裙褶褶輕垂地」、「錦襪著珠鞋」……從這些宋詞裡，也能感受到大宋女子真的是「珍珠迷」呀。

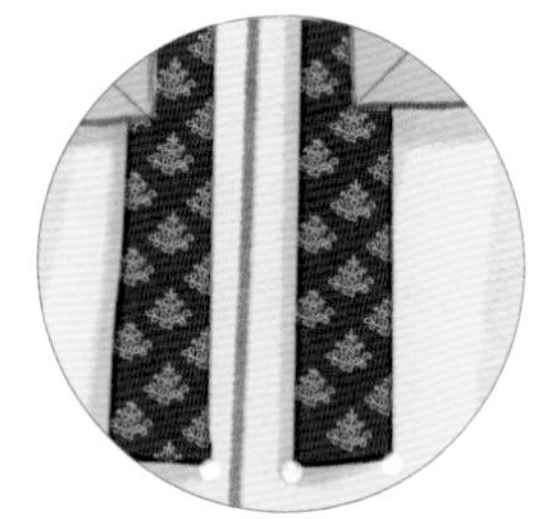

▲ 綴珠

5. 印花

宋朝雕版印刷技藝的發達，也促進了印染紡織業的發展與創新。在宋朝，用版雕製成紋飾再印到布料上的裝飾方法極為流行，甚至出現了專門從事這一行業的雕刻工匠。印花工藝具體可分為凸紋印花、鏤空印花、泥金印花、貼金印花和灑金印花五種，後面三種是印花與銷金工藝結合的裝飾形式。

▲ 印花

小知識　宋朝的背心，可以單獨穿嗎？

可以的，雖然抹胸+背心的穿著方式很可能只是宋朝女子的「閨房裝扮」，但是現代的女孩不再受到那麼多的約束，炎炎夏日，可以將背心與抹胸單穿，清涼又透氣。

場景七　舉杯邀明月

▲ 河南省登封市宋墓壁畫局部

恰逢中秋，皓月當空，遂約兩位娘子一同登瑤台賞月飲酒，莫不清閒自在。

雕欄玉砌，月色朗朗。兩位娘子的梳妝穿衣頗有默契，皆穿紗羅抹胸，熟白紗襠褲，外罩直領對襟窄袖褙子。看那位正在品茗的宋娘子，腰間還繫著描金綴珠香羅帶，面妝清透，淺笑嫣然，尤顯身量纖秀，亭亭玉立。

清風徐來，舉杯邀月，笑語盈盈，人生幾何？

北宋時期，女子褲裝多作為襯褲，穿著在裙內。南宋時期，女子著裝出現了褲裝外穿的現象，衫與褲的搭配組合逐漸開始流行。

一、褙子——宋朝典型服飾

1. 女子褙子的形制與面料

（1）形制特徵。

褙子，亦寫作「背子」、「背兒」或「背」。關於「褙子」名稱的起源有這樣一種說法，據《朱子語類》記述，婢妾「行直於主母之背」，所以將她們穿著的服裝稱為「背子」，也就是說褙子起初僅作為婢妾服飾而存在。

褙子是一種最具宋朝特色的服飾，男女都可穿著。宋朝女子的褙子主要為直領對襟，前襟大多不施襻（ㄆㄢˋ）紐（江西德安周氏墓出土的一件褙子前襟有紐襻），衣身兩側開長衩，袖口有寬有窄，領和袖常用不同顏色的織物做緣邊，衣長不等，有長度齊膝的，也有長及膝下或與裙齊的。

（2）面料與紋飾。

從宋墓出土的褙子實物來看，褙子常用面料為羅、紗，其次有絹、綺等。紋飾一般有兩種體現方式：一是作為織造圖案出現在其面料本身，二是用刺繡、印花、彩繪等工藝裝飾在領抹及下擺等緣邊處。宋朝褙子紋飾的題材豐富多樣，以纏枝花最為常見，緣飾色彩常常比衣身色彩豐富鮮麗，是褙子製作與裝飾工藝精細度的集中體現。

褙子的穿搭展示

映花避月上行廊，珠裙褶褶輕垂地。

——宋，張先《踏莎行．中呂宮》

▶ 流行於南宋的窄袖長褙子＋三襉裙搭配

● **西江月的今日穿搭：**

月白抹胸＋生色花青羅褙子＋菱格花草紋綴珠三襉裙

● **髮型配飾：**

大髻方額＋扁圓水晶冠＋珍珠插梳＋U形釵＋水晶瓜形耳墜＋金連戒

● **妝容：**

淚妝

2. 褙子的袖型

從出土的實物來看，宋朝褙子的袖型主要有兩種。一種是袖寬從肩部至腕部微微變寬，袖根與袖口近乎等寬的「直袖褙子」，如福州南宋黃昇墓出土的紫灰色縐紗鑲花邊褙子；一種是從肩部至腕部明顯收窄的「窄袖褙子」，如江西德安周氏墓出土的褐色羅褙子。不同的袖型應與主人所處的氣候環境以及個人審美等因素有關。

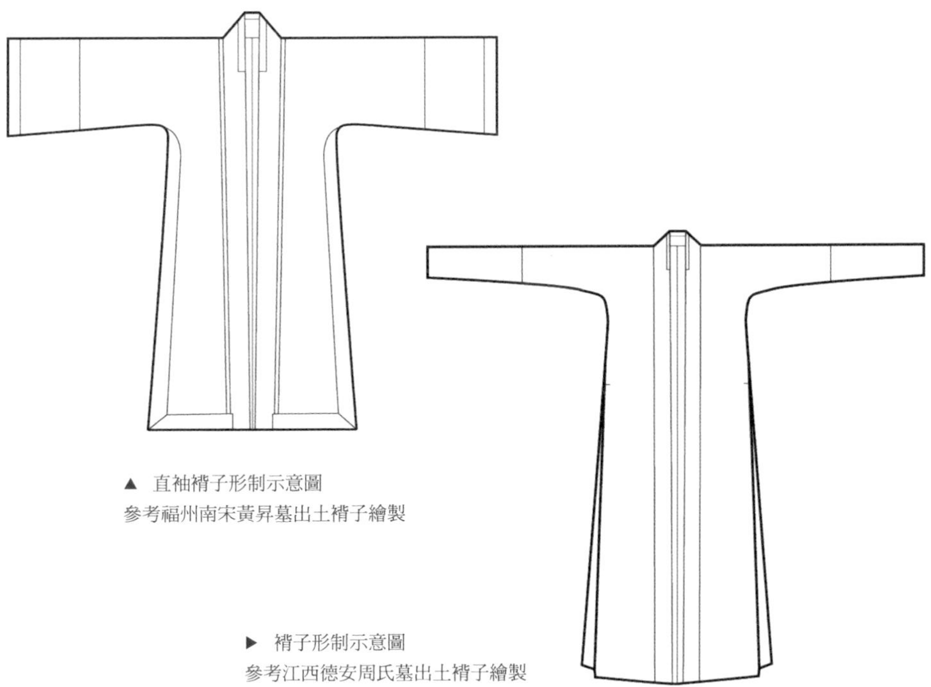

▲ 直袖褙子形制示意圖
參考福州南宋黃昇墓出土褙子繪製

▶ 褙子形制示意圖
參考江西德安周氏墓出土褙子繪製

3. 褙子的長度

關於褙子的長度，目前主要有兩種觀點：其中一種認為「褙子」就是及地的，不及地的為「衫」，不叫「褙子」；另一種認為「褙子」的長度有多種，中上階層女子所穿褙子長度及膝或與裙齊平，勞動階層女子所穿褙子多長至膝蓋以上，有的短至腰臀間。

宋朝程大昌《演繁露・褐裘背子道服襦裙》中記載道：「長背子古無之，或云近出宣、政間」，由此可見，長褙子是在北宋後期的政和、宣和年間才出現。黃能馥《中國服飾史》中提到：「宋朝女子所穿褙子，初期短小，後來加長，發展為袖大於衫、長與裙齊的標準格式。」由此可見，褙子的長度在兩宋的三百多年間也是在不斷變化的。在宋朝兩個不同版本的《中興瑞應圖》中，對同一場景的刻畫，人物所穿褙子長度亦有不同，推測應為不同時期完成。

雖然兩宋期間褙子的長度並不固定，但褙子既然可以作為宋朝平民女子出席正式場合的小禮服，其長度就應該比日常的「短衫」要長。因此，綜合關於「褙子」的史料描述以及宋畫等圖像資料，筆者認為，宋朝女子所穿的直領對襟褙子的長度應該是在從膝蓋上下至與裙齊長這樣一個區間。褙子作為一種罩衫，類似現在「風衣」的概念，其長度不是固定的，身分地位越高、出席的場合越正式，所穿褙子就應該越長。

① 北宋後期的長褙子　太原晉祠聖母殿彩塑
② 及地長褙子　宋，佚名繪《歌樂圖》局部

4. 女子褙子的穿用場合

從北宋至南宋中後期，褙子的風格由寬鬆逐漸向「便身利事」的窄瘦風格轉變，逐漸成為各個階層女性都可穿用的服式。抹胸、長裙、褙子的著裝方式逐漸取代了身穿襦裙、外搭披帛的著裝方式，成為南宋女子特有的典型裝束。

對中上層女性來說，褙子是日常的便服，在賞月、遛小孩、乘涼、對弈等休閒場合穿著。對於市井或勞動階層女性來說，褙子是出席婚禮、冠笄禮、家祭等正式場合的「小禮服」。據朱熹《朱子家禮》記述，在參與冠笄禮時，未出嫁的女子要穿褙子、戴髮冠，妾室要戴假髻、穿褙子。由此可見，對於普通階層的女子來說，褙子、長裙是具有禮服屬性的正式裝束。

5. 褙子上的「飄帶」

在江西德安南宋周氏墓出土的服飾中，有一件褙子領抹中間靠上的位置有一對「飄帶」。在南宋李嵩的《骷髏幻戲圖》中，有一女子的領抹上亦有類似的「飄帶」。這對「飄帶」不僅可以繫結衣襟，而且可以直接垂下，起到裝飾作用。

二、宋朝的褲裝

宋朝的褲裝主要有三類：一類是只能內穿的「打底褲」，如褌（ㄎㄨㄣ）、袴（ㄎㄨˋ）；一類是既可以內穿，又可以外穿的合襠褲——襠；還有一類是用來禦寒的褲裝，如套褲。

1. 褌——貼身的內褲

褌，是合襠的褲子，較短，男女均可穿著，是最貼身的褲裝，相當於現代的內褲。

▲ 並蒂蓮羅紋褌　南京高淳花山鄉宋墓出土

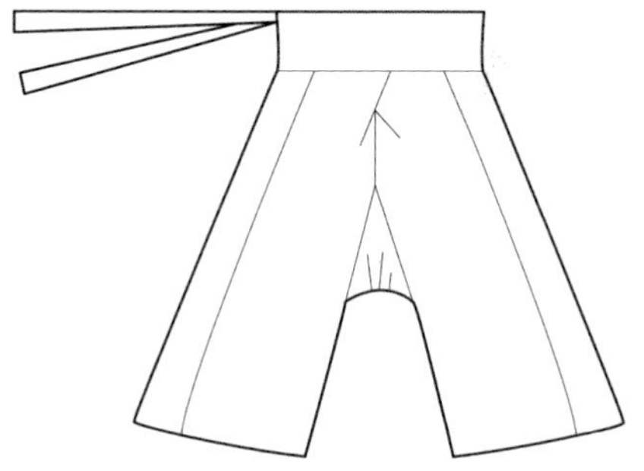

▲ 褌形制示意圖

2. 袴——打底的開襠褲

袴，是一種開襠褲，用來打底或是保暖。從五代詞人顧夐（ㄒㄩㄥˋ）的這句「瑟瑟羅裙金線縷，輕透鵝黃香畫袴」也可以看出，袴是穿在裙子底下的。在出土的宋朝服飾實物中，開襠褲較為常見。黃昇墓中的煙色牡丹花羅開襠褲，褲腰明顯縮窄，褲長減短，褲口寬大，褲襠提高，前後褲襠有重疊的部分，後腰不相連，用繩帶繫縛，褲片左右不對稱。

▲ 袴形制示意圖
根據南京高淳花山鄉宋墓出土的袴繪製

3. 襠——可以外穿的合襠褲

在《瑤台步月圖》中，我們可以看出侍女們下身穿的不再是常見的裙裝，而是褲裝。這種外穿的褲裝叫襠，是一種可以外穿也可以內穿的褲裝。

隨著椅子、凳子等傢俱的逐漸普及，宋人一改席地而坐的習俗，開始垂足而坐，坐姿的改變，使下裳的穿著習慣也發生了變化。南宋耐得翁在《都城紀勝》中記述了宋朝女子乘騎活動的三種等級裝束：「一等特髻大衣者，二等冠子褙子者，三等冠子衫子襠褲者。」可見，南宋時已經出現了衫與襠褲的穿著方式。

南宋文字學家戴侗所作《六書故》提到：「襠，窮袴也。今以袴有當而旁開者為襠。」由此可見，「襠」是有襠且兩側開衩的褲裝。這種結構特徵透過黃昇墓出土的實物也能驗證，此褲窄褲腰，寬褲口，褲襠由長方形面料與褲腿內側相接縫製而成，兩側分別有開縫，褲的左右外側被整條中縫開成兩片，在開衩處做出變化豐富的活褶，設計巧妙，形似褲子又似裙子。在南宋佚名畫作《蕉陰擊球圖》與《荷亭嬰戲圖》中都能看到身穿褙子、襠褲的女性形象。

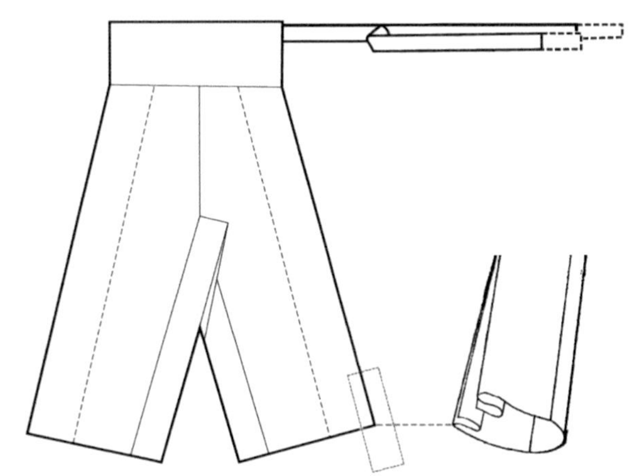

▶ 襠形制示意圖
根據福州南宋黃昇墓出土實物繪製

4. 套褲——保暖的無襠褲

套褲是只有左、右褲管，而沒有褲襠、褲腰的褲裝。穿著時用繫帶將兩褲管繫結在褲帶上面，多加套在合襠褲外穿著，主要用來禦寒。從已出土的宋朝服飾實物來看，男女均可穿用套褲，統治階級和富家成年男女皆有穿著套褲的習慣。

襠褲外穿的搭配展示

獨自簾兒底。香羅帶、翠間金墜。

——宋，陳允平《夜遊宮·窄索樓兒傍水》

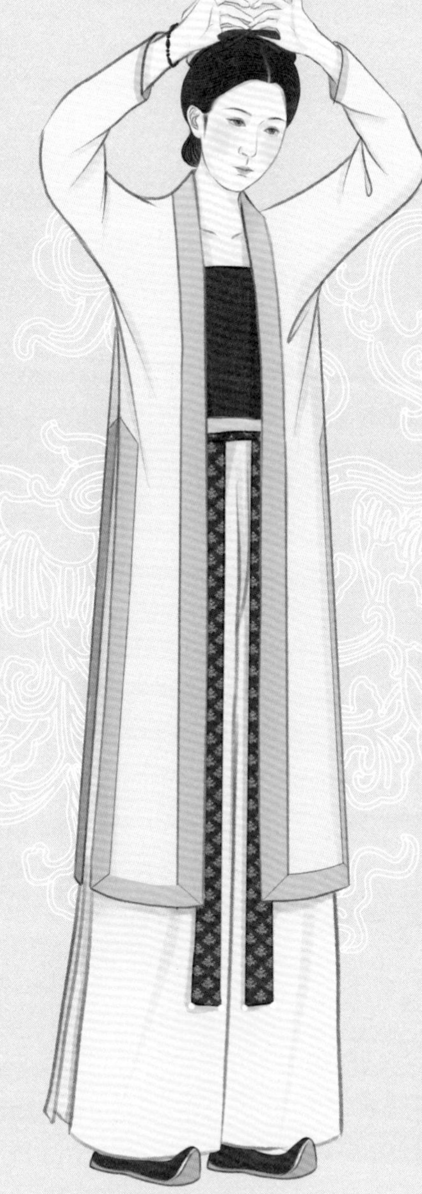

◀ 褙子與襠褲外穿的搭配

● **西江月的今日穿搭：**

妃紅色抹胸＋天青色縐紗褙子＋淺藕荷色襠褲＋描金綴珠香羅帶

● **髮型配飾：**

天青綃包髻＋紅絲繒髮帶＋紅瑪瑙手串

三、宋朝女子的鞋襪

將《瑤台步月圖》放大了看，我們可以發現一位仕女裙子底邊露出的紅色弓鞋，鞋尖部分上翹，非常嬌小。那麼，宋朝女子的鞋子都有哪些款式呢？

1. 纏足的源起

説到宋朝女子的鞋子，首先繞不開的一個話題就是「纏足」。纏足，即把女子的雙腳用布帛緊緊紮裹起來，使其骨骼扭曲變形，最終變得又小又尖。關於纏足的起源，眾説紛紜，比較被認可的説法是起源於南唐後主李煜的宮嬪窅（ㄧㄠˇ）娘。李煜喜歡樂舞，他令宮嬪窅娘用帛纏足，將腳纏小，彎曲如新月妝及弓形，並在六尺高的蓮花台上跳舞，開創了中國歷史上婦女裹足的先例。這種小腳被稱「金蓮」。

以纏足為美、為貴、為嬌的觀念在北宋初仍然存在，至北宋中晚期，纏足在貴族婦女中已較普遍，但此時纏足的習俗只流行於中上社會階層的女子，下層婦女因要勞動耕作而不纏足。《宋史》記載南宋理宗朝宮人「束足纖直，名『快上馬』」，由此可見，宋朝纏足的偏好是把腳裹得窄直纖細，與後來彎月狀的「三寸金蓮」有所不同。

2. 女鞋的種類

宋朝女子日常所穿著的鞋子主要有：弓鞋、翹頭履、平頭鞋、靸（ㄙㄚˇ）鞋、木屐、靴等。舄是等級規格最高的鞋子，只在重大禮儀活動時搭配冠服穿著。

（1）四季鞋——弓鞋。

因為受到纏足的影響，在日常生活當中女子多穿著小腳弓鞋，「裙低略露弓鞋」、「遺下弓弓小繡鞋」、「鴛履貪弓不意行」、「後房彩女弓鞋窄，持得金蓮案上開」、「梨花窈窕歌霓裳，落花緩步弓鞋香」、「淡黃弓樣鞋兒小」……從這些宋詞中，可以看出弓鞋的樣子，其特點是履頭尖小，略呈彎狀。

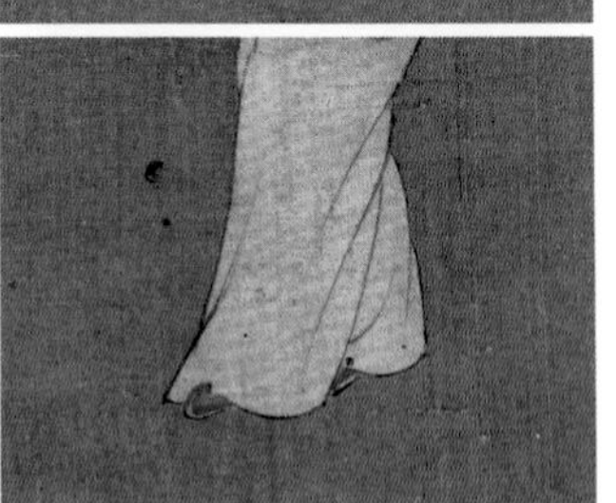

▶ 弓鞋　宋，佚名繪《雜劇〈打花鼓〉》局部

（2）貴婦鞋——翹頭履。

翹頭履是鞋頭加裝飾的鞋子，也有雲頭履、鳳頭履等不同樣式。

翹頭履中有一種叫鳳頭鞋，「珠襦微露鳳頭鞋」、「鳳鞋弓小稱娉婷」、「鳳鞋宮樣小，彎彎露」……其鞋頭尖翹像鳳頭的樣子，為女子專用。宋人畫《搜山圖》中所作的女鞋即是上翹作鳳頭樣。

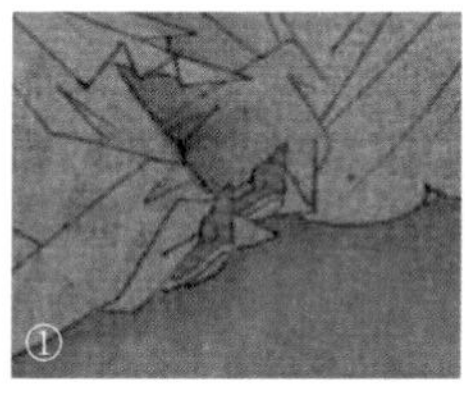
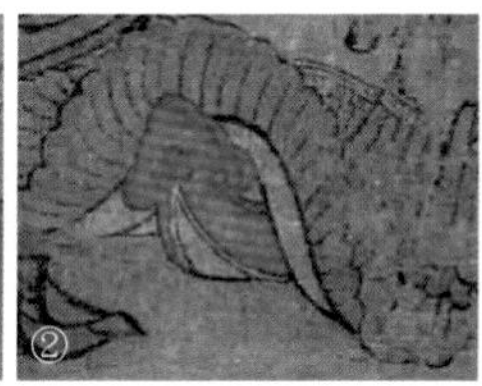
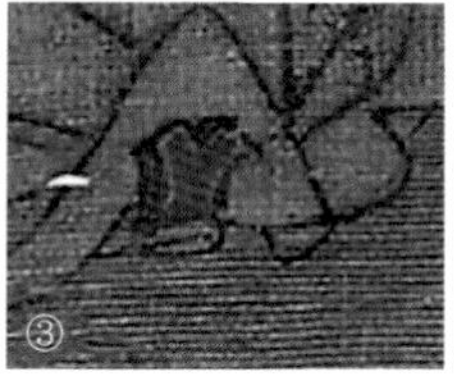
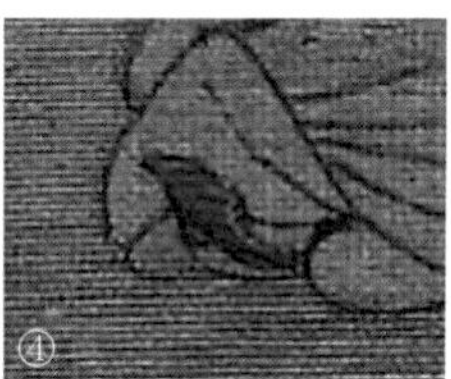

① 鳳頭鞋　宋，佚名繪《搜山圖》局部
② 翹頭履　宋，佚名繪《辰星像》局部
③ ④ 翹頭履　宋，佚名繪《飲茶圖》局部

（3）戶外鞋——平頭鞋。

「結伴踏青去好，平頭鞋子小雙鸞」，這句宋詞描述了女子腳穿平頭鞋結伴踏青的場景，由此可見，弓鞋並不是宋朝女子鞋櫃裡唯一的樣式。平頭鞋是一種舒適的、適合外出活動時穿著的鞋子。此外，勞動婦女也穿這種方便的鞋子。

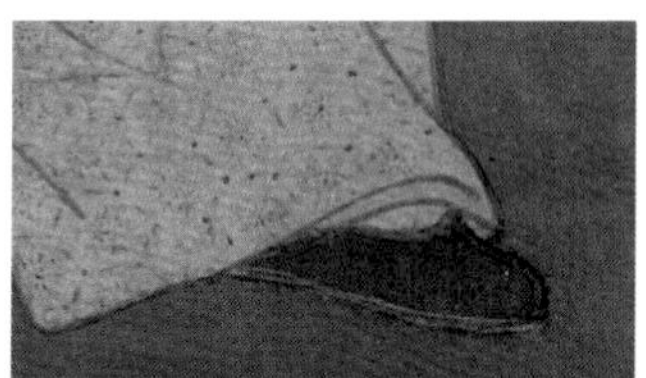
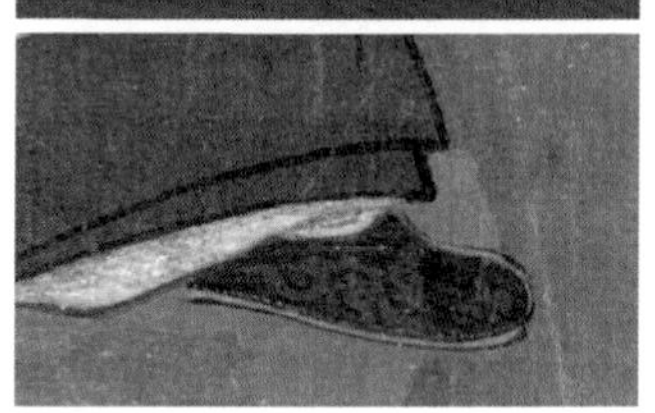

▲　平頭鞋
宋，蘇漢臣繪《冬日嬰戲圖》局部

（4）拖鞋——靸鞋。

「靸鞋兒走向花下立著」、「步輕輕、小羅靸」……這裡說的靸鞋，是類似於現代拖鞋的無跟鞋子。

（5）雨鞋——木屐。

「試屐櫻桃下」、「巾齒屐，碧雲篦」……屐是用木頭製作的帶兩齒的鞋子，在走山路或雨天時，兩齒能起到防濕防滑的作用。木屐在士大夫和百姓階層中都很流行，宋詞中也有很多描述人們腳穿木屐，在山中、雨中行走的場景。

（6）騎馬鞋——靴。

「細馬遠馱雙侍女，青巾玉帶紅靴」。宋朝中原婦女仍然承襲唐朝遺風，出門乘馬騎驢。為了騎乘的方便，她們常穿靴。宮女在穿著圓領袍時也會搭配靴。有些靴頭作鳳頭樣式，靴靿（ㄧㄠˋ）用織錦製作。歌舞女子也穿靴，「錦靴玉帶舞回雪」就是形容舞者的穿著。

3. 女鞋的色彩與裝飾

▲ 宋朝「錯到底」
出自錢金波、葉大兵編著《中國鞋履文化史》

「鴛鞋小砑（ㄧㄚˋ）紅」、「怕立損、弓鞋紅窄」、「對華筵坐列，朱履紅裙」……由此可見，宋朝女子的鞋子以紅色居多，與紅裙相得益彰。北宋期間，在東京汴梁閨閣出現了一種拼色鞋——「錯到底」，體量相當小，鞋頭尖尖，用兩種顏色的布拼接而成。南宋陸游在《老學庵筆記》中寫道：「宣和末，婦女鞋底尖，以二色合成，名曰『錯到底』。」

「繡履彎彎，未省離朱戶」、「繡鞋不勝春，風若凌波仙」、「步縷金鞋小」、「侍輦歸來步玉階，試穿金縷鳳頭鞋」、「背人語處藏珠履，覷得羞時整玉梭」……從這些宋詞可以得知，如果按照材料、裝飾來分，又有繡鞋、珠鞋、金縷鞋等。

▲ 裝綴珍珠的紅色翹頭履

4. 女子的羅襪

宋朝由於女子纏足之風盛行，因此其襪子與鞋子一樣，被做成尖頭狀，頭部朝上彎曲，呈翹突式。貴族官宦之家的女子常用羅、綾、錦等絲綢製作襪子，平民女子則常用布製作。

宋朝姜夔在《鷓鴣天》中有詞句云：「籠鞋淺出鴉頭襪，知是凌波縹緲身。」鴉頭襪與尖頭的羅襪不同，襪子前部大腳趾與其餘四趾分開，形成「丫」形，又叫「歧頭襪」。

四、宋朝女子的「髮際線」

宋朝袁褧（ㄐㄩㄥˇ）在《楓窗小牘》中記載汴京女子妝髮：「崇寧間，少嘗記憶作大鬢方額；政宣之際，又尚急把垂肩；宣和以後，多梳雲尖巧額，鬢撐金鳳。」這裡所說的「大鬢方額」、「雲尖巧額」就是北宋後期流行的額髮造型。大髻方額就是將髮梳掠於腦後頭頂，將額髮修剪成一字形，橫列於眉上。雲尖巧額是指將額髮盤成雲朵之狀，雲朵朵數多寡不等，兩鬢以釵鈿固定。《瑤台步月圖》中的仕女梳的是大髻方額，《瑣闈調鸚圖》中的仕女梳的則是雲尖巧額。

▶ 大髻方額　宋，劉宗古繪《瑤台步月圖》局部

◀ 雲尖巧額　宋，王居正繪《瑣闈調鸚圖》局部

小知識　穿漢服時，怎麼搭配鞋子？

在偏復原風格的穿著場景下，穿褘衣等宏大的禮服，可以搭配舄；穿霞帔大袖等比較正式的漢服，可以搭配翹頭履；穿相對日常的漢服，可以搭配弓鞋、平頭鞋。如果是日常穿著，也可以根據個人喜好搭配現代的鞋子。

場景八　臨安城初雪

是年臘八，初雪翩飛，不多時，臨安城的勾欄瓦舍、亭台水榭便似敷了薄粉，平添了幾分風韻。

諸位小娘子不約而同地來到了穠花館賞雪，簾幕輕卷，憑欄對坐，言笑晏晏。小娘子們一色冬日裝扮，錦襖貉袖，煞是禦寒。看那正在雪地裡折紅梅的陸娘子，上穿檀色的素緞襖，下束天碧色菱紋菊花綺裙，外罩素緞對襟綿襖。她高挽鬟髻，簪纏枝菊花鎏金鈿釵，戴金疊勝耳環，眉間貼花鈿，折罷梅花，玉步款款，好一幅「美人倚梅圖」。

▲ 宋，佚名繪《仙館穠花圖》局部

由於出土的宋朝冬裝實物較少，我們往往有一種「冬穿明制夏穿宋」的印象，或者有此疑問，難道宋朝沒有冬天嗎？事實上，宋朝的冬天比我們想像得寒冷，由宋畫中諸多冬日題材的作品可見一斑。那麼，宋人冬天都穿什麼呢？

一、宋朝的冬裝類型

宋朝的冬裝可分為兩大類，一是夾衣類，即雙層的衣裙；二是綿衣類，即分內外兩層，內部填充絲綿的服飾。這裡需注意的是，宋朝棉花的種植尚未普及，填充棉花的衣物價格昂貴，所以冬裝大多是填充絲綿的。

1. 夾衣類

南宋周密《武林舊事》中記述有「授衣節」，當日「御前供進夾羅御服，臣僚服錦襖子夾公服」，由此可知，宋人在冬季會穿夾衣禦寒。由「夾羅御服」、「夾公服」可以推測，不同款式的單衣都可以做成雙層的夾衣來保暖。從描繪冬季場景的宋畫中可以得以驗證，這些人物所穿冬衣款式與單衣款式相同，但應該是雙層的夾衣或者填充絲綿的綿衣。

2. 綿衣類

綿衣是雙層並填充絲綿的衣物，前文提到的襖、袴、襠、套褲都可以做成應季的綿衣。

襖是有襯裡、夾裡的或者是以皮革製作的上衣，又名「夾襖」，絮綿的稱為「綿襖」，以鞣製的動物皮製作的稱為「皮襖」。襖有寬袖與窄袖之分，又有對襟和大襟之別，根據衣長不同，襖又可分為大襖和小襖。大襖即長襖，擺線在膝蓋上下；小襖即短襖，擺線在腰際至臀部之間。中上階層常用帶有精美紋樣的錦、緞和皮毛作面料，平民階層則常用麻、葛甚至紙張等價格低廉的材質。

◀ 穿襖的仕女
宋，佚名繪《萬花春睡圖》局部

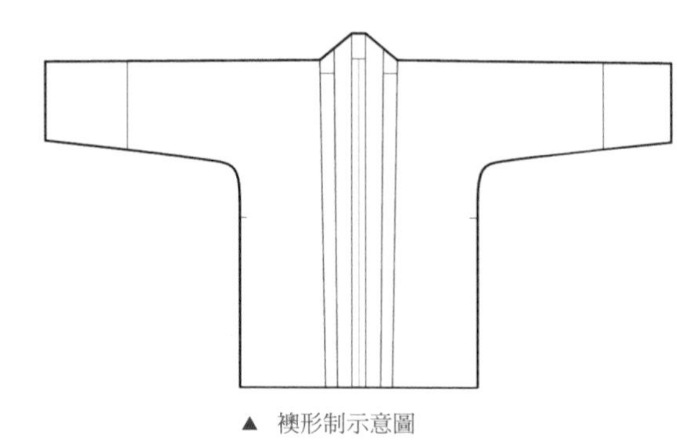

▲ 襖形制示意圖

二、宋朝的特色冬裝

1. 貉袖

貉（ㄏㄜˊ）袖，袖較短，類似半臂，前後襟短至腰間，衣身兩側不開衩。唐朝劉商的琴歌《胡笳十八拍・第五拍》中有「狐襟貉袖腥復膻，晝披行兮夜披臥」的句子。由此可見，這種服式至少在唐朝已經出現。

宋朝曾三異的《同話錄》中對貉袖的解釋是：「以最厚之帛為之，仍用夾裡，或其中用綿者，以紫或皂緣之。」由此可以看出，貉袖面料用最厚的布，可以做成兩層或者填充絲綿來加以保暖。

目前尚未有宋朝貉袖的出土實物，可以從出土的元朝貉袖中看出其結構形制。在宋畫《仙館穠花圖》中，我們也可以看到內穿襖、外罩貉袖的仕女形象。

◀ 穿襖與貉袖的仕女
宋，佚名繪《仙館穠花圖》局部

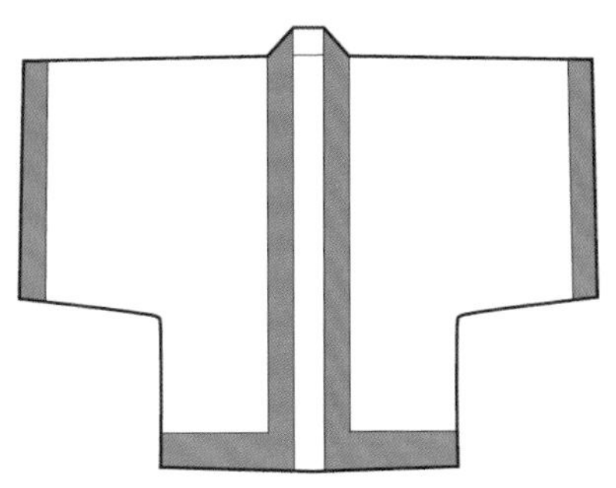
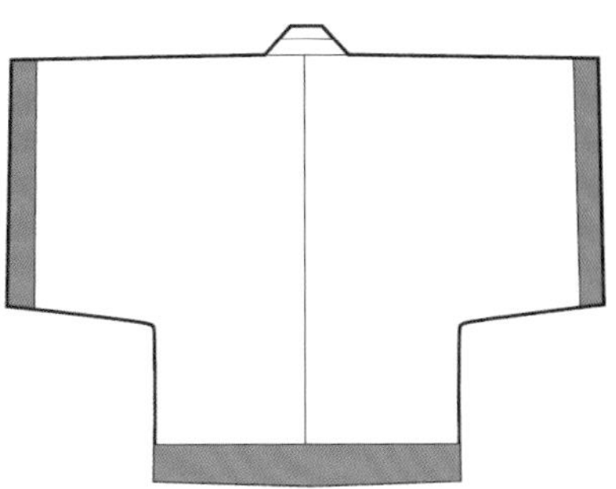

▲ 貉袖形制示意圖
根據《仙館穠花圖》推測繪製

2. 旋襖

在宋朝還有一種常見的特色襖——旋襖，男女都可以穿著。這裡的「旋」跟「旋裙」裡的「旋」意思應該一致，即便於騎乘、便於活動。

周錫保在《中國古代服飾史》中闡釋貉袖的特點，並認為旋襖與貉袖是同一種服式。根據宋朝曾三異在《同話錄》中對貉袖的描述「近歲衣制有一種如旋襖，長不過腰……」，筆者認為，用旋襖來類比解釋貉袖，證明旋襖是一種與貉袖形制相似的常見款式，但二者應該不是同一種服制。

筆者推測旋襖一方面有與貉袖類似的特徵，即袖長僅半臂長度，便於騎乘，另外一方面應該有「旋」的特徵，即衣長到膝蓋以上，兩側開衩，上下馬時，開衩的衣襟有旋開的形態。

◀ 旋襖的穿搭效果

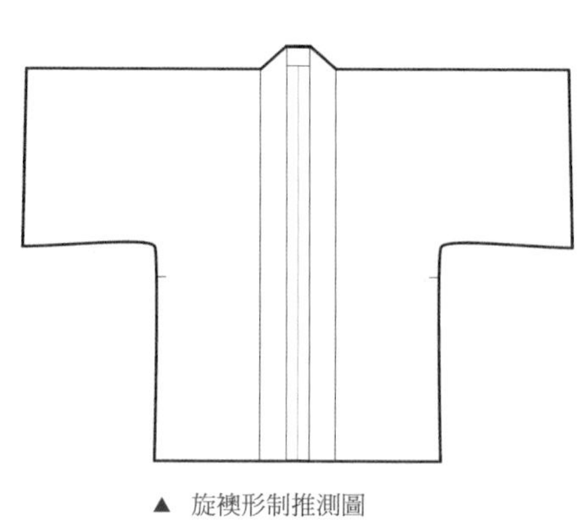

▲ 旋襖形制推測圖

3. 小翻領襖

在《仙館穠花圖》中靠欄杆坐著的一位仕女，身上穿的襖有著類似「小翻領」的樣式，是一種特別的領型。在江西德安南宋周氏墓出土的服飾中，有一件襖的領型與畫中類似。這件襖窄袖緣邊，直領對襟，衣襟中間有一處紐襻，脖頸處有白色外翻的領子，不僅可以保持領口的清潔，而且可以在冬季起到保暖作用。

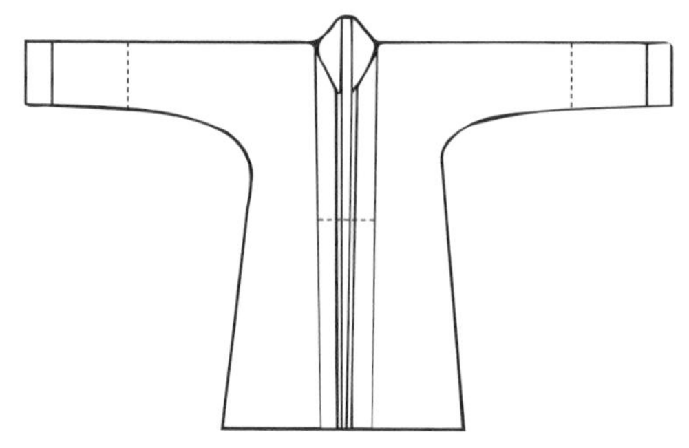

▲ 小翻領襖形制示意圖
根據江西德安南宋周氏墓出土文物繪

冬季的穿衣層次穿搭展示

● 層次1：

銀灰綿褲+高筒夾綿絹襪+檀色素緞夾衣

● 髮型配飾：

雙鬟髻+纏枝菊花紋鎏金鈿釵+通草梅花簪+金疊勝耳環+梅花紋金指鐲

● 妝容：

梅花妝

◀冬季穿衣層次

● 層次2：

層次1+菱紋菊花夾裙+對襟素緞綿襖+縪絲飄帶

雪裡已知春信至，寒梅點綴瓊枝膩。

——宋，李清照《漁家傲·雪裡已知春信至》

小知識　如何區分襦、衫、襖？

襦、衫、襖都是上衣，它們怎麼區分呢？可以從衣服長短、層數、是否開衩、是否有腰襴以及穿著方式來區分。

襦、衫、襖的區別

名稱	長短	層數	是否開衩	是否有腰襴	穿著方式
襦	一般較短，到腰部	單層或雙層	否	可有可無	東晉等朝代有穿在裙外的，宋朝多穿在裙內
衫	可長（膝蓋上下）、可短（腰臀間）	單層	是	無	裙外、裙內均可
襖	短襖多在膝蓋以上，長襖長至膝蓋以下、腳踝以上	雙層或有填充物	是	無	多穿在裙外

場景九　元宵燈如晝

上元佳節，大宋有五天元宵假。街市上歌舞昇平，放眼處皆是琴瑟簫鼓、華燈寶炬、火樹銀花，正是應了「花市燈如晝」、「夜夜魚龍舞」之景。

是日傍晚，林娘子也帶著孩童在庭園裡歡度元宵。妙曲輕彈，燈月同輝。童子們提著各式花燈嬉戲玩耍，林娘子也換上了元夕盛裝，煞是應景。她內穿八達暈燈籠紋錦緞襖，外罩燈籠紋織金緞貉袖，束印金白綺褶裙。又頭戴玉蛾兒，簪撚金雪柳，神情專注地賞玩著一隻琉璃星球燈。月色溶溶，鳳簫聲動，實乃良辰美景也。

▲ 宋，李嵩繪《觀燈圖》局部

一、元宵節應景穿搭

元宵節又名上元節、小正月、元夕或燈節。《全宋詞》中寫到元宵節的詞有三百餘首，可見宋人對元宵節的偏愛程度。當然，宋人愛元宵節也不是沒有理由的，他們不僅可以享有五天的法定節假日，而且在此期間，女子可以通宵達旦地觀燈出遊。她們穿上應景的節日盛裝，或呼朋喚友，或與夫婿結伴，盡情享受「玉壺光轉」的美好。

1. 應景色彩——衣多尚白

宋朝周密在《武林舊事》中提到：「元夕節物，婦人皆戴珠翠、鬧蛾、玉梅、雪柳、菩提葉、燈球、銷金合、貂袖、項帕，而衣多尚白，蓋月下所宜也。」由此可見，在元宵節這天，宋朝女子喜歡白色或接近白色的衣裙飾品，為什麼呢？因為在溶溶月光下，白色更顯得清冷脱俗，宛若仙子。元宵節穿衣尚白的習俗也一直延續到明朝。

2. 應景飾品——蛾兒雪柳

《武林舊事》中描寫南宋臨安城元宵節的文字，還提到不少宋人元宵節的應景飾品。

（1）報春的鬧蛾。

「蛾兒雪柳黃金縷」、「鬧蛾雪柳添妝束」……「鬧蛾」可謂是元宵詞裡的高頻詞彙了，那麼，這樣應景的飾品又有什麼寓意呢？

鬧蛾又叫「燈蛾兒」，用絲綢、烏金紙或金銀製作成「蛾」的形狀，簪戴在頭上，走起路來蛾翅晃動，煞有靈氣。因為元宵節張燈結綵，蛾兒喜光，故取「蛾兒取火」之意。

除此以外，宋朝的女子還會簪戴蜜蜂、蟬、蝴蝶、蜻蜓等形態的飾品，這些昆蟲多在春暖花開時活動，所以有「報春」、「迎春」的象徵意義。

（2）迎春的梅、柳。

和蜜蜂、蝴蝶類似，梅、柳是植物中的報春使者，所以也深得宋朝女子偏愛。玉梅、雪柳多用白色紙或絹製作而成，也有用撚金線製作雪柳的，稱為「撚金雪柳」。

▲ 簪戴的白色「鬧蛾」
宋，蘇漢臣繪《五瑞圖》局部

▲ 撚金雪柳
宋，李嵩繪《觀燈圖》局部

（3）菩提葉。

宋人元宵節簪戴的「菩提葉」有兩種，一種是菩提葉燈，是以菩提葉用水浸泡脫去葉肉後剩下的葉脈製成的，另一種是手工製作的「翠花」飾品，上面多點綴著蛾、蟬、蜂等昆蟲，顯得春意盎然。

（4）閃耀的燈球。

除了佩戴「鬧哄哄」的昆蟲、植物，宋朝女子還發明製作了一種可以簪戴的「星球燈」。據《新編醉翁談錄》記載，心靈手巧的宋朝女子製作出一種像棗子、栗子一般大小的燈球，裡面放上金縷、彩線，再用珍珠、翡翠裝飾，晶瑩剔透，在月光下閃耀著星光。女孩們簪戴著星球燈，嬉笑追逐，真是燈市上最「亮」的風景啊。

比起女孩們的浪漫巧思，男子所配戴的「火楊梅」、「燈碗」就有點冒險了。北宋呂原明在《歲時雜記》記載，火楊梅是把棗泥丸穿在鐵枝上點燃，或者插在頭上，燈碗是沒有提手的燈，可以放在頭頂。汴梁上元佳節期間，達官顯貴出門，會讓他們的隨從頭頂火楊梅、燈碗，以此給他們拉風、撐排面。

3. 應景紋樣——燈籠錦

宋人不僅把燈戴在頭上，還要把「燈」穿在身上，燈籠錦就是最為應景的燈籠紋樣面料。

「燈籠錦」源於北宋，又名「慶豐年」或「天下樂」，因以金線織成燈籠形狀的錦紋而得名。據說宋朝大臣文彥博在成都任上，為討好當時得寵的張貴妃而織造出新奇的「燈籠錦」紋樣。據梅堯臣記述，該圖案為「金線燈籠載蓮花」，正應燈節之景。

4. 應景服裝——貉袖、項帕

關於宋朝元宵節女子裝扮的描述，《武林舊事》中有宋朝女子在元宵節穿貉袖、項帕的記載，說明貉袖也是當時漢人普遍穿著的一種服式。而「項帕」推測為一種類似雲肩的肩部裝飾，在金代《文姬歸漢圖》中可以看到「貉袖、項帕」的服飾形象。

綜上所述，頭戴蛾兒雪柳，身穿白色燈籠錦製的貉袖，應該是非常應景的元宵節裝扮了吧。

▶ 貉袖、項帕　金，張瑀繪《文姬歸漢圖》局部

元宵節的穿搭展示

鋪翠冠兒、撚金雪柳，簇帶爭濟楚。

——宋，李清照《永遇樂．元宵》

● **西江月的今日穿搭：**

雙絲絹夾綿抹胸＋八達暈燈籠紋錦緞襖＋印金白綺褶裙

燈籠紋錦緞襖參考《仙館穠花圖》以及江西德安南宋周氏墓小翻領襖實物繪製

● **髮型配飾：**

高髻＋鋪翠花冠＋撚金雪柳＋星球燈

◀ 元宵節應景搭配（一）

蛾兒雪柳黃金縷，笑語盈盈暗香去。

——宋，辛棄疾《青玉案・元夕》

● 西江月的今日穿搭：

雙絲絹夾綿抹胸＋八達暈燈籠紋錦緞襖＋印金白綺褶裙＋燈籠紋織金白緞豁袖

● 髮型配飾：

高髻＋鋪翠素綃包髻＋玉蛾兒＋撚金雪柳＋星球燈

燈籠錦襖參考《仙館穠花圖》以及江西德安南宋周氏墓出土小翻領襖實物繪製

▶ 元宵節應景搭配（二）

二、宋朝女子首服樣式

李清照所描述的「鋪翠冠兒」是一種用翠鳥羽毛裝飾的髮冠，這是宋朝女子在元宵節這天的應景裝扮。那麼，除了各式的「冠」，宋朝女子的首服還有哪些呢？

1. 暖帽

暖帽，顧名思義，是用來禦寒保暖的帽子。宋朝吳文英在《玉樓春》中描述舞女冬裝云：「茸茸狸帽遮梅額，金蟬羅翦胡衫窄。」這種毛茸茸的「狸帽」來自北方遼金裝束，在金代畫家張瑀的《文姬歸漢圖》中，可以一窺全貌：用狸皮製作帽體，額頭與兩鬢均有一簇狸毛用來保暖、裝飾。

2. 帷帽

宋朝帷帽承繼唐朝樣式，在高頂寬簷的笠帽邊沿裝綴一周薄而透明的面紗，是女子出行時用來遮面、抵禦風沙的帽子。在《清明上河圖》中，可以看到頭戴帷帽騎驢出行的女子形象。

▲ 帷帽

3. 蓋頭

宋朝女子的蓋頭有兩種形制，一種以長布帛縫製成風兜形狀，下垂長帽裙，類似男子風帽，戴在頭頂裹住雙鬢或放在耳後，用繩帶繫紮，露出面龐，帽裙披搭於肩背。周輝《清波雜誌》中記載：「士大夫於馬上披涼衫，婦女步通衢，以方幅紫羅障蔽半身。俗謂之『蓋頭』。」由此可見，女子外出時常戴這種「蓋頭」，由方形布帛製成，可以遮蔽上半身。《清明上河圖》中可見頭戴此種蓋頭的女子。

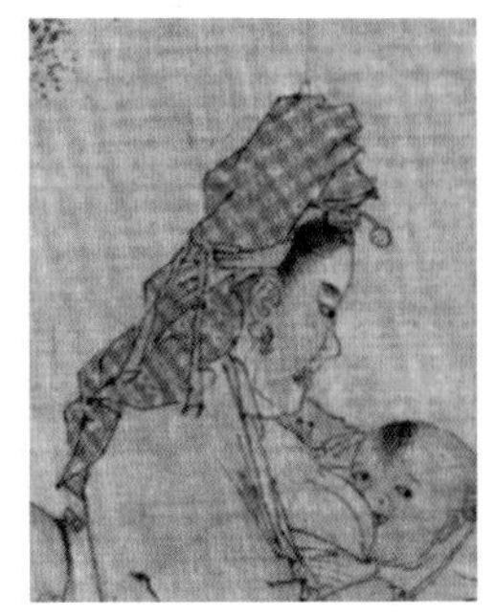

▲ 頭戴蓋頭的婦女　宋，李嵩繪《市擔嬰戲圖》局部

一種叫「面衣」，宋人高承在《事物紀原》中描寫宋朝女子首服時云：「面衣，前後全用紫羅為幅，下垂，雜他色為四帶，垂於背，為女子遠行、乘馬之用。」面衣形制簡單，僅為一塊裁製的長方形布帛，用時以前後方向蓋住面龐，披搭於肩背。《事物紀原》所記述的面衣還有四根其他顏色的帶子，江西鄱陽南宋洪子成夫婦墓出土的女瓷俑所戴面衣則沒有帶子，可見，面衣可添加帶子裝飾，也可不加。

宋朝蓋頭多用來遮風避塵或禦寒，此外，紅色蓋頭或紅色

銷金蓋頭是宋朝民間婚嫁時的聘禮之一，女子婚嫁時要戴紅蓋頭來遮羞。此外，《東京夢華錄》云：「妓女舊日多乘驢，宣、政間惟乘馬，披涼衫，將蓋頭背繫冠子上。」宋朝毛珝（ㄒㄩˇ）《吳門田家十詠・其八》有詩云：「田家少婦最風流，白角冠兒皂蓋頭。」由此可見，蓋頭可以與髮冠搭配佩戴。

▲ 蓋頭

4. 頭巾

宋朝女子頭巾樣式與戴法均有多種。有的包住髮髻，形似層疊的雲朵，山西太原晉祠聖母殿彩塑中可見到紮巾包髻的侍女形象。還有固定住髮髻在前後繫紮頭巾的，這種方式常見於下層勞動女子，重慶宋朝大足石刻的「養雞女」的頭巾即為這種束紮方式。

①②包髻布　山西太原晉祠聖母殿彩塑局部
③以頭巾束髮的農婦　重慶宋朝大足石刻《養雞女》局部

▲ 包髻布

▲ 頭巾

除了以上這些首服種類，樂舞宮伎、侍女也常佩戴襆（ㄆㄨˊ）頭、抹額，雜劇女藝人還會佩戴諢裹，這些首服樣式對於她們來説也是特殊的身分標識。

三、宋朝服飾流行紋樣

燈籠紋是應景的元宵節紋樣，服飾紋樣不僅能夠應景，迎合節日氛圍，而且能寄託主人對美好生活、美好品格的憧憬與嚮往。那麼宋朝還有哪些流行的紋樣呢？宋朝服飾圖案主要包括植物圖案、動物圖案、幾何圖案、組合圖案四類，也有少見的人物圖案。

1. 植物圖案

植物圖案清新秀麗，象徵著美好的期許與品格，最能夠體現宋人的審美與氣質，是宋朝的主流紋樣。根據《中國紋樣史》記載，宋朝植物紋樣的類型就有牡丹、蓮荷、海棠、梅、菊、忍冬、宜男、秋葵、石榴、桂、蘭、櫻桃、芙蓉、茶花、梔子、芍藥、桃花、水仙、蘭花、薔薇、石竹、荔枝、茨菰、浮萍、合歡、松、竹、柳等數十種，數量之豐，令人目不暇接。

除了單獨的花卉圖案，還有各種植物的組合圖案。如一年景是將一年四季的花卉或者景物進行組合和搭配，形成的一種新的服飾圖案，其寓意完美。

花草紋樣的流行與宋朝「尚花」的風氣息息相關。伴隨著宋朝園藝以及市井文化的繁榮發展，宋人不分社會階層、男女老少，皆賞花、簪花、養花，而且在特定的節日裡，宮廷還向官僚大臣賜花。

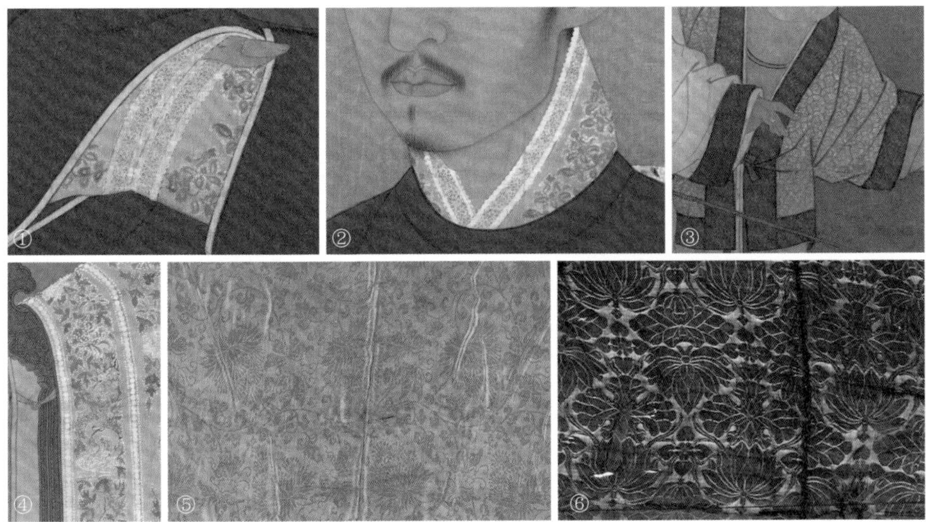

①② 花草圖案的袖口與衣領　宋，佚名繪《宋哲宗坐像》局部
③ 領抹上的花草紋與貉袖上的球路簇花紋　宋，蘇漢臣繪《冬日嬰戲圖》局部
④ 椅帔上的花草圖案　宋，佚名繪《宋高宗后坐像》局部
⑤ 南宋對襟衫上的雙蝶纏枝紋
⑥ 南宋交領衫上的蓮花紋

2. 動物圖案

宋朝服飾中常用的動物圖案主要有龍紋、鳳紋、翟紋等，這類紋樣在封建王朝象徵至高無上的權力，常用在帝后禮服中，從宋畫中的帝后形象中可以看到。此外，還有飛鶴彩雲紋、獅紋等具有祥瑞辟邪寓意的紋樣。

▲ 龍紋　宋，佚名繪《宋徽宗后坐像》局部

3. 幾何圖案

宋朝幾何紋更為莊重、格律嚴謹，與各類雜寶紋樣的穿插搭配有固定程式，而且內容豐富有趣，在保留形式嚴謹的同時又不過分呆板。

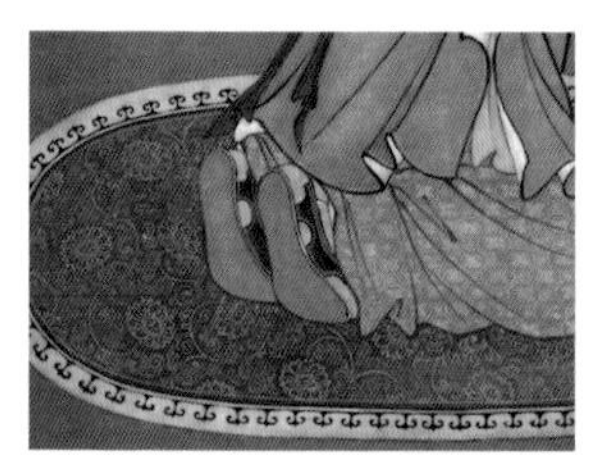

▲ 幾何紋褲子和花草紋毯子
宋，蘇漢臣繪《灌佛嬰戲圖》局部

4. 組合圖案

組合紋樣即以植物、動物、人物、幾何等元素組合搭配，表現生動的自然風光或生活場景，情景交融。常見的有幾何紋與花草紋的搭配、花草與動物紋的搭配、花草與人物的搭配等。

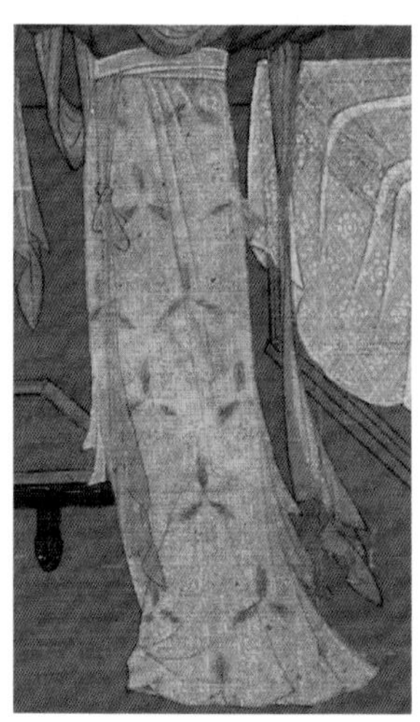

▲ 球路與花組合紋樣　宋，劉松年繪《宮女圖》局部

小知識　現代可以穿漢服應景的節日有哪些呢？

一類是傳統節日：春節、元宵節、花朝節、上巳節、端午節、乞巧節、中秋節等；一類是漢服相關的節日：華服日（農曆三月初三，即上巳節）、漢服出行日（11月22日）、漢服文化周（十月底至十一月初）、中華禮樂大會（十一月初）。當然，並不只有在以上節日才能穿漢服哦。

第二章

官家官員的通勤裝

場景十　元旦大朝會

是年元旦，萬象更新。隨著五更攢點的梆鼓聲響起，宮門緩緩打開，在宮外等候多時的百官雖然被凍得瑟瑟發抖，但仍然抖擻下精神，神情肅穆地魚貫而入。

官家與文武百官皆穿方心曲領朝服出席，官家戴二十四梁通天冠，用玉犀簪導之。身穿絳色紗袍，紅色襯裡，領、袖、襟、裾均緣黑邊，著白紗中單，領、袖、襟、裾均緣朱邊。頸下垂白羅方心曲領一個，下著絳色紗裙蔽膝，腰束金玉大帶，足穿白襪黑舄，另掛佩綬。

文武百官服飾乍看無異，實則有別，冠服制式依官位品階不同各有差異。

致辭、朝賀、上壽……半晌過後，儀程接近尾聲，官家賜宴。在大朝會的禮樂和執事們分賜胙（ㄗㄨㄛˋ）肉的忙碌中，新的一年在大慶殿拉開了帷幕。

▶ 宋，佚名繪《孝經圖》局部

《宋史・輿服志三》記述：「天子之服，一曰大裘冕，二曰袞冕，三曰通天冠、絳紗袍，四曰履袍，五曰衫袍，六曰窄袍，天子祀享、朝會、親耕及親事、燕居之服也，七曰御閱服，天子之戎服也。中興之後則有之。」這段話記載了宋朝皇帝在祭祀、朝會、燕居等不同場合穿的服飾。

大裘冕、袞冕屬於祭服，參加重大祭祀活動時穿著。通天冠服屬於朝服，在大朝會、大冊命、籍田禮時穿著。履袍屬於公服，衫袍與窄袍屬於常服，在非大朝會面見群臣議事時穿著。御閱服則是皇帝的戎裝，檢閱軍隊時穿著。

一、冕服

1. 基本形制

冕服是祭祀所穿戴的禮服，是古代的帝王以及諸侯舉行重大禮儀時所穿戴的最高規格禮服，主要由冕冠、衣、裳、大帶、蔽膝、素紗中單、赤舄等構成。冕服上有十二章紋：日、月、星、山、龍、華蟲、宗彝、藻、火、粉米、黼（ㄈㄨˇ）、黻（ㄈㄨˊ），這些都是一些寓意美好和光明的紋飾，具有象徵意義，充分體現了「以文為貴」的禮制。

▲《新定三禮圖》中的宋朝大裘冕與袞冕

大裘冕是帝王祭天時的冕冠，袞冕是帝王祭祀先祖時的冕冠。從北宋聶崇義《新定三禮圖》中的大裘冕與袞冕，可以看出大裘冕全身無紋，袞冕滿身章紋。

大裘冕是在宋神宗時期恢復使用，其形制為「以黑羔皮為裘，黑繒為領袖及裡緣，袂廣可運肘，長可蔽膝」。這是宋神宗在冬至祭天時的著裝，在袞冕之外加了一件黑羔皮大裘，之後又因宋朝朝廷內部不同黨派在禮服制度上的不同意見而被廢除。

2. 十二章紋

（1）十二章紋的內容。

十二章紋，又稱十二章、十二紋章，是中國帝制時代的服飾等級標誌。

十二章紋是帝王及高級官員禮服上的十二種紋飾，分別為日、月、星辰、群山、龍、華蟲（有時分花和鳥兩個章）、火、宗彝（南宋以前是一隻老虎、一隻猴子）、藻、粉米（晉朝以前是粉和米兩個章）、黼、黻等，通稱「十二章」。

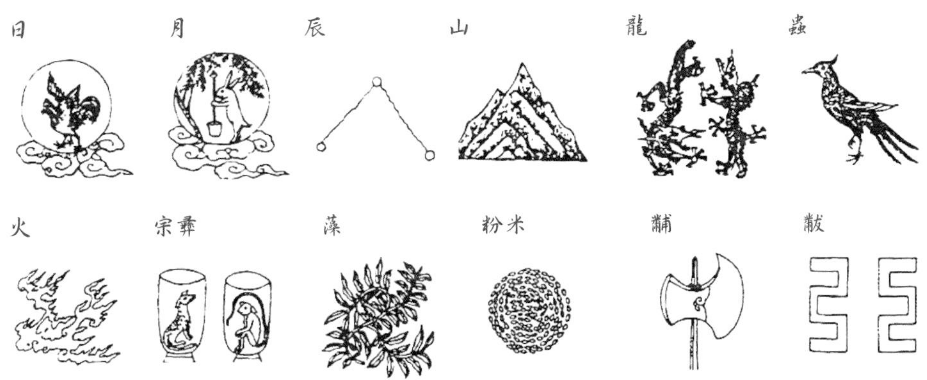

▲ 明朝《三才圖會》中的十二章紋

（2）十二章紋的內涵。

日、月、星辰，取其照臨之意；山，取其穩重、鎮定之意；龍，取其神異、變幻之意；華蟲，為繽紛的花朵和五彩的蟲羽，取其紋彩華美之意；火，取其明亮之意；宗彝，取供奉、孝養之意；藻，取其潔淨之意；粉米，取粉和米有所養之意；黼，取割斷、果斷之意；黻，取其辨別、明察、背惡向善之意。

（3）十二章紋的排列分布。

宋朝相關的文獻資料對章紋的記載不多，而且在宋朝三百多年的變遷裡，不同帝王對於章紋的位置與分布存在著不同的應用方式。《宋史・輿服志》載建隆元年的章紋應用如下：「八章在衣，日、月、星辰、山、龍、華蟲、火、宗彝；四章在裳，藻、粉米、黼、黻。」即上衣具有日、月、星辰、山、龍、華蟲、火、宗彝等八章紋樣，下裳具有藻、粉米、黼、黻等四章紋樣。

3. 冕服上的身分標識

在祭祀等重大典儀場合，皇帝、皇子以及群臣都要穿著冕服。那麼，如何根據冕服細節的不同區分不同人的身分地位呢？

（1）冕冠上旒的數量。

宋朝冕服的等級會以旒的數量加以區別。「旒」是冕冠前後懸掛的串飾，通常由珠玉製成，以五彩絲線編製為藻，一串珠玉就是一旒，以旒的數量作為服飾禮制規格是中國自古以來就有的傳統，天子所戴冕冠有十二旒，此外還有皇子與群臣所戴的九旒冕、七旒冕等。

宋朝冕旒等級制度也是歷經數次變革，政和年間修訂後的服飾制度規定：皇太子及正一品、從一品官員戴九旒冕，二品官員戴七旒冕，三品官員戴五旒冕。

（2）冕服上章紋的數量。

十二章以下又衍生出九章、七章、五章、三章之別。只有天子才有權使用十二章，皇太子為九章，官員所服章數根據品級依次遞減。

（3）其他。

冕冠上是否有額花、革帶的材質、佩綬的材質以及服飾的色彩等，都會根據官位的品級高低有所區分。

▲ 旒冕
宋，馬麟繪《商湯王立像》

二、朝服

1. 朝服的基本形制

朝服是東漢至明朝歷朝君臣在大祀、慶成、正旦、冬至、聖節及頒詔開讀、進表、傳制等重大典禮時所穿著的禮服。

宋朝皇帝和大臣的朝服基本保持了前朝梁冠、交領、裙裳大帶、革帶、佩、綬的搭配方式。朝服在祭祀、大朝會、大冊命等重要的場合才穿，是僅次於袞冕服的一種禮服，穿著時要佩戴通天冠。

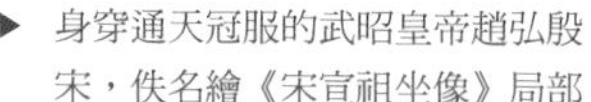

▶ 身穿通天冠服的武昭皇帝趙弘殷
宋，佚名繪《宋宣祖坐像》局部

2. 穿朝服配什麼「冠」

穿朝服時，不同身分的人所戴的冠也有嚴格的規制。通天冠是皇帝專屬的冠，遠遊冠是皇太子專屬的冠，群臣根據身分不同佩戴進賢冠、貂蟬冠、獬豸（ㄒㄧㄝˋ ㄓˋ）冠，其中貂蟬冠與獬豸冠是在進賢冠的基礎上根據身分加以改良而成。

（1）通天冠——皇帝專屬。

通天冠有二十四梁，用產自北方地區的珍珠裝飾，加金博山，附十二隻蟬，全冠高寬各一尺（宋朝一尺約31.68公分），青色的表面，紅色的內裡，用珠翠、彩色絲線裝飾，以玉犀簪子固定。

（2）遠遊冠——諸侯王常戴。

遠遊冠有十八梁，其餘則大致與通天冠相同，冠的表面用青羅面料，裝飾有鏤金塗銀的鈒花，用犀牛角做的簪固定，紅絲線做纓，加金博山，政和年間又加附蟬。

（3）進賢冠——基礎款「梁冠」。

進賢冠是一種「梁冠」，用漆布做成，冠額上有鏤金塗銀的額花，冠後則有「納言」（巾幘），用羅為冠纓垂於頷下繫結。

（4）貂蟬冠——高官專屬。

貂蟬冠，又叫「貂蟬籠巾」，用藤絲織成，外面塗漆，其形方正，左右有用細藤絲編成的像蟬翼般的兩片，用銀裝飾，前面有銀花，上面綴有黃金做的附蟬，南宋時改為玳瑁附蟬，左右各為三隻小蟬，並且在左側有玉鼻，裡面插著貂尾，所以叫貂蟬冠。

（5）獬豸冠——法官專屬。

獬豸冠是執法官員穿朝服時戴的冠，在進賢冠的梁上增加木雕獬豸角（象徵秉公執法），用碧粉塗之，梁數等級之別與進賢冠相同。冠的側面插有立筆，用削好的竹子為筆桿，裹以緋羅，以黃絲為毫，拓以銀縷葉，插於冠後。

① 通天冠　宋，佚名繪《宋宣祖坐像》局部
② 進賢冠　宋，陳居中繪《文姬歸漢圖》局部
③ 貂蟬冠　明，佚名繪《范仲淹像》局部

3. 如何以「帽」取人？

宋朝的朝服在形制和規範上都十分完備與嚴謹，在佩綬的花紋和顏色、配件的材質、所戴冠的細節裝飾等方面都有著嚴格的規定。那麼，要如何根據群臣所戴的冠來區分他們的身分地位呢？

（1）貂蟬冠——最高規格的進賢冠。

貂蟬冠是一種加貂蟬籠巾的七梁進賢冠，是進賢冠裡最高規格的冠。宋朝官員朝服制度幾經改革，元豐二年（1079）確立的朝服制度規定：貂蟬冠分為兩個等級，一等的貂蟬冠用天下樂錦（燈籠紋錦）做綬帶，只有宰相、親王、使相、三師、三公可以戴；二等貂蟬冠用雜花暈錦做綬帶，是樞密使、知樞密院至太子太保的首服。

（2）進賢冠的講究。

根據元豐二年修訂確立的朝服制度，進賢冠總共有七等，七梁冠的貂蟬籠巾分兩等。除此以外，六梁冠，配方勝宜男錦綬，為第三等，左右僕射至龍圖、天章寶文閣直學士佩戴。五梁冠，配翠毛錦綬，為第四等，左右散騎常侍至殿中、少府、將作監佩戴。四梁冠，配簇四雕錦綬，為第五等，客省使至諸行郎中佩戴。三梁冠，配黃獅子錦綬，為第六等，皇城以下諸司使至諸衛率府率佩戴。二梁冠，配方勝練鵲錦綬，為第七等，入內、內侍省內東西頭供奉官、殿頭，以及三班使臣、陪位京官佩戴。

4. 方心曲領

方心曲領是宋朝朝服最顯著的標誌之一，用白羅製作而成，上圓下方，上半部分的圓形代表天，下半部分的方形代表地，即寓意「天圓地方」。圓形部分後面有兩根繩子，可以繫在後頸，下綴的方框部分懸垂於胸前，罩於外衣交領之上。其實方心曲領並不是宋朝專屬，早在西漢時期就出現了。當時官員上朝的服裝層層疊疊，顯得異常臃腫而影響美觀，於是官員們創造性地在脖子上戴一個白色的項圈，用來壓住衣領，以顯得體。

宋朝官員將曲領改造成上圓下方，方心曲領讓朝服既莊重樸素又不失威嚴，方圓之間平添了一份莊嚴之感。所以，方心曲領不僅起到裝飾作用，而且能體現威嚴莊重之感，警戒群臣恪守禮教，同時也能壓住衣領，保持朝服的整潔得體。

① 曲領　唐，閻立本繪《歷代帝王圖》局部

② 宋朝方心曲領為「實心」
宋，佚名繪《宋宣祖坐像》局部

三、官家的公服

1. 公服種類

「凡朝服謂之具服，公服從省，今謂之常服」。由此可見，公服在宋朝稱「常服」，是一種適合一般正式場合的「職業裝」，比我們今天所理解的日常服飾要正式。

根據《宋史・輿服志》記述，宋朝皇帝的公服根據場合和形制共分為三種：履袍、衫袍和窄袍。

（1）履袍。

履袍是皇帝公服中最為正式的一種，多在大宴時穿著，形制為：圓領、大袖、下擺接橫襴且不開衩。佩戴直腳幞頭、金玉裝飾的犀牛皮革帶。如果腳上穿履，則稱為「履袍」，如果腳上穿靴，那就稱為「靴袍」，履和靴都用黑色牛皮製成。在四孟朝獻景靈宮、冬至祭祀、郊祀明堂、詣宮、宿廟時穿著。由宋朝皇帝畫像可以看出，皇帝的履袍多為紅色、白色、淡黃色，且在色彩搭配上具有一定程式，紅色履袍多搭配黃色與白色襯服，白色履袍搭配紅色襯服，淡黃色履袍搭配深黃色襯服。

（2）衫袍。

宋朝的衫袍沿襲唐朝，形制與履袍類似，圓領大袖，只是下擺無襴，頭戴幞頭，腰繫九環帶，腳著六合靴，在大型宴會上穿著。另外，會繫上單鉈（ㄊㄚ）尾紅色革帶，並穿上皂文韠（ㄅㄧˋ，遮蔽在衣裳前的一種服飾）。

（3）窄袖袍。

窄袖、圓領、衣身開衩，多搭配垂腳幞頭、犀金玉環帶，是皇帝在非大朝會面見臣僚議事時的穿著。

▶ 身穿白色履袍的宋英宗　宋，佚名繪《宋英宗坐像》局部

官家公服的穿搭展示

玉帶猩袍，遙望翠華，馬去似龍。

——宋，劉過《沁園春．御閱還上郭殿帥》

▶ 官家的公服穿搭

江城子的今日穿搭：

生色領黃羅襯服＋絳羅公服＋銙帶＋皂靴

髮型配飾：

直腳幞頭

官家窄袖袍的穿搭展示

墮我玉麈尾，乞君宮錦袍。

——宋，黃庭堅《贈惠洪》

江城子的今日穿搭：

梅花方勝紋宮錦窄袖袍＋紅鞓玉銙帶＋皂靴

髮型配飾：

垂腳幞頭

◀官家的窄袖袍穿搭

2. 銙帶——公服「伴侶」

穿公服時必備的配飾銙（ㄎㄨㄚˇ）帶，又叫革帶，形似皮帶。銙帶是整個宋朝官服體系中的重要部分，不僅可以束腰，而且是區別官員品階的標識。

（1）銙帶的結構。

一條銙帶主要有帶扣、帶鞓（ㄊㄧㄥ）、帶銙、鉈尾等組件。

帶扣位於帶頭的部分。帶鞓用皮革做成，外面裹以紅、黑色綾絹，紅的稱為紅鞓，黑的稱為黑鞓。附在帶鞓上用於裝飾的玉石、金屬等配件為帶銙，有圓形、方形或橢圓形，根據形狀被稱為「圓銙」、「方銙」或「團銙」。同時使用兩種銙稱為「方團銙」，只使用方銙稱「純方銙」，排列緊密的方銙稱為「排方銙」，排列稀疏的方銙稱為「稀方銙」。

鉈尾是銙帶末端的一塊長條形銙，主要起到加固和保護革帶尾端的作用，也有「獺尾」、「撻尾」等叫法。

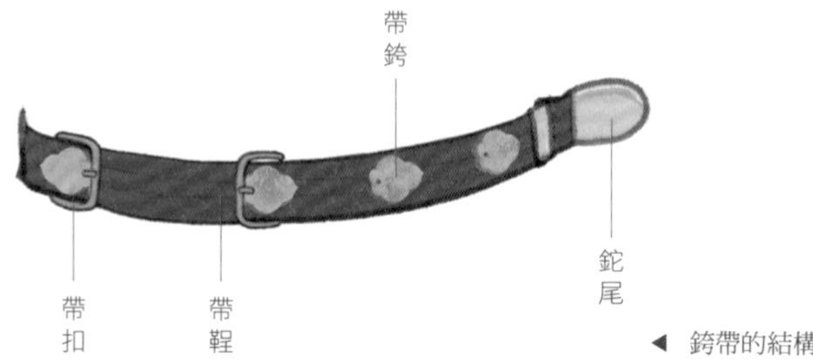

◀ 銙帶的結構

▲ 南宋御仙花金銙帶

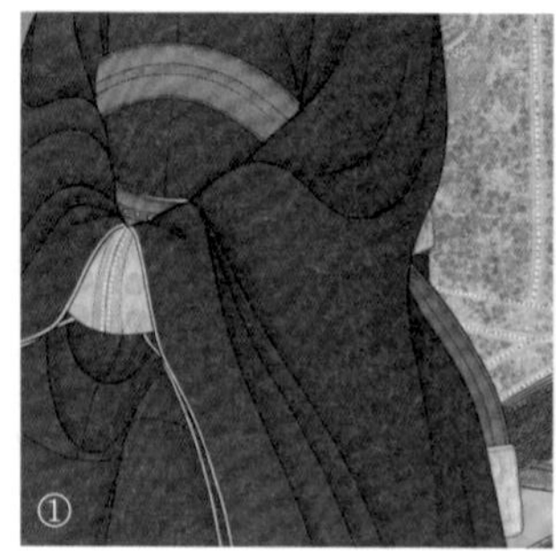

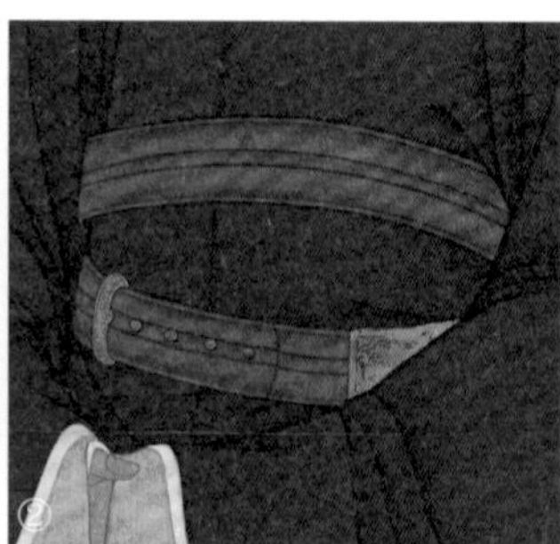

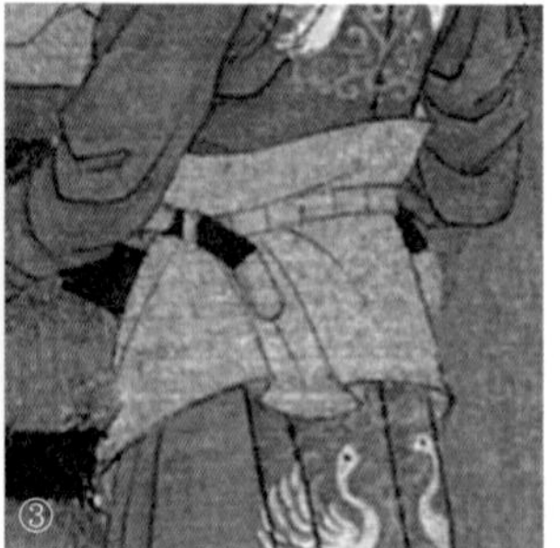

① 銙帶　宋，佚名繪《宋欽宗坐像》局部
② 銙帶　宋，佚名繪《宋仁宗坐像》局部
③ 雙鉈尾銙帶　五代，顧閎中繪《韓熙載夜宴圖》 局部

（2）銙帶的穿戴。

穿戴銙帶時，有帶銙的一面要在腰後。因為公服以及其他服飾的袖子都非常寬大，如果手臂下垂站立，衣袖就拖在地上了，所以雙手只能交叉在胸前。因此，只有把帶銙放在腰後才不會被大袖擋住，也便於人們從背後識別身分。此外，穿戴銙帶時，兩端的鉈尾必須朝下，表示對皇帝的臣服。

▶ 帶銙在身後
宋，佚名繪《春遊晚歸圖》局部

四、皇太子服飾

皇太子的服飾，在服裝的款式、色彩、裝飾等方面，既要體現出皇家的威嚴，又要有別於最高統治者皇帝的服飾。這其中的差異主要體現在十二章的使用、冕旒的數量、組綬的佩戴方式等方面。皇太子之服可分為：袞冕、遠遊冠與朱明衣、常服三大類。

1. 最高規格禮服——袞冕

袞冕是皇太子在跟隨皇帝參加冠禮、祭祀、納妃、釋奠孔子這些活動時所穿用的服裝。其冠冕和服飾形制與皇帝袞冕類似，只是冕旒數減為九旒，十二章紋只使用九章，日、月、星辰紋飾不使用。這也是皇帝冕服與太子、官員的差別所在，只有皇帝有權使用十二章紋的全部紋樣，其他官員只能根據品級選擇使用。

2. 遠遊冠、朱明衣

遠遊冠、朱明衣是皇太子參加冊封儀式、拜謁宗廟、參加朝會時所穿用的服飾。遠遊冠有十八梁，其餘大致與通天冠相同。朱明衣是用紅花和金絲裝飾的紗衣，有紅紗裡子，衣服的袖口和下擺的邊緣用皂青色的面料裝飾。紅色的下裳，前面加飾紅色蔽膝，配紅紗裡。中單用帶有白花的絲綢，邊緣同樣以青皂面料做飾，配白色絲綢的方心曲領。襪子為絲質，穿黑舄，腰繫革帶，配掛有劍、佩、綬，手執桓圭，基本與《宋宣祖坐像》中的通天冠服形象類似。

3. 常服

皇太子所穿公服與群臣所穿公服類似，為圓領大袖的紫色襴袍，頭上戴皂紗幞頭，腰繫裝飾有金玉的革帶。

小知識　現代有哪些適合穿公服的場合？

公服建議在相對正式的場合穿著，比如漢服展示、宋制婚禮、宋制成人禮等場合。

場景十一　太清樓新書發布會

景德四年（1007）三月，宋真宗召輔臣於後苑，登上太清藏書樓，一起觀覽太宗聖制御書及新寫的四部群書。官家親自拿著書籍名錄，讓黃門將對應的書展示給輔臣們。官家與輔臣均頭戴直腳幞頭，身穿公服銙帶，腳穿皂靴。官家穿絳紗公服，腰束玉銙帶，群臣皆服朱紫，持笏，束金革帶配魚袋。

觀書過後，官家與群臣走過水亭放生池，來到景福玉宸殿宴飲休息。君臣飲酒作賦，相談甚歡。

▲ 宋，佚名繪《景德四圖》局部

一、官員的公服

1. 公服裡的顏色等級

宋朝公服的標配形制是「圓領大袖，兩側不開衩，下擺接橫襴，平腳幞頭紗帽，單撻尾繞胸革帶」，與帝王履袍形制類似。宋初到元豐以前，公服一共四色：紫色公服搭配球路紋金銙帶，配金魚袋；緋色公服搭配御仙花金塗銀銙排方帶，配銀魚袋；綠色公服搭配荔枝銀銙單鉈尾偏帶；青色公服搭配烏角帶。元豐改制以後，從顏色上區分三個等級：四品及以上穿紫色，五、六品穿緋色，七品及以下穿綠色。

▲ 身穿不同顏色公服的官員
宋，佚名繪《景德四圖》局部

▲ 身穿公服的皇帝與大臣
宋，蕭照繪《中興瑞應圖》局部

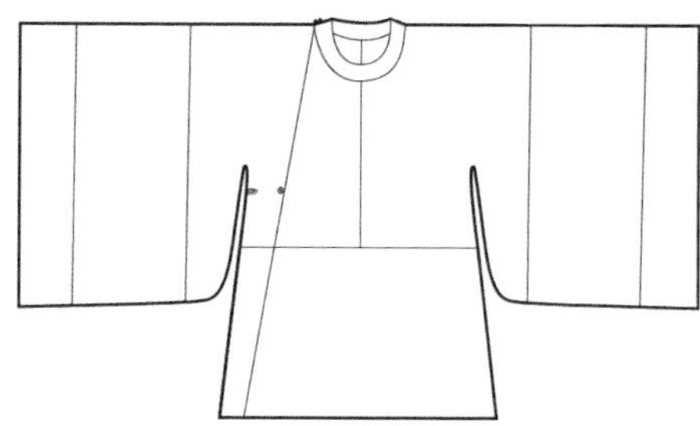

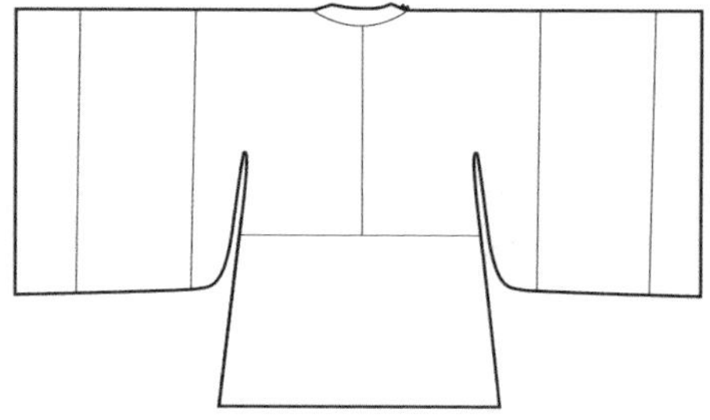

▲ 公服形制示意圖
參考趙伯澐墓出土圓領袍繪製

2. 官帽裡的秘密——「靜音帽」

兩腳細長的烏紗帽可謂是宋朝官員形象的標誌之一。那麼，這麼平直修長的「兩腳」是怎麼產生的呢？真的是防止群臣上朝時交頭接耳的嗎？

（1）宋太祖發明的「靜音神器」。

傳說趙匡胤黃袍加身之後，大臣們還沒有習慣角色轉換，總是沒個尊卑，上朝時常交頭接耳。後來趙匡胤「發明」出一種帶有長長帽翅的帽子——直腳幞頭，以防止群臣靠得太近，相互攀談。但這種說法目前沒有確切的記載，可以當作趣聞來聽。

（2）身分尊卑的標識。

直腳幞頭在宋朝是上至皇帝、下至平民都可以戴的，那麼問題來了，該如何區分身分尊卑呢？宋人在兩腳上做文章，用幞頭腳的長短來區分地位等級的貴賤，從而體現身分差異。平民所戴直腳幞頭兩腳短小，皇帝大臣所戴直腳幞頭的兩腳變得越來越長，以體現威嚴莊重的身分地位，這個道理跟寬大的袖口類似。

（3）崇尚窄瘦的審美。

宋人的審美偏向修長纖細，於是官帽也就被設計成了有又長又細帽翅的直腳幞頭。這樣的官帽，平直對稱，窄瘦簡潔，顯示了官員們獨特的氣質，莊嚴肅穆又不失簡約大方，有宋朝專屬的清雅氣質。

▲ 宋朝皇帝畫像中不同形態的直腳幞頭

二、如何以穿戴區分官員等級

皇帝及滿朝文武大臣都身穿公服、戴平腳幞頭時，除公服顏色以外，還可以從他們腰間的銙帶、手裡拿的笏板以及腰間是否掛魚袋等來區分他們的身分與品級。

1. 銙帶——「銙」上有乾坤

（1）帶銙的質料。

帶銙的質料主要有玉、犀、角、石、金、銀、銅、鐵等，什麼身分的人配戴什麼質料的銙帶，都有一定的制度。北宋官員的腰帶制度由宋太宗下旨制定，太平興國七年（982），翰林學士承旨李昉向宋太宗匯報腰帶使用制度：從三品以上服玉帶，四品以上服金帶，四品以下服銀方團銙及犀角帶，貢士及胥吏、商人手工業者、普通人服鐵角帶。

宋朝銙帶制度也幾經變革，但向來以玉帶為最高規格。如果官員自身品階不夠戴玉帶，還可以憑藉所立功勳得到皇帝賞賜的玉帶，也是一種無上的光榮。

（2）帶銙的形狀。

帶銙的形狀也有一定的分別。如方形玉質帶銙緊密排列在帶鞓上的銙帶叫排方玉帶，只有帝王才能束用。此外，方形銙與圓形銙交錯排列的方團玉銙帶，是皇帝用於賞賜大臣的。

（3）帶銙的紋飾。

帶銙上的圖案五花八門，有御仙花、球路、荔枝、犀牛、雙鹿、行虎、野馬、師蠻、寶藏、寶瓶、海捷、天王、八仙、寶相花等。

南宋時官員銙帶制度繼承北宋，球路紋銙帶鑲釘四方五團帶銙，御仙花銙帶鑲釘緊密排列的方形銙。三公、左右丞相、三少、樞密使、執政官、觀文殿大學士、節度使用球路紋金帶，觀文殿學士至華文閣直學士、御史大夫、中丞、六部尚書、侍郎、散騎常侍、開封府尹、給事中用御仙花帶，中書舍人、左右諫議大夫及龍圖、天章、寶文、顯謨、徽猷、敷文、煥章、華文閣待制、權侍郎用紅鞓排方黑犀帶。

▲ 荔枝紋圓形金帶銙

▲ 荔枝紋金鉈尾

▲ 南宋玉銙帶

2. 笏——質料有貴賤

笏是古代群臣朝見時手中所執的狹長板子，用玉、象牙或竹片製成。

（1）笏的實用功能。

笏不僅是官員的身分標識，而且是官員朝堂之上的備忘錄和記事本。朝臣面君時，提前將自己準備上奏的內容提要寫在笏上，以防止遺忘。朝見過程中，還可以記錄下皇帝的口諭或旨意，以便遵照執行。

（2）笏的等級規定。

夏商時期的笏是一種單純的記事工具，周朝對笏板的使用做了禮制上的規定，唐朝對朝笏按官職等級進行了劃分。宋朝規定穿紫袍、紅袍的六品以上官員用象牙笏，穿綠袍的七至九品官員用槐木笏，也叫槐簡。宋朝笏的形狀也有變化，初期短而厚，後來變得長而薄，且向內稍稍彎曲。

此外，帝王、諸侯所用的一種類似笏的禮制玉器為玉圭，外觀呈長條形，上尖下方，也作「珪」。形制大小因爵位及用途不同而異。

▲ 穿公服執笏的官員　宋，佚名繪《景德四圖》局部

3. 魚袋——金銀有不同

魚袋源起於古代的「合符」之制，皇帝發號施令、調動兵馬，都要雙方合符，以作為憑證，最常見的形式就是虎符。唐朝建立之後，因為要避唐高祖李淵祖父李虎的諱，又取魚目長睜不閉的警醒之意，改用鯉魚形的魚符，來代替過去的虎符。

宋朝繼續沿用唐朝的魚袋制度，不過此時的魚袋裡已經沒有了魚符，只是在袋上用金、銀飾以魚形，繫於身上，魚袋也不再具有應徵召、防詐偽的功能。宋時魚袋分為兩種：金魚袋和銀魚袋。四品及以上才可以穿紫袍佩金魚袋，五、六品可以穿紅袍佩銀魚袋，七品及以下只能穿綠袍而無魚袋。此外，在官員退休時，皇帝賞賜魚袋以表達優撫。

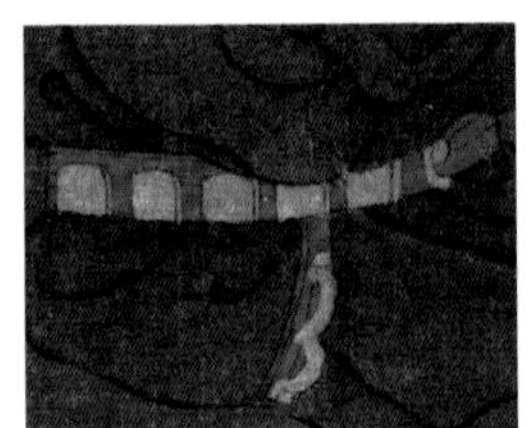

▲ 銙帶和金魚袋　五代，周文矩繪《文苑圖》局部

小知識　男生穿漢服，怎麼搭配「腰帶」？

腰帶最好與所穿服飾適配，如果穿公服這樣比較正式的服飾，可以搭配革帶，如果是偏向日常風格的漢服，可以根據喜好選擇布帛腰帶或條帶。

第三章

士宦富賈的服飾

當官員下了班，他們就是最具學識、最富情懷的文人墨客，他們燕居時寫蘭撇竹，宴飲時推杯換盞，郊遊時吟詠賦詩。這時的他們又是怎樣的裝扮呢？本章主要講述士大夫以及富商、富農等社會中上層男子日常生活、社會交際等場合所穿的便裝。

場景十二　節假日的燕居時光

這是描繪一位宋朝儒士的尋常燕居時光，或許千年之前的東坡居士也曾這樣「慢生活」。儒士坐於榻上，頭戴皂紗巾幘，穿交領皂緣衣衫、白色中單，下著白色褲裝、青黑長裙，掩衣而繫，腳穿白襪皂履，好不風雅。他左手持書卷，定睛凝思，悠然閒適。

旁側一侍童正在斟茶，榻後座屏之上懸掛儒士寫真肖像，書房內几案、繡墩、古琴、書畫井然陳設，花几上牡丹盛放，書香、墨香、茶香、花香，沁人心神。

▲ 宋，佚名繪《人物圖》局部

一、漢服的四種形制

我們通常習慣以朝代區分漢服的制式，比如唐制、宋制、明制等。此外，若從裁剪方式或者衣服的結構上區分，可以分為衣裳制、深衣制、袍服制、衣褲制。《宋人人物圖》中的儒士所穿的就是古老的衣裳制。

這四制是歷史上漢服體系發展演變的主要線索和脈絡，不能理解為四個款式，也不是穿搭方式，而是體系發展歷程中可以歸納總結出的制式大類。

1. 衣裳制

衣裳制，也叫上下分裁製，即把上衣和下裳分開裁剪，上身穿衣，下身穿裳。上衣下裳制是漢服體系中最古老的形制，現代漢語中所謂「衣裳」就是來源於此。雖然「衣裳」源自「上衣下裳」，但這兩個詞中「裳」字的讀音並不相同。前者讀音為「ㄕㄤ」，是所有衣服的統稱，而後者則讀「ㄔㄤˊ」，意思是「裙子」。

春秋戰國後，上衣下裳往往稱為襦裙。漢朝以後，又特指女子襦裙，即短衣長裙，腰間以繩帶繫紮，衣在內，裙在外。各朝各代在襦裙的基本形制下衍生出半臂襦裙、對襟襦裙、齊胸襦裙等。可見，襦裙制是由衣裳制衍生而來的，其本質還是「上衣下裳」。

① 穿「上衣下裳」的儒士　宋，佚名繪《宋人人物圖》局部
② 穿「上衣下裳」的仕女　宋，佚名繪《女孝經圖》局部

男子「上衣下裳」的穿衣層次和穿搭展示

● 層次1：

抱腹＋褌褲＋靸鞋

靸鞋形制暫無考證，圖中為推測繪製

● 層次2：

層次1＋中單＋袴＋高筒羅襪

家無釵澤窮馮衍，身著襦裙老管寧。

——宋，陸游《休日感興》

◀ 男子「上衣下裳」的穿搭層次

● **江城子的今日穿搭（層次3）：**

層次2+蓮花紋青羅衫+淺褐色褶裙+素羅直領對襟褙子+方履

● **髮型配飾：**

梁冠式青玉髮冠+紗帽巾

2. 深衣制

深衣制也叫上下連縫製，形成於周朝，上衣和下裳分開裁剪，然後在腰部相連，形成整體，即「上下連裳」。深衣男女均可穿，既可用作禮服，又可日常穿著。

▶ 朱子深衣形制示意圖
根據朱熹《朱子家禮》中的深衣圖繪製

3. 袍服制

袍服制也叫上下通裁製，始創於隋唐，即用一塊布整體裁出上衣和下衣，中間無接縫，自然一體，明顯區別於上衣下裳制和深衣制。

袍服制最流行的時期在宋朝和明朝，且服飾種類很多，有圓領袍、直裰、鶴氅、褙子等。

4. 衣褲制

衣褲制的本質是分裁製，即上身穿衣下身穿褲。衣褲一方面是作為內搭的內衣或中衣，另一方面也可以直接外穿。這種穿著方式多見於勞動階層，便於勞作活動。但在南宋時期，上衣下褲的穿搭方式在社會中上層人群中也流行起來。

① 身穿袍服的男子　宋，佚名繪《中興四將圖》局部
② 穿衣褲的仕女　五代，周文矩（傳）繪《荷亭奕鈞仕女圖》局部

二、男子的巾幘

巾幘，是用來裹頭的布帛，也稱帕頭，多為黑色或其他深色。根據宋代的一些傳世繪畫作品可以看出宋代男子常戴的巾幘可以分成兩大類，一類是可以隨性束紮的軟裹巾，一類是經過改良有固定造型的硬裹巾。

1. 軟裹巾

「軟裹巾」是巾幘的傳統樣式，沒有固定造型，可以根據自己喜好束紮髮髻，有小巾、逍遙巾、朱子幅巾、四周巾、浩然巾、荷葉巾等不同樣式，既儒雅別致又不失個性化，受到宋朝士大夫階層的追捧。

小巾也叫緇撮或束髻小巾，用尺幅很小的布製成，束在頭頂的髮髻上，後用布帶繫紮在髮髻的根部，兩腳自然後垂。《松蔭論道圖》、《采薇圖》中的人物便戴這種小巾。

逍遙巾是宋朝平民常用的一種頭巾，類似於小包巾，只是有兩腳垂於後背，取飄然之意。

朱子幅巾、四周巾和浩然巾是把布放在頭頂上，從額前往後，用前面布的兩角將頭髮包住繫緊，後面兩角及多餘的部分自然垂下來，有的餘幅垂至肩部，有的則垂至背部。浩然巾又叫「風帽」，雙層布料製成，或中間絮以棉花，是禦風擋寒的冬帽。

荷葉巾形似荷葉，兩側有細長的帶子，或繫紮，或直垂而下，頗有出塵隱逸的氣質。

另外，在南宋佚名畫作《消夏圖》中還可以看到一種有襉褶的軟巾，傅伯星先生在《大宋衣冠》中，把它稱為「錯摺巾」。

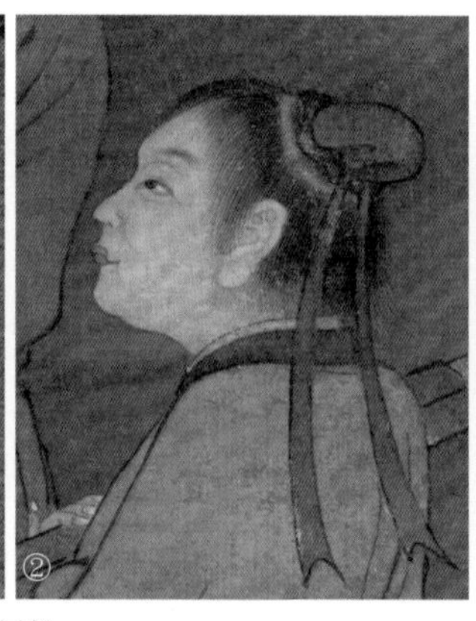

① 小巾　宋，佚名繪《松蔭論道圖》局部
② 逍遙巾　宋，佚名繪《十八學士圖之畫》局部
③ 朱子幅巾　宋，馬興祖（傳）繪《香山九老圖》局部

2. 硬裹巾

硬裹巾是藉由折疊和縫製後有固定造型的幅巾，所以不用繫紮，直接佩戴。硬裹巾樣式多變且具有個性，宋朝還出現了諸多以名士大儒命名的硬裹巾，比如東坡巾、山谷巾、溫公帽、華陽巾、伊川帽、紫陽巾等，此外還有仙桃巾、一字巾等以外形命名的硬裹巾。

東坡巾，又名東坡帽、烏角巾、子瞻帽等，呈四稜方正形，稜角突出，內外有四牆。

山谷巾為書法家黃山谷所戴，溫公帽為史學家司馬光所戴，具體樣式暫不明確。

華陽巾屬於隱士逸人戴的紗羅頭巾，相傳為唐朝詩人顧況所創制。顧況晚年隱居山林，常戴此巾，其號華陽山人，因此得名。

伊川帽，又叫程子巾，為理學家程頤所戴。

紫陽巾之名來源於朱熹。朱熹居崇安時，廳堂匾額稱「紫陽書堂」，故有朱紫陽之稱，後遂泛稱讀書人所戴之巾為紫陽巾。

仙桃巾是似桃形、上窄下寬的巾子，又有單桃、二桃並列之分。並桃冠、並桃巾在唐朝已出現，隨著宋朝道教文化的流行逐漸形成風尚。桃在道教中為「仙木」，可以辟邪鎮宅，所以仙桃巾、並桃巾常與鶴氅等道教服飾搭配。宋朝蔡伸在《小垂山》中寫道：「鶴氅並桃冠，新裝好，風韻愈飄然」，折射出道教文化對宋朝服飾風尚的影響。

一字巾是形狀扁平，戴在頭頂，形如「一」字的硬裹巾。在南宋劉松年的《中興四將圖》中，韓世忠即戴「一字巾」。宋朝洪邁在《夷堅志・夷堅甲志・卷一》中記述：「韓郡王既解樞柄，逍遙家居，常頂一字巾，跨駿騾，周遊湖山之間。」即韓世忠卸任後，常戴一字巾遊山玩水。

除此以外，《人物圖》中的儒士戴的紗帽巾，以漆紗製成，輕盈涼爽。在宋朝畫作中，還有多種樣式的紗帽巾，具體名字暫無考證。不同的樣式不僅是戴帽者身分特徵的標識，而且是其審美意趣、情懷追求的體現。

① 東坡巾　宋，劉松年繪《攆茶圖》局部
② 硬裹巾　五代，顧閎中繪《韓熙載夜宴圖》局部
③ 並桃巾　宋，佚名繪《十八學士圖之棋》局部

3. 巾環

紗帽巾有固定的造型，脱戴方便，而傳統的方巾是直接在頭上裹紮出造型。那麼，如何固定造型以及調節頭巾的鬆緊呢？

就像現代的絲巾扣一樣，在宋朝也有專門用來固定頭巾造型的配件——巾環。宋朝與明朝是巾帽類首服盛行的時代，巾環也應運而生，並且有圓形、方形、竹節形、連珠形等多種樣式。巾環一般有兩個，縫綴在頭巾的兩側，兩邊的環上穿上繩子，再在頭頂繫在一起，使得頭巾更加穩固，又方便調節頭巾綁帶的鬆緊。

由於巾環在頭巾的突出位置，愛美的宋人也很重視其裝飾功能，有經濟實力的達官顯貴、文人雅士用玉、金、銀等材料，來製作出兼具實用性與裝飾性的精美巾環。收藏於中國國家博物館的鳥銜花巾環，雙面透雕綬帶鳥棲息回首銜荷花，鳥足與所立蓮梗恰好留出穿帶用的大孔，巧妙自然。

① 圓形巾環　宋，李唐繪《灸艾圖》局部
② 圓形巾環　宋，佚名繪《雜劇〈打花鼓〉》局部

三、男子的內衣

1. 抱肚

抱肚，即肚兜，是最貼身穿著的上衣。一般抱肚是男女都可穿著的內衣，而抹胸則只指代女子內衣。南宋趙伯澐墓出土了一件素絹抱肚，上窄下寬，上部有兩個繫帶繫在後脖頸，下面兩根繫帶在後腰繫紮。常州周塘橋宋墓也出土了一件抱肚，形式為一塊矩形的布，在頸部、身體兩側做了折角處理，縫綴繫帶。宋朝有按季節頒賜官服的制度，在賜服中就有「繡抱肚」、「絹漢衫」等內衣。

▲ 米色絹抹胸
常州周塘橋宋墓出土

2. 犢鼻褌

南宋的趙伯澐墓還出土了犢鼻褌，是一種有襠的三角內褲。犢鼻褲上寬下窄，很是短小，且兩邊開口，看起來就像是牛鼻子一樣，故稱「犢鼻褲」。

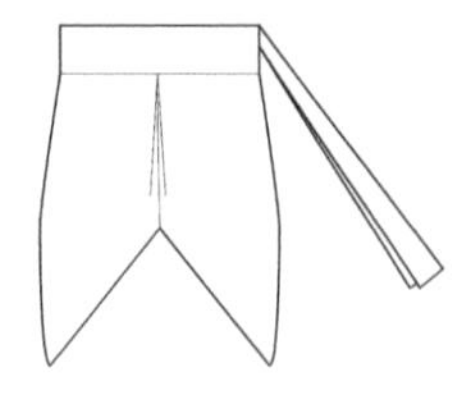

▲ 犢鼻褌形制示意圖
根據南宋趙伯澐墓出土文物繪製

小知識 男生如何根據氣質選漢服？

儒雅男士可以選擇直裰、襴衫、朱子深衣，瀟灑男士可以選擇圓領袍、半臂衫，氣質沉靜的男士可以選擇長衫外搭褙子、上衣下裳外搭鶴氅，更顯得風度翩翩。在較為正式的場合，可以選擇公服搭配直腳幞頭、革帶、皂靴。

場景十三 宋徽宗的古琴獨奏

翌日，官家暫放下「剪不斷，理還亂」的擾人政事，踱步至東御園。見蒼松鬱茂，翠竹影動，遂起操縵之興。備琴罷，又宣兩位臣子與其同坐共賞。官家頭戴玉髮冠，上衣白色交領，下裳掩衣，穿白襪皂履，又外罩皂緣鶴氅。低首凝神，輕攏慢撚，道骨仙風，氣韻不凡。

二臣子靜坐聆聽，均戴垂腳幞頭、穿公服、束銙帶，足穿白履，一人俯首側坐，一人仰首傾聽，神態專注恭謹。琴聲嫋嫋，松風謖謖，幽人對坐，翩思於天地之間。

▲ 宋，趙佶繪《聽琴圖》局部

一、仙風道骨的鶴氅

《聽琴圖》中的宋徽宗身穿頗具魏晉遺風的上衣下裳，外罩鶴氅，以玉冠束髮，頗有隱逸曠達之氣韻。鶴氅，是中國古代隱士、仙人、道士或文人雅士所穿服裝，古時用鶴羽撚線織成面料，做成衣身寬長曳地的衣服，披於身上。宋朝文人士儒用布裁製鶴氅，裡面搭配上衣下裳或者長衫，作為燕居服裝，休閒舒適又不失超然氣質。

從南宋林庭珪的《五百羅漢之經典奇瑞圖》中道士的形象可以看出，宋式鶴氅衣長至足踝處，大袖垂地，鶴氅下擺有接襴，衣身兩側有襉褶，胸前衣襟處有衿帶繫束，寬博飄逸。鶴氅在宋朝的流行，是宋人慕道之風的縮影，也是士大夫們逍遙自在性情的體現。

▲ 穿鶴氅的道士
宋，林庭珪繪《五百羅漢之經典奇瑞圖》局部

▲ 鶴氅　宋，趙佶繪《聽琴圖》局部

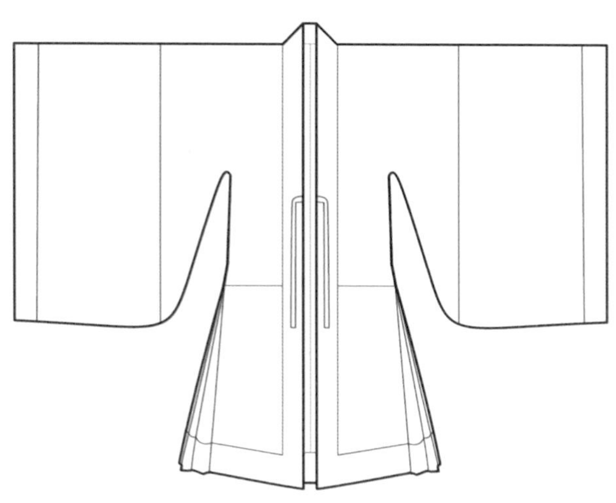

▲ 宋式鶴氅形制示意圖　根據繪畫資料推測繪製

襦裙＋鶴氅的穿搭展示

試看披鶴氅，仍是謫仙人。

——宋，蘇軾《臨江仙・贈王友道》

◀仙風道骨的襦裙＋鶴氅穿搭

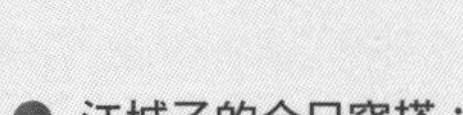

● **江城子的今日穿搭：**

白綢交領上襦＋茶褐色褶裙＋

皂色緣邊駝褐色鶴氅＋雲頭履

● **髮型配飾：**

蓮瓣形白玉髮冠

髮冠參考首都博物館館藏宋朝白玉髮冠繪製

二、男子的髮飾

1. 髮簪

男子用的髮簪一般會比女子用的長一些，簪頭紋飾簡潔，更注重實用性。男子的簪常用玉、骨、竹製成，除了直接固定髮髻以外，還用於固定小的髮冠。

▲ 宋朝玉笄

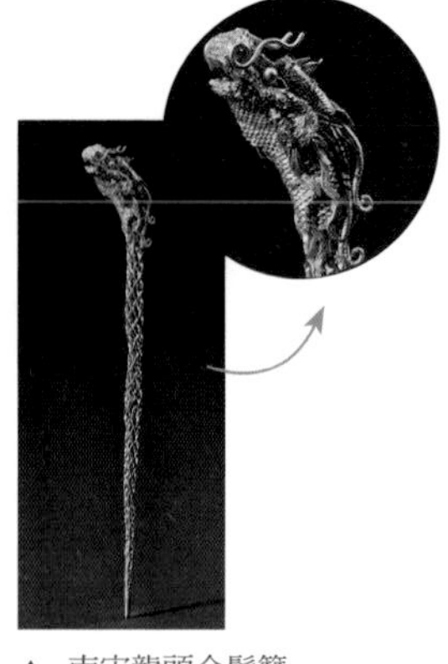
▲ 南宋龍頭金髮簪

2. 髮冠

宋朝的士大夫們閒居時還喜歡戴一種束髮的小冠，也叫「矮冠」，佩戴時需要用玉簪或金屬簪固定在髮髻上，橫插的簪子叫卯酉簪，豎插的簪子叫子午簪。髮冠可以單獨佩戴，也可以在小冠上再加以巾、帽等，稱為「重戴」。

從目前流傳下來的實物可以看出，宋朝常見的玉冠有兩種類型，一種是蓮花冠，一種是類似「梁冠」形象的小冠。君子比德如玉，荷花出淤泥而不染，蓮花玉冠寓意君子高潔的品性，也是身分和地位的象徵。

① 髮冠配子午簪　宋，劉松年繪《攆茶圖》局部
② 髮冠配子午簪　宋，趙佶繪《聽琴圖》局部
③ 小「梁冠」配卯酉簪　宋，佚名繪《十八學士圖》局部
④ 內戴蓮花冠外加紗帽巾的「重戴」　宋，佚名繪《人物圖》局部
⑤ 蓮花髮冠
⑥ 梁冠式髮冠

3. 簪花

簪花由來已久，到了宋朝尤為流行，宋人不僅可以佩戴當季的鮮花，而且可以購買市場上用羅、絹等布帛製作的仿生花。男子簪花不僅是一種民間習俗，是士大夫崇尚自然的尚雅之風的表達，而且是一種禮儀制度。

在聖節慶壽、立春入賀、賜宴祭祀等重大場合，戴花是群臣都要遵守的程序。此外皇帝宴飲賞花時，還會將好看的鮮花賜給大臣簪戴，宋高宗甚至對簪花賞賜進行了更為細緻的劃分，明確規定「臣僚花朵各依官序賜之」，規定百官戴羅花，禁衛、諸色祗應人只能用絹花，規矩繁多。

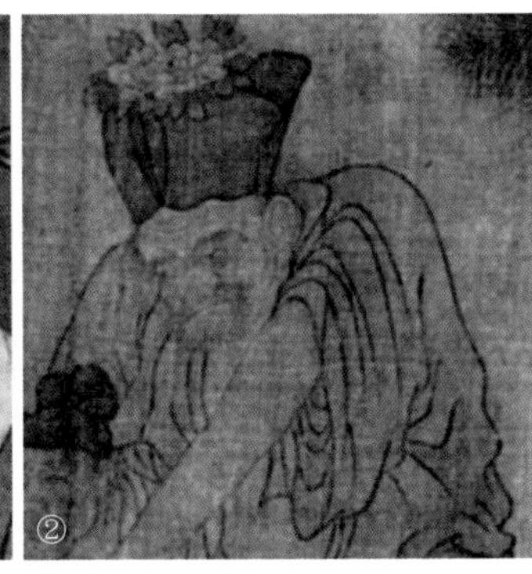

① 簪花的貨郎　宋，蘇漢臣繪《貨郎圖》局部
② 簪花的田官　宋，劉履中繪《田畯醉歸圖》局部
③ 簪花的文人　宋，李公麟繪《商山四皓會昌九老圖》局部

三、男子的裙與褲

在古代，穿裙子不是女子的專屬，男子也穿裙，也有百褶裙、百迭裙之分，其穿著方式與女子類似，常配以襯褲穿著。出土的宋朝男子服飾中，裙類服飾也為數不少。

中上階層的男士所穿褲裝的質地也十分講究，以紗、羅、絹、綢、綺、綾為多，並有平素紋、大提花、小提花等圖案裝飾，褲色以駝黃、棕、褐為主色。

男子的褲裝除了褌、袴以外，還有一種「脛衣」。宋朝詩人陸游的《梅市暮歸》中有詩句云：「雲生濕行縢，風細掠醉頰」，這裡的「行縢」是指包裹小腿的脛衣。常州周塘橋宋墓出土的行縢下縫有套帶，這樣穿鞋時，行縢就會更加服帖。

▲ 深褐色紗百迭裙
常州周塘橋宋墓出土

▲ 棕色絹平口開襠褲
常州周塘橋宋墓出土

◀ 米色絹行縢
常州周塘橋宋墓出土

小知識　男生穿漢服，可以留短髮、戴眼鏡嗎？

漢服不是文物，是歷經朝代更迭的服飾體系，每個朝代在其特定的社會經濟和文化背景之下都會產生不同的服飾風貌。現代人穿著漢服，當然也可以有現代的精神面貌，漢服融入現代生活場景，是其能夠不斷發展與融合的路徑所在。

場景十四　春日裡的老友露營

是日春宴，天朗氣清，惠風和暢。眾人歡聚，奏樂烹茶，暢談吟詩，漸放浪形骸，不知宇宙之大。眾官人皆休閒裝打扮，服飾形制、顏色各異，人人慵懶灑脫，恍如隱士。

一人伸懶腰彎如弓，神情似有酣暢之意，只見他戴著垂腳幞頭，身著淺色褙子，兩側開衩，有深色緣邊，腰間繫勒帛，內穿白色中單、褲，腳著白履。一人憑欄觀鵝，亦戴垂腳幞頭，穿白色圓領袍，腰間繫帶，著白履。其餘眾人皆穿褙子、圓領袍，或題詩作賦，或醉意酩酊，俯仰之間，怡然自得。

▲ 宋，佚名繪《春宴圖》局部

一、宋朝男款褙子

從前文可知，宋朝女子所穿的褙子是一種外衣，直領對襟，左右腋下開衩。男子的褙子在形制和穿用方式上與女子褙子有哪些不同呢？

1. 基本形制

根據相關文獻記述，結合宋朝絹本畫、壁畫、磚雕等圖像資料，宋朝男子褙子常見三種款式：直領對襟、斜領交襟以及盤領交襟，以直領對襟最常見，斜領交襟次之。

（1）直領對襟褙子。

直領對襟褙子兩側腋下開高衩，根據《演繁露》卷三記載，「慕古者」會在腋下綴上帶子，但是並不繫結，只起到垂墜飄曳的裝飾作用，主要為了仿古中單交帶的形式，有「好古存舊」之意，穿時罩在外面，一般散腰穿著不束勒帛。

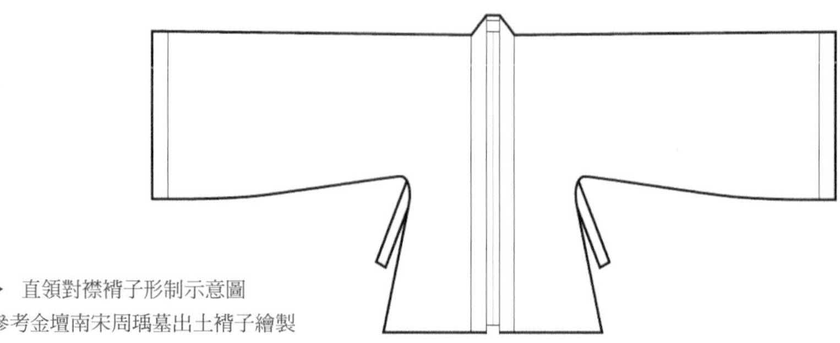

▶ 直領對襟褙子形制示意圖
參考金壇南宋周瑀墓出土褙子繪製

（2）斜領交襟褙子。

《演繁露》卷八記載：「裘，即如今之道服也。斜領交裾，與今長背子略同。」可見，宋朝也有與道服類似的斜領交裾褙子。斜領交襟褙子為斜領大襟，衣身長至腳踝，兩側開高衩，腋下可以有繫帶，也可以沒有，同直領對襟褙子一樣，腋下垂帶是所謂「慕古者」的偏好。

斜領交襟褙子有兩種袖型，一種袖型較闊，長至肘部，如北宋趙佶《文會圖》中官員文人所穿服式，一般作為罩衫穿在中單或衫外面；一種是較窄的長袖，在《清明上河圖》中可以看到這種褙子。

此外，長袖的斜領交襟褙子還可以作為公服、鶴氅等服飾的襯服穿著，正如《演繁露》記述，「今人服公裳，必中以背子」。斜領交襟褙子可以腰束勒帛，也可以不繫。在《春宴圖》中的男子身穿褙子，腰束勒帛，而在《清明上河圖》中的男子則不束腰。

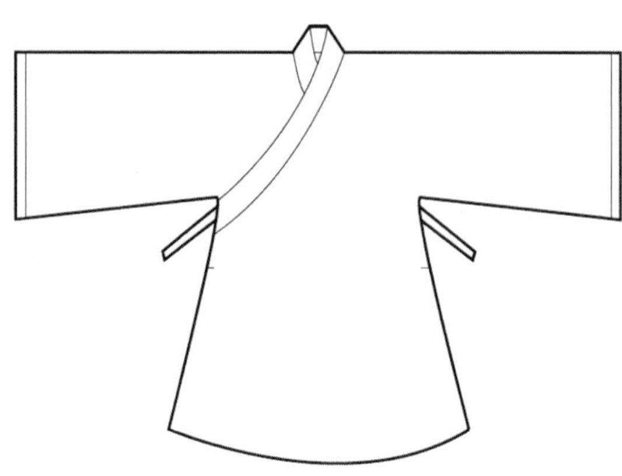

▲ 斜領交襟褙子形制示意圖　根據宋朝畫作推測繪製

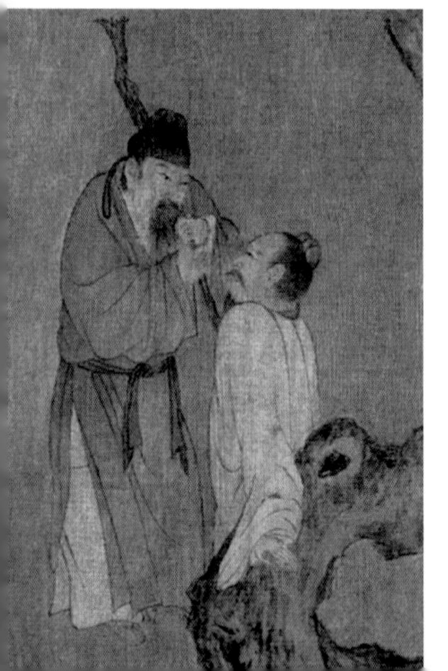

◀ 斜領交襟褙子　宋，佚名繪《春宴圖》局部

斜領交襟褙子＋百迭裙的穿搭展示

青衫初入九重城，結友盡豪英。

——宋，陸游《訴衷情・青衫初入九重城》

◀ 男子的斜領交襟褙子＋百迭裙穿搭

● **江城子的今日穿搭：**

素羅斜領交襟褙子＋黛青色百迭裙＋平頭鞋

● **髮型配飾：**

巾幘＋圓形玉巾環

（3）盤領交襟褙子。

陸游《老學庵筆記》載道：「往時執政簽書文字卒著帽，衣盤領紫背子，至宣和猶不變也……背子背及腋下，皆垂帶。長老言，背子率以紫勒帛繫之，散腰則謂之不敬。至蔡太師為相，始去勒帛。」由此可見，盤領交襟褙子多為官吏穿著，具體形制暫不可考，根據褙子的特徵，推測其形制為圓領、兩側開衩，腰間可以束勒帛，也可以不束帶。

▲ 身穿斜領交襟褙子、腰束勒帛的男子　宋，佚名繪《春宴圖》局部

2. 穿用場合

宋朝男款褙子的應用範圍比較廣，上至帝王將相、下至商賈儀衛均可穿著。盤領交襟褙子多為官吏穿著，直領對襟與斜領交襟褙子則是文官士人、平民百姓均可以穿著的便服。

女款褙子不僅應用於勞作、出行等日常場合，而且可以作為正式場合的禮服。而男款褙子並不具備禮服屬性，只是作為燕居會客時的便服或是穿在裡面的襯服。

二、男子的圓領袍

宋朝男子圓領袍的統一形制特徵是圓領、右衽，有大袖廣身和窄袖緊身之分，有加橫襴與不加橫襴之分，也有單、夾、綿袍之分。

宋朝裁製袍服所用的質料多樣，主要有錦、宮錦、紗、羅、苧麻、粗綢等。

錦是高級絲織品的一種，色彩華美，極為珍貴，所以用彩錦裁製的錦袍自然被視為珍品，朝廷常常以其作為賞賜送給大臣或外邦。

「宮錦加諸白布襦」、「宮錦袍熏水麝香」……宮錦是特製或仿造宮樣所製的錦緞，用宮錦裁製的袍服稱宮錦袍，多是達官貴人穿用。

紗、羅都是輕薄透氣的面料，常用於夏季服飾，可以用來裁製官員公服，同時士庶階層也喜歡用紗、羅製作常服和便服，既涼爽消暑，又清新飄逸。

以苧麻製成的布袍以及用粗綢布製成的絁袍，多是平民穿用，文人墨客日常也喜歡身著布袍，以此體現隱士風姿。

① 圓領襴袍　宋，佚名繪《八相圖》局部
② 窄袖圓領袍（不加襴）宋，佚名繪《八相圖》局部

三、男子的幞頭

幞頭由頭巾演化而來，起初為軟巾繫裹，佩戴時需要臨時繫紮。到了中晚唐，開始用漆紗製作，有了可以固定造型的硬裹幞頭。宋朝佩戴幞頭之風盛行，根據《東京夢華錄》、《夢粱錄》等書的記載，在當時南北各地的許多街坊，都有售賣幞頭的店鋪，甚至有專門修理幞頭的攤販。

宋朝幞頭內襯木骨，外罩漆紗，宋人稱之為「幞頭帽子」，脫戴方便。宋朝不止使用黑色幞頭，在宴飲、典禮等隆重場合，也可以佩戴鮮豔的幞頭。有些幞頭上還用金色絲線盤成各式各樣的圖案來裝飾，名叫「生色銷金花樣幞頭」。

幞頭樣式也有多種，沈括在《夢溪筆談》卷一提到：「本朝幞頭有直腳、局腳、交腳、朝天、順風，凡五等，唯直腳貴賤通服之。」除此以外，還有垂腳幞頭、牛耳幞頭、簇花幞頭、無腳幞頭等等。不同樣式的幞頭也有對應的佩戴場合與人群，只有直腳幞頭不分貴賤，上下皆通用。

1. 垂腳幞頭

垂腳幞頭是在唐朝軟裹幞頭基礎上發展演變出來的硬腳幞頭，帽後的兩腳以鐵絲、琴弦、竹篾等硬質材料為骨架，製成兩個形如「八」字的硬腳，外蒙漆紗。

2. 直腳幞頭

直腳幞頭是最富有宋朝特色的首服，又叫「展腳幞頭」、「平腳幞頭」、「舒腳幞頭」等。雖然直腳幞頭上至皇帝、下至平民百姓都可以戴，但是帽翅的長短有講究。百姓所戴幞頭的帽翅長度不得超過二寸五分（約7.7公分），而皇帝官員所戴幞頭帽翅長達一尺多甚至兩尺（約32至63公分）以上，由此可見直腳幞頭帽翅的長短具有身分等級的象徵。

3. 局腳幞頭

局腳幞頭根據兩腳形態的不同又稱「卷腳幞頭」、「弓腳幞頭」、「折腳幞頭」和「曲腳幞頭」，主要是鹵簿儀衛和歌舞樂伎佩戴。兩腳形態創新樣式多，有的蜷曲向上，有的彎曲向前交叉，有的反折於下，沒有固定造型。

4. 交腳幞頭

交腳幞頭，雙腳朝上，兩相交叉，可交叉於前，也可以交叉於後。常見鹵簿儀衛和歌舞樂伎佩戴。

5. 朝天幞頭

朝天幞頭出現於五代，宋朝沿用。兩腳上翹，有的以一定弧度上翹，有的直直上翹，兩腳沖天。在《女孝經圖》以及山西開化寺壁畫中可以看到戴這兩種朝天幞頭的侍衛與皇帝形象。

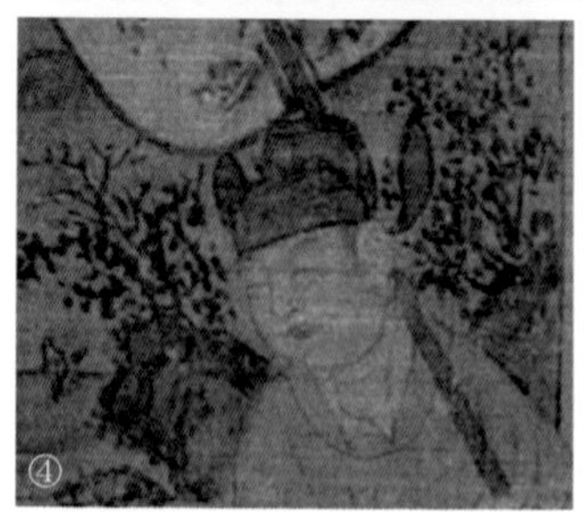

① 垂腳幞頭　五代，顧閎中繪《韓熙載夜宴圖》局部
② 直腳幞頭　宋，佚名繪《護法天王圖》局部
③ 局腳幞頭　宋，佚名繪《歌樂圖》局部
④ 朝天幞頭　宋，劉松年（傳）繪《十八學士圖》局部

6. 順風幞頭

順風幞頭也是硬腳幞頭，兩腳呈圓形、方形、蕉葉形或橢圓形，左右兩腳稍微向後合攏，有迎風之感，故稱順風幞頭。

7. 牛耳幞頭

牛耳幞頭是局腳幞頭的變形，因為兩腳形似牛耳得名，在宋朝多是樂伎優伶佩戴。

8. 簇花幞頭

簇花幞頭，又叫花腳幞頭，在幞頭兩腳裝飾羅花、絹花或鮮花。因幞頭兩腳的樣式不同，又有順風簇花幞頭、局腳簇花幞頭等樣式，也多是樂舞伶人佩戴。

9. 無腳幞頭

無腳幞頭即沒有帽翅的幞頭，以黑色漆紗製成，多是儀衛、胥隸佩戴。在宋朝的人物形象裡，常見兩種樣式。一種無腳幞頭有兩層，內層硬胎圓頂，外層前部做一額簷，正中剖開，形成缺口，後部有一凹形山牆，山牆高於圓頂，形似「丫」字，所以也稱「丫頂幞頭」。另外一種在山西太原晉祠聖母殿內侍、宮女的彩塑中可以看到：有前後兩層方頂，後面高而窄，前面低而寬，相當於沒有帽翅的直腳幞頭。

① 順風幞頭　五代，周文矩繪《文苑圖》局部
② 簇花幞頭　宋，佚名繪《歌樂圖》局部
③ 無腳幞頭　太原晉祠聖母殿彩塑

小知識　男生怎麼根據場合選漢服？

戶外活動、日常逛街或者上課可以選方便行動的窄袖服飾，如窄袖圓領袍、窄袖褙子、窄袖衫、半臂，在較為正式的場合可以選擇直裰、廣袖圓領袍、襴衫、鶴氅，宋制婚禮上新郎的禮服可以選擇公服。

場景十五　駙馬家的西園雅集

昨日收到駙馬王詵請帖，云：「東坡先生，近日西園春色正佳，流水潺湲，風竹相吞。明日何不來西園一聚，揮毫潑墨，吟詩賦詞，撫琴唱和，人間清歡，不過如此。」

聞說還邀請了吾弟蘇轍、秦觀、米芾、晁補之等雅士，待我速速整理容裝出發。白色中單、褲、襪穿畢，再著白色皂緣直裰，腰繫海棠形水晶絛帶，腳穿皂履，戴上我「自製」的東坡巾，曠達浩然東坡居士是也。

今日眾友人著裝多直裰、闊袖交領、葛布皂緣，有魏晉賢士之遺風。賓主圍坐桌前，或寫詩作畫，或題詩翻書，或說經暢談，極享雅集之樂。

▲ 宋，劉松年（傳）繪《西園雅集圖》局部

一、直裰的形制

宋朝程大昌《演繁露》卷八記載：「今世衣直掇（ㄉㄨㄛˊ）為道服者，必本諸此也。」據宋朝趙彥衛《雲麓漫鈔》記載：「古之中衣，即今僧寺行者直裰。」直裰起初多為僧、道穿著，到了兩宋，以其儒雅的風格贏得了一眾文人墨客的青睞，成為文人衣櫥裡必備的休閒便裝。

直裰，斜領交襟，緣邊闊袖，衣長及足，背有中縫直通下擺，腰間以絛帶、勒帛繫束。多用素紗、素絹、麻布及棉布等衣料製作，色彩以黑、白為主。

① 穿直裰的士人　宋，佚名繪《護法天王圖》局部
② 穿直裰的文人　宋，劉松年繪《攆茶圖》局部

直裰的穿搭展示

才子詞人，自是白衣卿相。

——宋，柳永《鶴沖天‧黃金榜上》

▶ 氣質儒雅的直裰穿搭

● **江城子的今日穿搭：**

白紵直裰＋白絹褲＋海棠形水晶絛環＋平頭鞋

● **髮型配飾：**

東坡巾

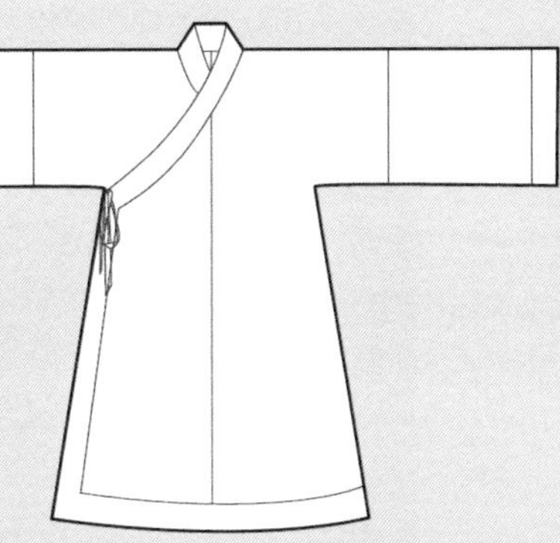

▲ 宋朝直裰形制示意圖
參考繪畫資料推測繪製

二、隱士的著裝

「閒披短褐杖山藤，頭不是僧心是僧」。短褐是一種以粗布或織麻布製成的粗陋之服，質地較為粗糙，一般為貧苦民眾穿著，但隱逸山林的士大夫們也偏愛這種樸素的布衣，藉以表達寧靜淡泊的心境。

那些嚮往歸隱的士大夫們，褪去錦衣公服，一如平民。他們穿著以布、麻、紗、葛製成的黑白素衣，竹杖芒鞋，徜徉在山林之間。當然，那些只是暫時歸隱，還在等待契機出仕的士大夫，仍然身穿襴衫，頭戴冠巾，保持著恭謹的形象。

三、男子的配飾

男子所戴的配飾，除了前文說的魚袋、銙帶等，還有勒帛、腹圍、玉環絛帶、錦囊荷包，均是圍在腰間或掛在腰帶上的飾物。

1. 勒帛

勒帛以綾、羅、綢、緺等織物製成，一般為紅、紫二色，用來繫束錦袍、抱肚、褙子等。布帛腰帶一般用於便服，以士大夫身上最為常見。

▲ 繫勒帛的男子　宋，佚名繪《春宴圖》局部

▲ 花草刺繡勒帛　宋，蘇漢臣繪《冬日嬰戲圖》局部

2. 腹圍

腹圍，是一種圍腰、圍腹的長幅帛巾，男女通用。其繁簡不一，顏色以黃為貴，時稱「腰上黃」。腹圍通常以納帛、彩帛為之，製為闊幅，四角圓裁，考究者施以彩繡，周圍則鑲有邊飾。使用時加在袍衫之外，由身後繞至身前，用革帶、勒帛等加以繫束。初施於武士，後文武官員、內侍宮女通用。

◀ 腹圍　元，錢選臨摹蘇漢臣《宋太祖蹴鞠圖》局部

3. 玉環絛帶

在宋朝畫作《護法天王圖》中有一位身穿直裰的文士，腰間繫絛帶，絛帶上配有一塊精美的水晶絛環，既閒適自在，又不失雅致，彰顯了士大夫階層淡泊清高的志趣。

這種配在絛帶上的環在宋朝極為流行，且沒有身分等級的限制，不論貧富貴賤皆可使用。根據現存實物，宋朝絛環多為和田玉、水晶等材質製成，常見的造型有橢圓壁形和海棠花形。此外，同巾環一樣，宋朝的能工巧匠們將絛環的裝飾性發揮到極致，雕琢出花鳥、龍紋、繩結紋等圖案造型，將繪畫與雕塑藝術完美融合，又兼具實用性。

根據《西湖老人繁勝錄》記述，臨安專營珠寶珍玩的「七寶社」便出售玉絛環，上至官宦雅士，下至差役小使，均對絛環青睞有加，這也體現出宋人沉靜內斂的精神追求和審美意蘊。簡樸素雅的服飾，配上一塊清澈的水晶絛環，或是一塊精雕細琢的玉絛環，所謂「被褐懷玉」不過如此吧。

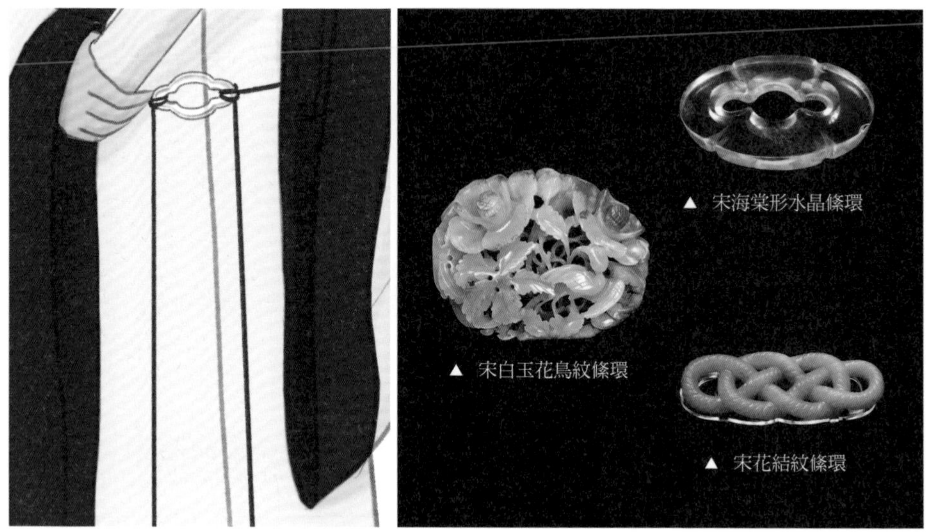

▲ 海棠形水晶絛帶

4. 錦囊荷包

佩囊、錦囊、茄袋都是男子佩戴在腰間可以盛放錢幣、文具等零星細物的口袋，佩囊多用布或皮製成，錦囊用織錦製成。茄袋又稱「順袋」，因其造型與北方的一種茄子相似，故名。

小知識　男生拍漢服照時，怎樣選擇配飾？

穿直裰、襴衫、朱子深衣時，可選擇氣質文雅的物件，如摺扇、書卷、畫軸、紙筆等；穿圓領袍、半臂衫時，可選擇英氣、有運動感的物件，如刀劍、鞠球、馬球球杆、弓箭、酒器等；穿長衫、褙子、鶴氅時，可選擇油紙傘、書畫、茶具以及笛、簫、古琴等傳統樂器；穿公服時，可選擇笏板。以上都不是標配，自己喜歡最重要。

場景十六　皇宮裡的「升學宴」

今日，一眾登第學子集聚在集英殿前，靜等官家唱進士名。眾學子服制統一，皆戴幞頭、著襴衫，襴衫以白細布為之，圓領大袖，下施橫襴為裳，腰間有襞（ㄅㄧˋ）積，下著白襪皂履或皂靴。皆謙恭肅立，亦有惴惴不安之態。

官家逐次唱名，各賜綠襴袍、白簡、黃襯衫。唱名罷，官家賜瓊林宴。瓊樓繡閣，玉露珍饈，觥籌交錯間，盡是學子揮斥方遒的家國抱負。

▲ 宋，周季常、林庭珪繪《應身觀音圖》局部

一、寒窗苦讀的「白襴衫」

襴衫，用白細布製作，圓領大袖，下施橫襴為裳，腰間有襞積（打裥），是宋朝進士及國子生、州縣生較為正式的常服。

圓領襴衫在唐朝就已盛行，宋制襴衫沿用了唐朝樣式、服色等。學子們腰間束革、頭戴黑色儒巾，可以搭配靴，也可以穿履。

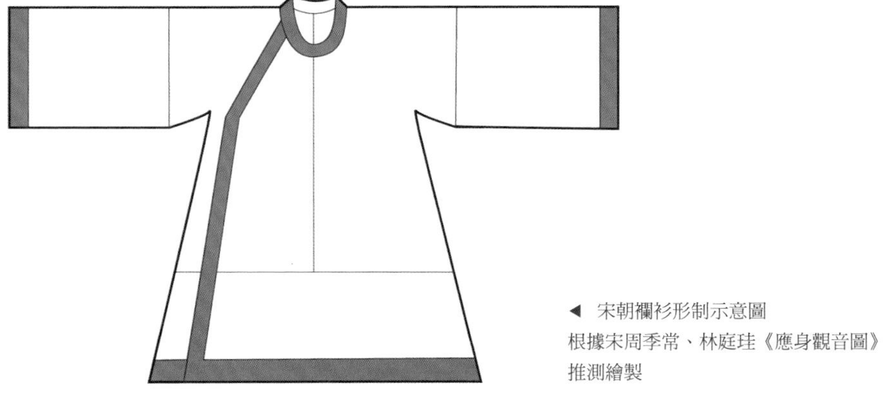

◀ 宋朝襴衫形制示意圖
根據宋周季常、林庭珪《應身觀音圖》推測繪製

襴衫的穿搭展示

利市襴衫拋白紵，風流名紙寫紅箋。

——宋，王禹偁《寄碭山主簿朱九齡》

◀ 文質彬彬的白襴衫穿搭

● **江城子的今日穿搭：**

白絹中單＋白襴衫＋條帶＋皂靴

● **髮型配飾：**

儒巾

二、登科及第的「綠襴袍」

在宋人的眼中，登科及第有五種榮耀，其中兩種便表現在服飾形象的變化上，即「布衣而入，綠袍而出」以及頭上簪戴「御宴賜花」。這裡的「布衣」即文人尚未取得功名時所穿的白襴衫，而「綠袍」則為登科及第後官家所賜服飾。因此，「脫白掛綠」也成為文人寒窗苦讀的終極理想。

宋朝王栐《燕翼詒謀錄》卷一記載：「是歲賜宴後五日癸酉，詔賜新進士並諸科人綠袍、靴、笏。」宋朝吳自牧《夢粱錄》卷三「士人赴殿試唱名」條記載：「伺候上御文德殿臨軒唱名，進呈三魁試卷，天顏親睹三魁……請入狀元侍班處，更換所賜綠襴靴簡。」又載：「恩例各賜紫囊、金帶、靴、笏」。由此我們可以推測，登科及第的前三甲應該是這樣的裝束：身穿八、九品官員的綠色襴袍公服，腰束銙帶，腳穿靴，手持槐木笏，頭戴展腳幞頭，鬢邊或許還戴著官家賞賜的簪花。

三、宋朝男子的衫裙穿搭

衫在宋朝品種、衣式很多，根據領型可以分為交領衫、圓領衫、對襟衫，衣長有長有短，袖型有寬有窄。此外，男子的衫還有帽衫、涼衫及以顏色特徵命名的紫衫。

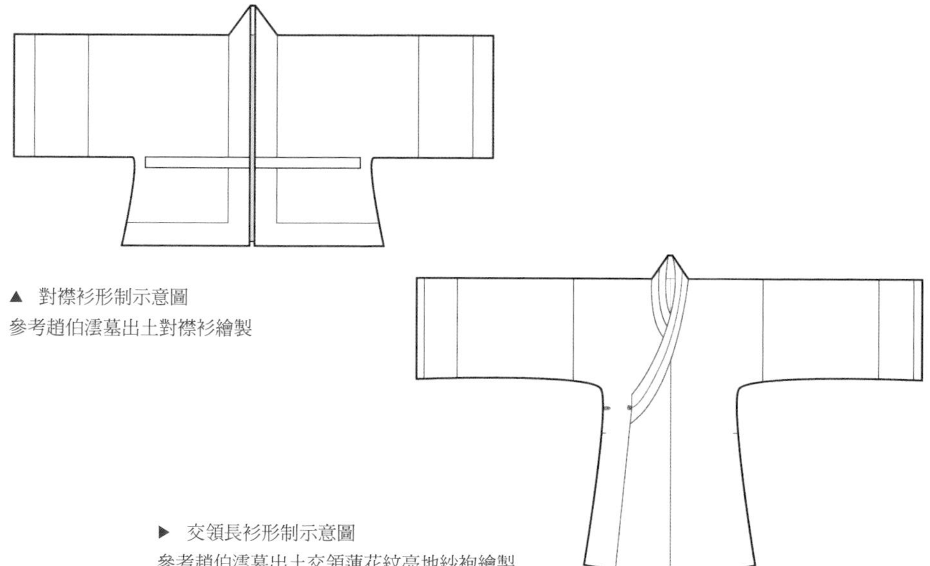

▲ 對襟衫形制示意圖
參考趙伯澐墓出土對襟衫繪製

▶ 交領長衫形制示意圖
參考趙伯澐墓出土交領蓮花紋亮地紗袍繪製

衫裙的穿搭展示

偶然青衫五斗米，奪去黃柑千戶侯。

——宋，黃庭堅《和世弼中秋月詠懷》

● **江城子的今日穿搭：**

蓮花暗紋交領衫+條帶+黛青色百迭裙+素羅對襟衫+平頭鞋

● **髮型配飾：**

梁冠式青玉髮冠

◀ 男子的衫裙穿搭

四、男子的鞋襪

宋朝鞋子種類樣式多樣。隨著鞋履文化的發展，社會上開始出現專售鞋履的鋪子。

從材料來說，有布鞋、皮鞋、草鞋、棕鞋、絲鞋、藤鞋、蒲鞋、木鞋、麻鞋、芒鞋、珠鞋等，士大夫階層的鞋用料講究、做工精細，多用羅、絲、緞等材質，而平民階層多穿布鞋、麻鞋、草鞋等。從功能來說，又有暖鞋、涼鞋、雨鞋、睡鞋、拖鞋、釘鞋等。從造型上來分，主要有平頭鞋、翹頭履、方履、靴、編織鞋、木屐六類。

1. 平頭鞋

同女子平頭鞋一樣，男子的平頭鞋也是一種適用於不同階層的日常鞋子，鞋頭基本平緩無上翹，適合日常居家、外出活動時穿著。

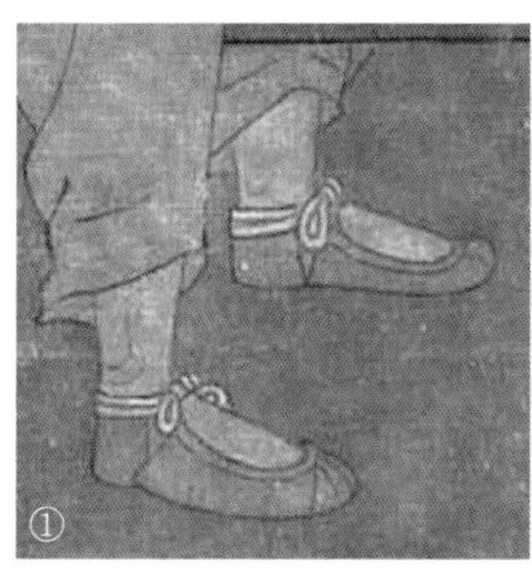
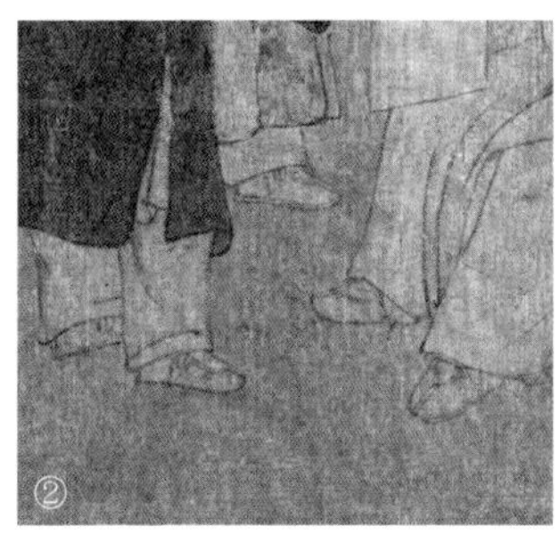

① 平頭繫帶鞋　宋，劉松年繪《攆茶圖》局部
② 平頭鞋　宋，佚名繪《春宴圖》局部
③ 平頭鞋　宋，周季常、林庭珪繪《應身觀音圖》局部

2. 翹頭履

翹頭履，是鞋頭帶有裝飾的鞋子，常用布或皮革加以製作，根據鞋頭樣式的不同，又有雲頭履、笏頭履等款式。翹頭履多為士大夫群體穿著，平民階層多穿平頭布鞋或草鞋等。

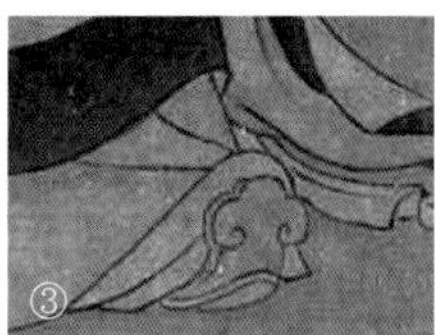

① 翹頭履　宋，趙佶繪《聽琴圖》局部
② 翹頭履　宋，佚名繪《槐蔭消夏圖》局部
③ 翹頭履　宋，劉松年繪《攆茶圖》局部

3. 方履

方履是一種布鞋，「方履圓冠無愧怍，西崑東觀有光華」、「望故人閣上，依稀長劍方履」，從這些宋朝詩詞中，可以看出方履也是男子的常見鞋子。目前尚未考證到宋朝方履的圖像資料，可以從明朝方履中，看出宋朝方履的樣式。

4. 靴

靴在宋朝十分地盛行，主要流行於文武官員，女子騎乘時也有穿靴的。從文獻記載來看，當時靴的品種較多，有朝靴、花靴、暖靴、烏皮靴等。朝靴是文武官員上朝時所穿的一種鞋。油靴為雨鞋，外刷桐油以防水。暖靴在冬季穿用，以皮革或錦緞為表，氈、毛為裡，厚底高鞠。

5. 編織鞋

編織鞋，是使用韌性植物的葉子、莖或者線編織成形的鞋子，草鞋、芒鞋、蒲鞋、棕鞋、線鞋都屬於編織鞋。因其價格低廉，又耐磨防滑，所以深受平民百姓的喜歡。「竹杖芒鞋輕勝馬」、「芒鞋青竹杖，自掛百錢游」，有些士大夫也喜歡穿草鞋，並以此抒發淡泊豁達的情懷。

6. 木屐

宋朝的木屐不僅是指帶兩齒的木底拖鞋，而且還包括所有以木頭做底的布鞋。南宋遷都之後，由於南方潮濕多雨，漢人開始穿著木屐，因為木屐鞋底高，可以防水防潮。

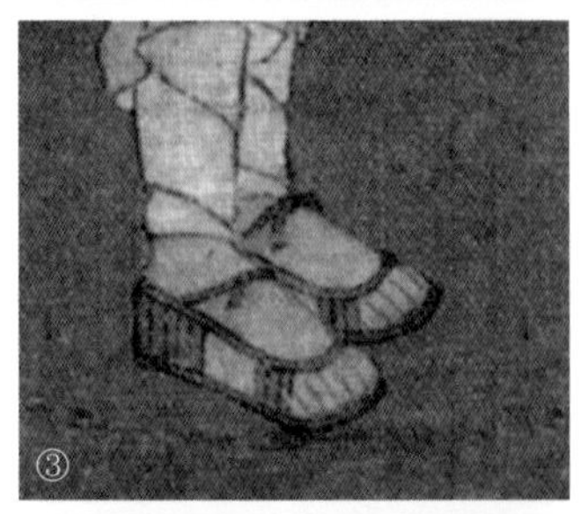

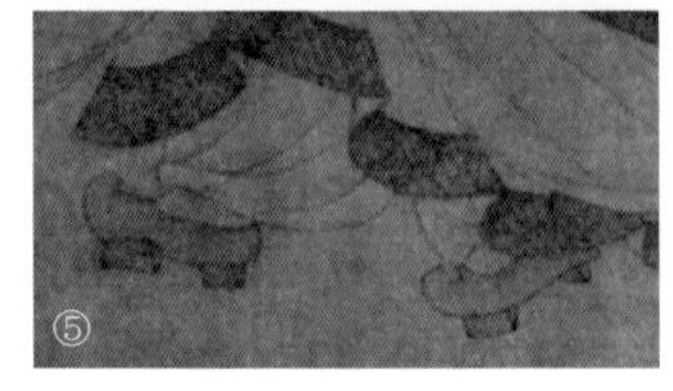

① 方履　參考明朝方履繪製

② 烏皮靴　五代，顧閎中繪《韓熙載夜宴圖》局部

③ 蒲鞋　宋，蘇漢臣繪《賣漿圖》局部

④ 線鞋　宋，劉松年繪《攆茶圖》局部

⑤ 木屐　宋，佚名繪《歸去來辭圖》局部

7. 襪

宋朝男子所穿之襪一般是以比較厚實的布襪和皮襪為主。兜襪為一種布襪，它將數層布疊合在一起，周身使用細線納縫。因其厚實，可以防凍保暖，故用於秋冬兩季。

此外，前文所提到的女子靸鞋、鴉頭襪，男子應該同樣可以穿用。

▲ 米色絹絲綿襪
常州周塘橋南宋墓出土

小知識　男生穿漢服時，怎樣搭配鞋子？

日常穿著漢服，可根據個人喜好搭配鞋子。這裡說說偏向復原風格的鞋子搭配，穿圓領袍或者公服時可搭配皂靴，穿襴衫可搭配皂靴或翹頭履、平頭鞋，穿鶴氅、褙子、衫襖等其他服飾可根據喜好搭配翹頭履、平頭鞋。

場景十七　與官家的「高爾夫」時光

是日，官家宴請群臣，於柳蔭下設案几，案上陳設瓜果菜肴、酒樽杯盞，諸賢士圍坐案旁，或端坐私語，或持盞寒暄，意態閒雅。

世人皆知官家酷愛捶丸，不惜以金玉裝飾球杆，以錦囊為球包。今日難得清閒，定要擇友三五，依法捶丸，方不負這園林清勝之地。只見案邊三人皆穿深灰半袖褙子，內著白色中單、褲。兩人戴黑色幞頭，一人戴黑色幅巾。另有一人裝扮相似，手持藜杖，立於樹下與身著鶴氅者行禮寒暄。此類半袖褙子，便身利事，閒適清涼，實為捶丸等運動之良配。

馬球、蹴鞠、捶丸是宋人所熱衷的三大體育運動。那麼，宋人參與體育運動時又是怎樣的形象呢？有沒有專門的「運動裝」呢？

▲ 宋，趙佶繪《文會圖》局部

一、打馬球時穿什麼

宋朝宮廷馬球起於太平興國六年（981），最先盛行於軍隊中。宋朝皇帝每年在舉行隆重的慶典時，總要組織軍隊進行馬球比賽。由於皇帝喜好馬球，宮廷還有專門陪皇帝練球和供娛樂觀賞的專業馬球隊——打球奉官隊。

經歷了從唐到宋的演變發展，宋朝馬球服飾的形制已具備較為程式化的特徵。綜合相關文獻記載、磚雕、畫像等歷史資料，宋朝馬球服飾的基本「程式」為：男子著窄袖缺胯圓領袍，腰間佩戴腹圍然後束帶，頭戴折腳簪花、局腳簪花、順風簇花等樣式的幞頭，腳穿烏皮靴、紅靴，不同的隊伍採用不同的服色，多為青、紅、黃、紫、緋等鮮豔色彩；女子頭戴珠翠，腰束腹圍玉帶，腳穿紅靴，衣服制式同男子相似。

穿著緊身窄袖袍衫利於馳騁馬上擊球，腳著烏皮靴利於騎馬踩蹬，不易脫落，保護小腿安全，這樣的穿著打扮有十足的「運動派頭」。從宋人所繪《明皇擊球圖》中，可以窺見宋人打馬球時的形容裝束，感受酣暢淋漓的競技氛圍。

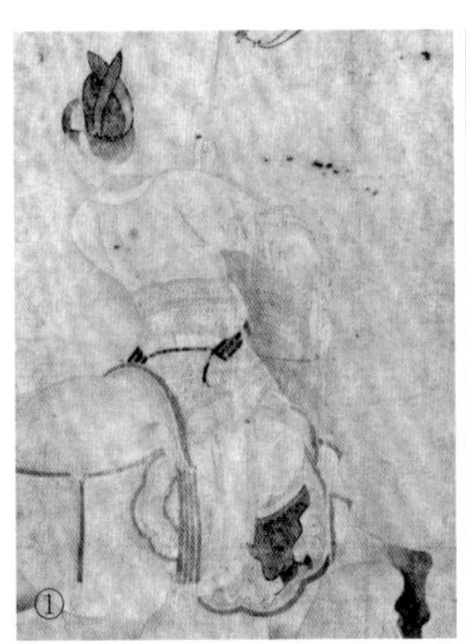

① 打馬球的男子　宋，佚名繪《明皇擊球圖》局部
② 打馬球的女子：身穿圓領袍、靴，頭戴鳳翅交腳幞頭　宋，佚名繪《明皇擊球圖》局部
③ 宋朝打馬球磚雕

二、蹴鞠時穿什麼

《宋太祖蹴鞠圖》描繪宋太祖趙匡胤、開封尹趙光義和近臣趙普等一起蹴鞠玩樂的情景。這幅畫真實細緻地呈現了貴族男子蹴鞠時的服飾：趙匡胤與趙光義頭戴藍色頭巾，身穿翻領窄袖開胯袍，腰間以腹圍紮起，袍衫前襟掖在腹圍裡，下身穿褲，腳穿褐色履。畫面左側上下兩位近臣頭戴無腳幞頭，身穿右衽翻領袍，前襟掖起，下亦著褲，束腹圍，腳穿褐色履。

從宋朝馬遠的《蹴鞠圖》中，也可以看到類似的蹴鞠男子形象：頭裹頭巾，前襟紮起，腳穿尖窄的鞋子。

頭巾、無腳幞頭、窄袖開胯袍、掖起的前襟、尖窄的鞋履，這樣的穿著簡單俐落，方便蹴鞠中腿腳的活動。蹴鞠也是宋朝民間流行的運動，不同的人、不同的場合所穿服飾必然不同，但不變的是「便身利事」的原則。

▲ 蹴鞠時的場景　元，錢選臨摹蘇漢臣《宋太祖蹴鞠圖》局部

半袖褙子的穿搭展示

紉絲作長帶，正勝茱萸紋。
冉冉仍垂紼，緌緌自有薰。
——宋，梅堯臣《李庭老許遺結絲勒帛》

● **江城子的今日穿搭：**

白絹中單+鴉青色斜領交襟半袖褙子+素羅勒帛+平頭羅鞋

● **髮型配飾：**

垂腳幞頭

◀ 簡便俐落的運動穿搭

◀ 斜領交襟半袖褙子形制示意圖
根據《文會圖》推測繪製

三、「高爾夫」運動裝

在宋朝，捶丸由上層階級逐漸普及至平民百姓，成了一項老少皆宜的體育運動。根據《丸經》記載，捶丸的場地要凹凸不平，設球穴，跟現代的高爾夫極為相似。相比於馬球和蹴鞠，捶丸更適合一些體力欠佳的文人，也是一項更為儒雅的運動。

明朝尤求所作《秋宴圖》呈現的就是捶丸的場景。從圖中可以看出他們捶丸時所穿的半袖衫與《文會圖》中的半袖褙子類似，裡層穿衫，腳穿烏皮靴，腰間以勒帛束紮，下擺繫在勒帛上，頭戴軟裹幞頭，兩袖口用繩帶繫紮以便於活動。

半袖褙子在保暖和豐富穿衣層次的基礎上，比長袖衫更加便捷，利於活動，非常適合從事體育活動時穿著。另外，在《梧陰清暇圖》中，還有單穿半袖衫的男子，將衫束在裙內，這應該是夏季宅家時的清涼裝扮。

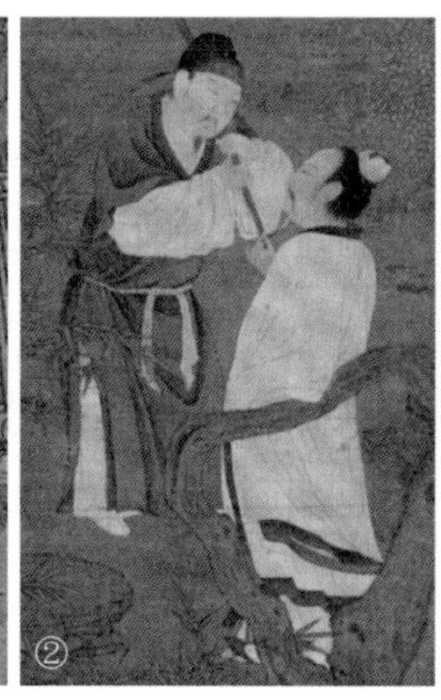

① 捶丸場景　明，尤求繪《秋宴圖》局部
② 捶丸的男子　宋，趙佶繪《文會圖》局部
③ 單穿半袖衫的男子　宋，佚名繪《梧陰清暇圖》局部

小知識　有適合穿著打籃球、踢足球的漢服嗎？

參考宋人的「運動裝扮」，現代運動男孩可以這樣搭配漢服：窄袖圓領袍搭配褲裝，腰束革帶，腳穿皂靴（可換成舒適的運動鞋），再配上一副護腕，就是球場上最帥的漢服少年。另外，交領長衫搭配半臂衫，再搭配一副護腕將袖口束起，也是妥妥的漢風「運動裝」。

場景十八　大雪天的圍爐煮茶

淒淒歲暮，皚皚雪降，臨安城銀裝素裹，頗顯靜好。此時若能與故友圍爐把酒言歡，實乃人生之美事。遂換上禦寒之衣，先穿牙色交領長襖，下穿綿褲、灰褐色夾裙，又外披工字紋錦緞夾綿襖，頭戴藍底泥金梅花風帽，腳穿木屐。穿戴完畢，出門登舟而上，沿路蒼松翠竹、鄉野茅舍均為皚雪覆蓋，寒氣襲人。行至友人村舍，繫舟而上，臨窗對坐，舉杯換盞，真可謂一杯濁酒笑紅塵。

男子的冬裝與女子冬裝類似，一方面穿雙層的夾衣、夾褲、夾袍或填充絲綿的綿衣綿褲來保暖，另一方面透過服飾的多層疊穿來保暖。除此以外，有身分地位、經濟條件的人，還可以穿錦襖、裘衣來禦寒。

▲ 宋，夏圭繪《雪堂客話圖》局部

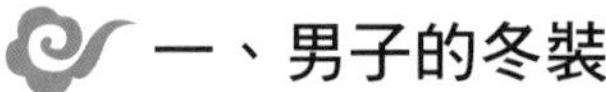

一、男子的冬裝

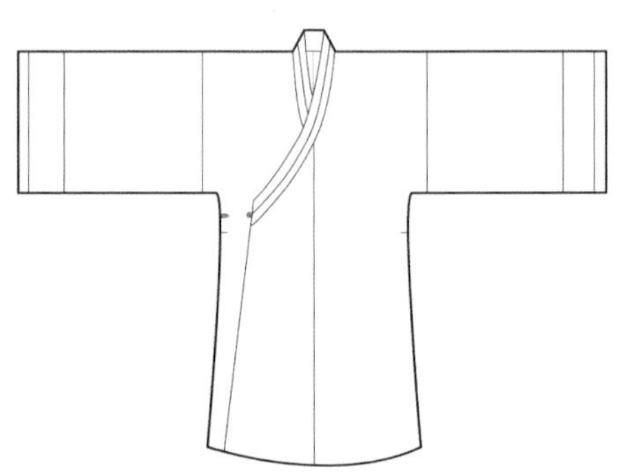

▲ 交領長襖形制示意圖
根據趙伯澐墓出土長襖繪製

1. 錦襖

錦襖，就是用織錦製作的襖。織錦是一種珍貴絲織品，多是達官顯貴和富商大賈穿用，一般平民多穿苧麻、葛布襖。

根據《東京夢華錄》的記載，朝廷每年會按照品級分送臣僚襖子錦，共計七等，發給所有高級官吏，不同的等級賜不同花紋的錦。如翠毛、宜男、雲雁細錦、獅子、練雀、寶照大花錦、寶照中等花錦，另有毬路、柿紅龜背、鎖子諸錦。

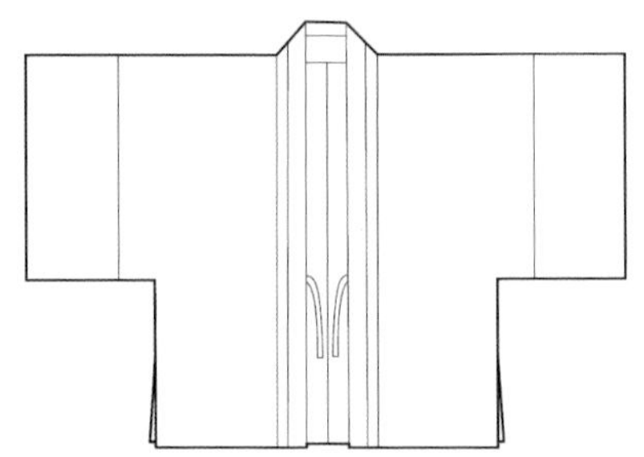

▲ 對襟襖形制示意圖
參考趙伯澐墓出土對襟纏枝葡萄紋綾襖繪製

襖的穿搭展示

天近襖知雨露濃。湖山無日不春風。

——宋，林淳《鷓鴣天·西湖》

● **江城子的今日穿搭：**

綰色交領夾衣＋素絹百迭夾裙＋流雲紋織錦旋襖＋木屐

木屐參考宋佚名《歸去來辭圖》繪製，旋襖形制根據相關文字記載推測繪製

● **髮型配飾：**

印金梅花風帽

◀ 冬季出行的保暖穿搭（一）

雨巾風帽，昔追遊、誰念舊蹤跡。

——宋，陳三聘《夢玉人引》

◀ 冬季出行的保暖穿搭（二）

● **江城子的今日穿搭：**

牙色素緞長襖＋素絹百迭裙＋

工字紋錦緞夾綿襖＋木屐

木屐參考宋佚名《歸去來辭圖》繪製

● **髮型配飾：**

印金梅花風帽

2. 裘衣

裘衣，即裘皮大衣，是用鞣製後的羊、兔、狐、獺、貂等動物皮毛製成的皮衣，保暖性能好。裘皮輕便耐用，華麗高貴，是財富與地位的象徵。蘇軾詞句「錦帽貂裘」的「貂裘」就是用貂皮製作的皮衣，一般普通百姓多穿豬皮、犬皮等製的相對廉價的裘衣。

二、冬季的暖帽——風帽

風帽，又叫浩然巾，是宋朝男子首服。這種冬日外出時用以擋風塵、禦寒冷的軟帽，以布帛作面，用毛皮或絲綿、布帛作夾裡。宋朝風帽上半部分成一體，下半部分由左、右、後三塊組成，佩戴時帽頂遮住前額，左右兩片護住兩頰及下頷，後片護住後頸。從宋朝繪畫與詩詞作品中，均能看到風帽的出現，如宋人范成大詩：「燈市淒清燈火稀，雨巾風帽笑歸遲。」

▲ 戴風帽出行的人
宋，劉松年繪《四景山水圖》局部

▲ 穿冬裝戴風帽的人
宋，李唐（傳）繪《山齋賞月圖》局部

三、宋朝的紐扣

雖然「無扣繫帶」是我們常說的漢民族傳統服飾的特徵，但是早在宋朝，衣服上已經出現了固定衣襟的紐襻。黃岩出土的南宋交領蓮花紋亮地紗袍呈深褐色，領口、袖口襯以寬邊的淡黃色素綾，右衽的斜襟處有一對紐子、紐襻，以作衣襟固定之用。此外，德安周氏墓出土的服飾中，也有紐襻的出現。

① 圓領袍上的紐襻　五代，周文矩繪《文苑圖》局部
②③ 南宋交領蓮花紋亮地紗袍上的紐襻與紐子

小知識　情侶漢服怎麼選才能更加般配？

情侶漢服想要般配，建議從兩個方面考慮。一是「協調」，兩人最好選同一個朝代的漢服款式，然後掌握好禮服和常服的對應關係，最好同時穿禮服或同時穿常服，此外，衣服的質料也要協調，華麗錦緞與葛布棉麻很難般配。二是「搭配」，這裡主要說色彩的搭配組合，最好選擇飽和度相近的男女漢服，在色系上，既可以選擇同色系，也可以選擇撞色的顏色搭配。

第四章

少年兒童服飾

嬰戲圖是宋朝人物畫的重要題材之一，本章以宋朝「嬰戲」主題畫作為素材，梳理兒童四季的服飾裝扮。

場景十九　仲夏捉迷藏

仲夏傍晚，蛙叫蛩鳴，梧桐樹下有四小兒捉迷藏。他們躡手躡腳、屏氣凝神，甚是有趣。四童子均是消夏裝扮，一童子只穿抱腹，其餘三人均穿皂領素紗半袖衫子，下穿褲，配赤、藍色鞋，手上戴金鐲。四人皆剃髮，只留一撮頭髮於頭頂前或偏左位置，再以繩結之，伶俐可愛。

▶ 宋，趙佶（傳）繪《童戲圖》局部

一、兒童的夏裝

1. 短衫

短衫是兒童在夏季的常用服飾，有半合領對襟、直領對襟與斜領交襟之分，並有長袖、半袖、無袖之分，無袖的短衫也叫「背心」。短衫衣長一般不過膝，兩側開衩。夏季短衫的面料多用紗羅，面料輕薄透膚。短衫可以直接穿著，也可以搭配抱腹穿著。

① 合領對襟半袖衫　宋，趙佶（傳）繪《童戲圖》局部
② 斜領交襟衫　宋，佚名繪《蕉陰擊球圖》局部
③ 直領對襟衫　宋，蘇漢臣繪《侲童傀儡圖》局部

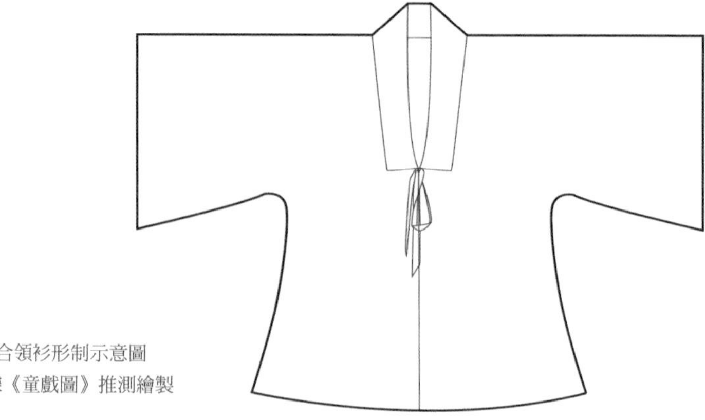

▶ 合領衫形制示意圖
根據《童戲圖》推測繪製

兒童夏裝的穿搭展示

今日掩留君按節，當時嬉戲我垂髫。

——宋，王安石《送崔左藏之廣東》

◀ 兒童夏季的衫褲穿搭

● **小重山的今日穿搭：**

茶褐色合領半袖紗羅衫+牙白色絹褲+平頭鞋

● **髮型配飾：**

垂髫+金鐲+磨喝樂

2. 背襠

背襠與背心類似，均是無袖，區別在於背襠腋下不縫合，只用一根布條連接。這種設計，也更合乎兒童的身體和活動特徵，對兒童的背部起到保暖作用。

這種背襠在成人中多為勞動階層男子穿著，孩童穿著背襠的場合更加隨性，玩耍、牧牛時均可穿。背襠在夏季多單獨穿著，透氣清涼且方便玩耍，是嬰戲題材的宋畫中常見的兒童夏季服飾，且均為男童所穿。背襠與背心在春秋季均可以穿在衫、袍等服飾內。

▲ 穿紅紗背襠的男童　宋，蘇漢臣繪《嬰戲圖》局部

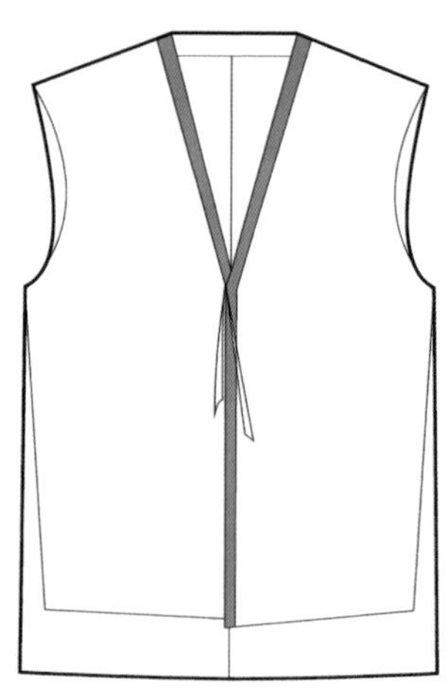

▲ 兒童背襠形制示意圖
根據宋蘇漢臣《嬰戲圖》推測繪製

3. 抱腹

抱腹即肚兜，上端兩頭各縫綴一布條，穿戴時繫結於頸後，底邊兩頭也各綴有細帶，繫結於腰後，主要用於保護胸腹不受涼風侵襲。從傳世的嬰戲圖中可以看出，抱腹可以單獨穿著而不穿褲，也可以穿在背心、短衫之內。一般年齡較小的兒童還會穿一種抱腹與褲縫合成一體的衣服，如現藏於北京故宮博物院的《百子嬉春圖》中的男童，即著此衣。

4. 衩袴

衩袴，即兒童的開襠褲，其形制與成人所穿的內襯開襠褲有所不同，左右兩片在腰臀部不交叉，露出臀部。兒童可單獨穿著衩袴，或在褲外加繫腹圍或「屁簾」以遮羞保暖。

5. 褲

宋朝童褲有長褲、短褲、開襠褲、合襠褲等類型，褲型與成人相近，但穿著形式與成人有顯著區別。兒童的上衣較短小，童褲都顯露在外，女童下裝多為和男童一樣的寬鬆長褲。

6. 裙

從傳世《嬰戲圖》中的兒童服飾來看，宋朝兒童無論男女，多穿長褲，平日穿裙者較少。出現褶襉裙的畫作有《宋人撲棗圖》、李嵩《貨郎圖》，畫中兒童所著褶襉裙相似，長及足上，裙頭較寬，有時將上襦裹紮在裙內，腰頭兩端綴有細繩，穿著時沿腰包裹下身，後用繩帶繫結。

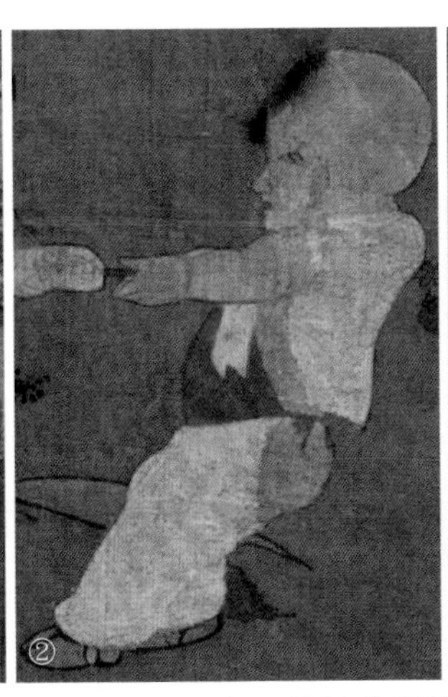
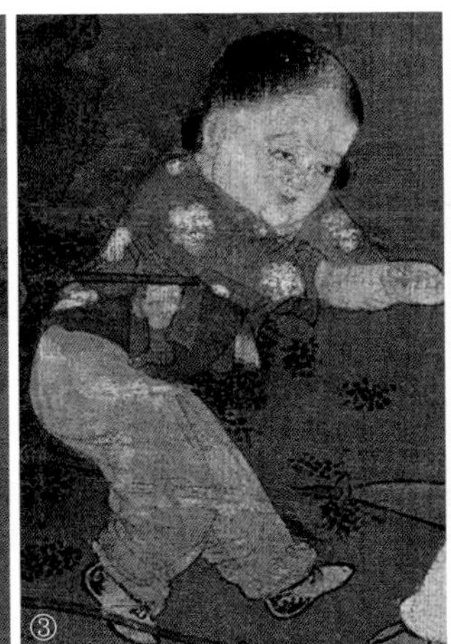

① 穿抱腹的孩童　宋，蘇漢臣繪《百子嬉春圖》局部
② 男童身穿白色衩袴　宋，陳宗訓繪《秋庭嬰戲圖》局部
③ 身穿長褲的男童　宋，陳宗訓繪《秋庭嬰戲圖》局部
④ 穿裙的女童　明，佚名繪《宋人撲棗圖》局部

7. 腹圍

孩童所著腹圍一般為一長方形布片，圍在腰間，包裹住臀部與腹部，上端與褲腰平齊，在宋朝嬰戲圖中出現較多。腹圍可圍在長衫的外面，起到裝飾與防止衣服弄髒的作用，也可以直接圍在褲子上面、衫子下面，起到保暖的作用。

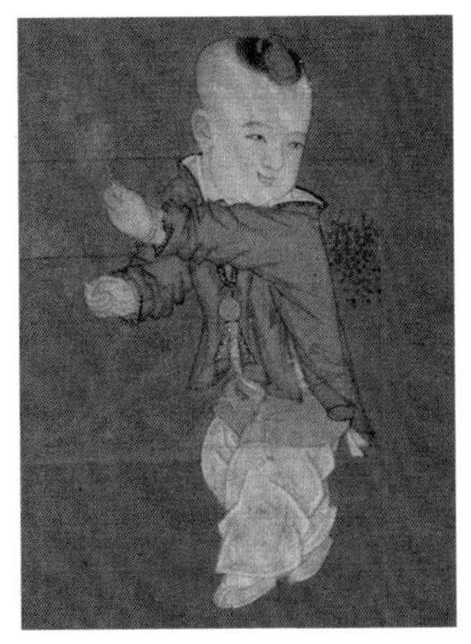

▶ 腹圍　宋，佚名繪《小庭嬰戲圖》局部

二、男童髮式盤點

宋朝的「嬰戲」主題畫中的兒童形象以男童居多，男童的髮型更是五花八門，大概可以分為垂髫類與總角類，此外還有伶俐可愛的「蒲桃髻」。

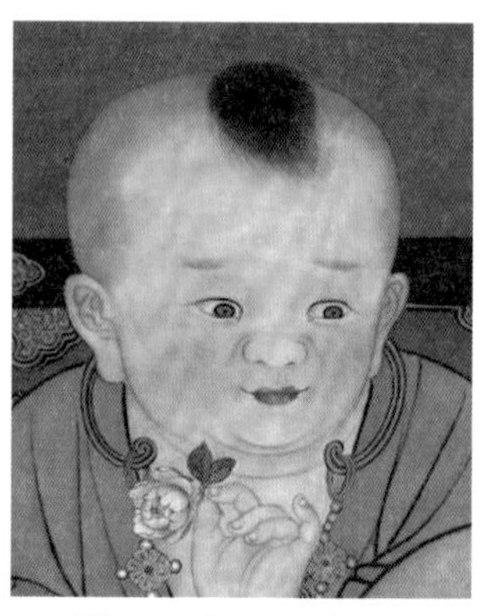

▲ 垂髫　宋，蘇漢臣繪《灌佛戲嬰圖》局部

1. 垂髫

「垂髫」是在腦門上自然下垂的一撮或幾撮毛髮。民間認為胎髮受生產污染必須剃去，因此垂髫之年的幼小兒童需剃頭，只留一撮或幾撮頭髮。「垂髫」也常用來代指兒童，如陶淵明《桃花源記》：「黃髮垂髫，並怡然自樂。」

2. 總角

「總角」指兒童束紮起來的髮式，按照束髮位置、束髮形式的不同又可分為偏頂、鵓角、辮子等類別。

（1）偏頂。

此髮式盛行於南宋理宗時，將頭頂周圍的頭髮大部分剃去，僅於左側留一片頭髮，大小約如一枚大銅錢，故名為「偏頂」。

（2）鵓角。

僅保留前髮，其餘剃去，用繩帶束紮，叫鵓（ㄅㄛˊ）角。

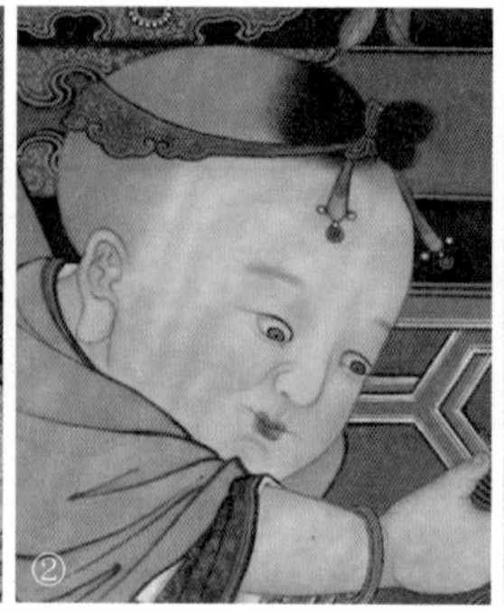

① 鵓角　宋，蘇漢臣繪《嬰戲圖》局部
② 鵓角　宋，蘇漢臣繪《灌佛戲嬰圖》局部
③ 鵓角　宋，蘇漢臣繪《長春百子圖》局部

（3）辮子。

除了用繩帶束髮之外，還可將頭髮紮成辮子。辮子是常見髮式，個數不一，有時一個、兩個，有時很多個。

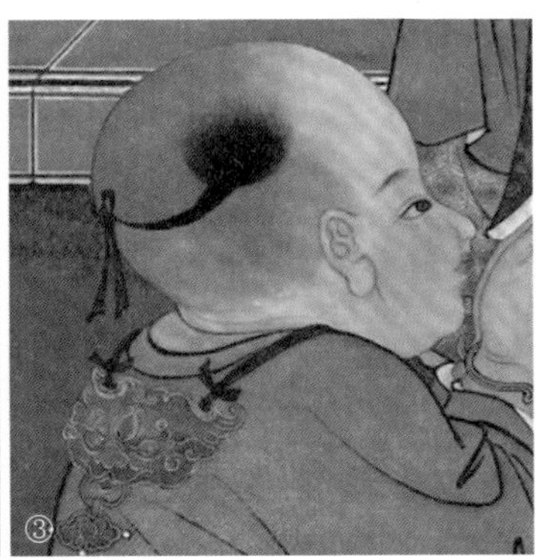

① 辮子　宋，佚名繪《小庭嬰戲圖》局部
② 辮子　宋，蘇漢臣繪《雜技戲孩圖》局部
③ 辮子　宋，蘇漢臣繪《灌佛戲嬰圖》局部

（4）多髻。

即多個髮髻，常見的一種是在頭頂以及左右各留一撮頭髮束紮成三個髮髻，另外一種是將剃後剩餘的頭髮束紮成若干個小髻，以絲繒繫紮，為「滿頭髻」，意為「滿頭吉」，有吉祥寓意。

▶ 多髻　宋，蘇漢臣繪《冬日嬰戲圖》局部

3. 蒲桃髻

據《中國服飾名物考》中所記載，「蒲桃髻」這種髮式是將孩童的頭髮編成十個小髻，每個小髻上紮一穗帶，合為「十穗」，祈願孩兒歲歲平安，茁壯成長，因小髻之多宛如成串葡萄，故稱「蒲桃髻」。

▶ 蒲桃髻　宋，蘇漢臣繪《嬰戲圖》局部

小知識　兒童漢服款式如何挑選？

因小孩子活潑好動，故漢服款式選擇以舒適方便為首要原則，可以首選上衣下褲、短款上衣配下裙的搭配。這裡需要注意兩點，一是袖子樣式儘量選擇窄袖或直袖，避免寬闊的大袖；二是裙子長度不能過長，以免影響活動或踩到裙擺給孩子造成傷害。

場景二十　端午惡作劇

是日端午，大人們忙著準備節令食物，三個孩童在院子裡玩耍，皆清涼裝扮，手腳均佩戴應景飾品——蚌粉鈴。一孩童穿紅色抱腹，面帶狡黠得意的笑容，他右手用繩繫著蟾蜍，正要驚嚇弟弟。弟弟蹲在地上，雙手護頭，害怕到顫抖。另一孩童穿綠色抱腹，後背掛著「絨線符牌」，一個箭步趕來，神情堅定，想要制止這場惡作劇。

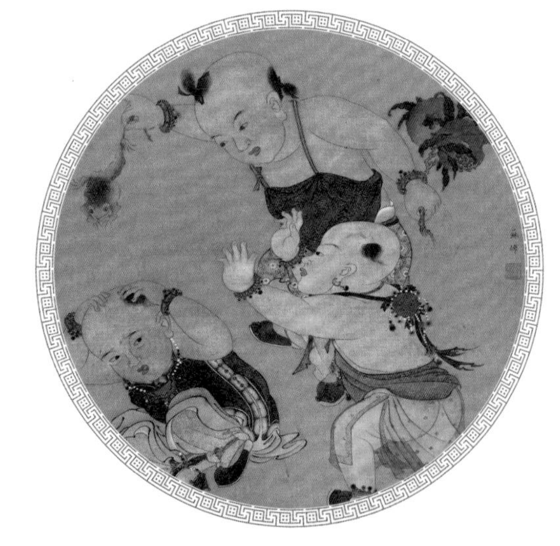

▶ 宋，蘇焯（傳）繪《端陽戲嬰圖》局部

一、兒童的夏季穿搭

宋朝嬰戲圖中呈現的孩童夏季穿搭多種多樣，輕快透氣，搭配方式靈活。藉由千年之前的兒童形象寫真，我們可以看到宋朝孩童們的清涼穿搭。

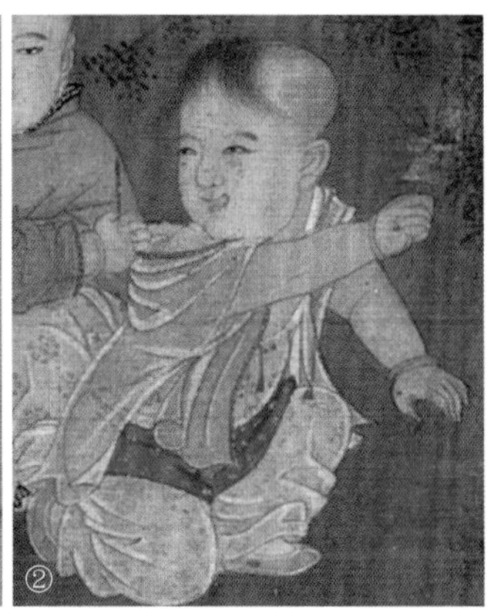

① 男童身穿抱腹，下身僅用腹圍遮掩　宋，蘇焯（傳）繪《端陽戲嬰圖》局部
② 男童上穿抱腹、前短後長半袖衫，下穿長褲、紅色腹圍　宋，佚名繪《小庭嬰戲圖》局部

二、天真有「鞋」

在表現成年人的人物畫裡，我們很難看到鞋子的全貌，因為曳地的長裙要麼遮蓋住整個鞋子，要麼只露出鞋頭。由於兒童服飾一般較為短小，所以在「嬰戲」主題的畫作裡，我們得以看見童鞋的全貌。

整體來看，童鞋的樣式與成人鞋無差異，但孩童多穿平頭鞋、翹頭鞋，也有穿靴、雲頭履的；另外，童鞋多見比較亮麗的色彩，也有紅、藍、青、綠、黃等顏色的「拼色鞋」。

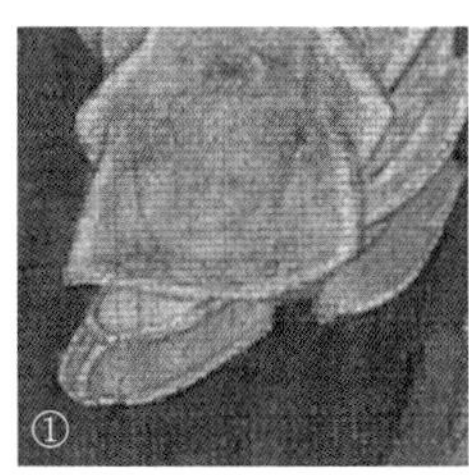

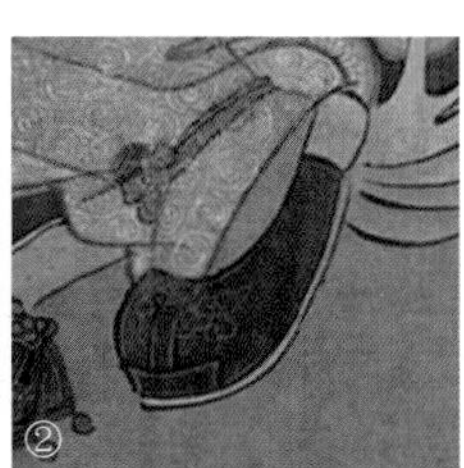

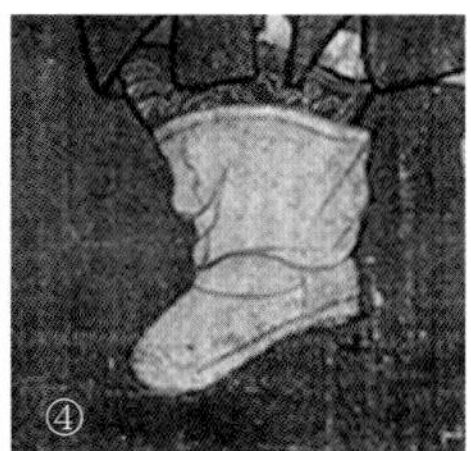

① 平頭鞋　宋，佚名繪《小庭嬰戲圖》局部
② 平頭鞋　宋，蘇焯繪（傳）《端陽戲嬰圖》局部
③ 平頭鞋　宋，蘇漢臣繪《小庭嬰戲圖》局部
④ 兒童的靴　宋，蘇漢臣繪《貨郎圖》局部

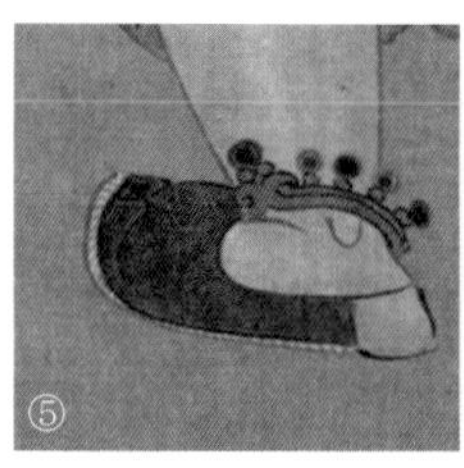
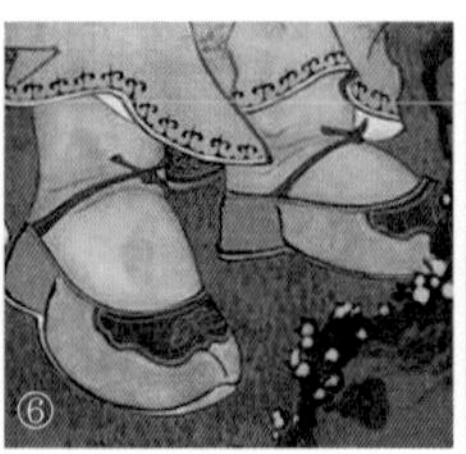
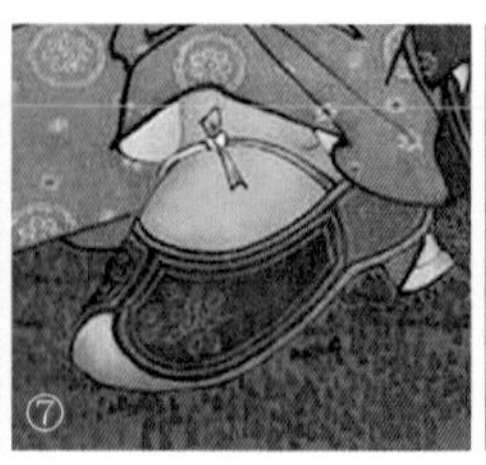
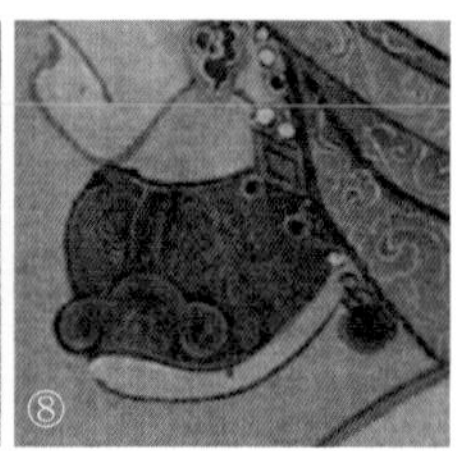

⑤ 翹頭鞋　宋，蘇焯（傳）繪《端陽戲嬰圖》局部
⑥ 拼色鞋　宋，蘇漢臣繪《灌佛戲嬰圖》局部
⑦ 拼色翹頭鞋　宋，蘇漢臣繪《灌佛戲嬰圖》局部
⑧ 雲頭鞋　宋，佚名繪《小庭嬰戲圖》局部

三、端午節飾品

端午在中國古代常被視為一年之中最為凶惡的日子，每逢此日，人們要用各種辦法避惡袪災。兒童抵抗疾病的能力較弱，是社會中的弱小群體，因而人們會給兒童佩戴各種節令飾品以驅惡辟邪，保佑兒童的生命健康。

1. 絨線符牌

《端陽戲嬰圖》中穿著綠色抱腹的孩童後背上戴著一個球形配飾，這是端午節的應景配飾——絨線符牌。這種佩戴習俗源自道教文化，認為符具有辟邪消災的作用。

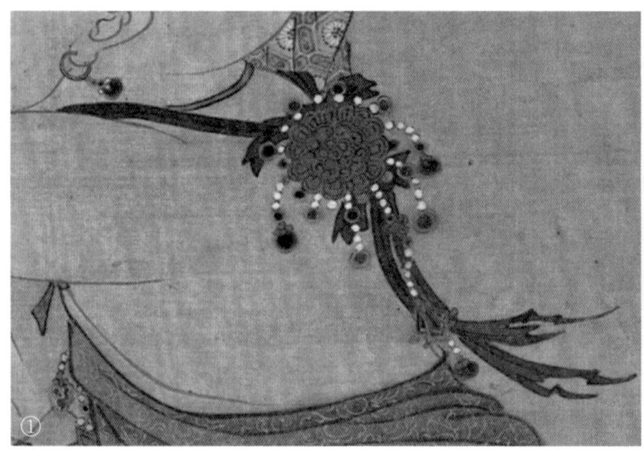

① 絨線符牌　宋，蘇焯（傳）繪《端陽戲嬰圖》局部
② 絨線符牌　宋，蘇漢臣繪《灌佛戲嬰圖》局部

2.蚌粉鈴

《端陽戲嬰圖》三位男童手腳上均戴有綴著圓球的環，推測是《歲時雜記》中記載的端午應景飾品——蚌粉鈴。《歲時雜記》記載：「端五日，以蚌粉納帛中，綴之以棉，若數珠，令小兒帶之，以裛汗也。」宋人利用蚌粉吸汗的功能，將其製成飾品佩戴在兒童身上，可有效幫助兒童吸收汗液。

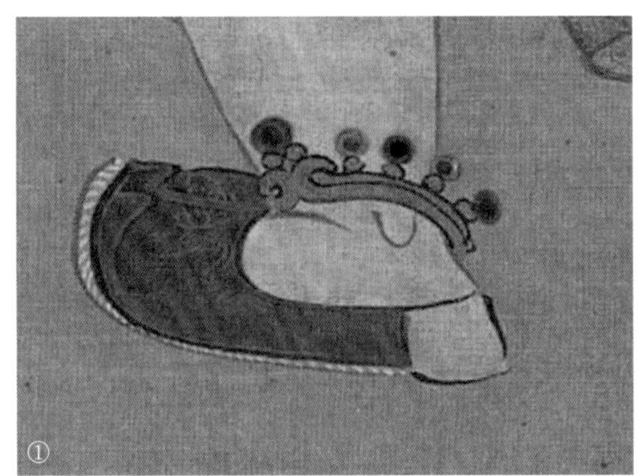
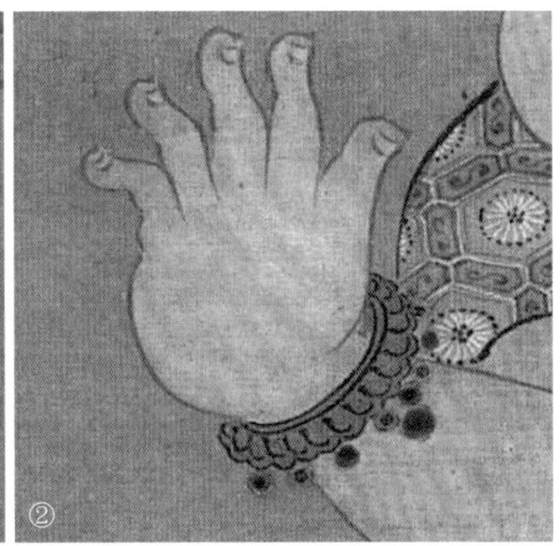

①② 手腳上的蚌粉鈴　宋，蘇焯（傳）繪《端陽戲嬰圖》局部

3. 百索

「百索」也是端午節最為重要的節令佩飾之一，由長命縷等五彩絲線所組成，起到辟除鬼魅、防止人染上瘟病的作用。《西湖老人繁勝錄》中記載：「端午節，撲賣諸般百索，小兒荷戴繫頭子，或用彩線結，或用珠兒結。」兒童不只將百索纏繞在手臂上，也繫於頭上，用彩線或珠兒紮束。

4. 釵頭符

釵頭符是女孩子的端午飾品，用彩繒剪作小符兒，插戴於鬟髻之上，十分精巧美觀。蘇軾的《浣溪沙・端午》寫道：「彩線輕纏紅玉臂，小符斜掛綠雲鬟」，呈現了端午這天手臂纏著五彩絲線，頭戴小符的女孩形象。

5. 石榴花

南宋王鎡在《重午》中寫道：「絲絲梅雨濕榴花，處處釵符裊鬢鴉。」石榴花是端午的節令花卉，女孩們會把石榴花簪戴在頭上。元朝方回在《生日戲歌》中寫道：「稚女簪榴花，小兒著艾虎。」

6. 艾虎

艾虎是用艾草編織或用艾葉剪成的虎形物件，在宋朝，每逢端午，家家戶戶皆懸掛艾虎，簪戴艾虎，以驅災辟邪。《歲時雜記》云：「端午以艾為虎形，至有如黑豆大者，或剪綵為小虎，黏艾葉以戴之。」

端午時節的夏季衣料上，還會織繡出艾虎、五毒等應景紋樣，以此裁製成驅災辟邪的「艾虎衣」。此外，還有天師、金雞、五瑞、龍舟等圖案，被應用在各式各樣應景的衣物、首飾、配飾上。

四、孩童的其他節日裝扮

1. 七夕節——荷葉半臂

七夕是中國傳統節日中的重要節日之一，不僅是女子乞巧祭拜的節日，而且是少男少女及兒童們出門遊玩的日子。《武林舊事・占巧》載：「小兒女多衣荷葉半臂，手執荷葉，效顰摩羅。」兒童在這天穿著荷葉半臂，手執新荷葉，效仿磨喝樂的樣子。

磨喝樂是脫胎於宗教、流行於宋朝的一種民間辟邪祈福的泥塑，可以根據需要換穿上各種款式、色彩的衣服，與如今的芭比娃娃類似，每逢「七夕」便大量上市。據《東京夢華錄》、《夢粱錄》記載，七夕這天，市井街頭滿是售賣磨喝樂的攤販，兒童穿著鮮麗的服飾，佩戴時令花卉，為節令注入活力與童趣。

2. 中秋節——正式著裝

宋朝筆記小說《醉翁談錄》記載：「傾城人家子女，不以貧富，自能行至十二三，皆以成人之服飾之，登樓或於中庭焚香拜月，各有所期。」

中秋節這天，宋人會在樓台或庭院裡舉行拜月、賞月儀式。在這樣較為正式的場合，兒童不宜穿著便服，而是要換上成人樣式的服飾進行祭拜，如長衫、褙子長裙、朱子深衣等。

3. 重陽節——茱萸、片糕

在重陽節，兒童跟大人一樣插戴茱萸、菊花等時令節物。此外，重陽這天，天還沒亮，大人們會將一塊片糕搭在小兒的頭上，寓意百事皆高，再無疾病侵襲。

4. 除夕——驅儺服飾

除夕自古至今都是人們最為重視的傳統節日，而宋朝的除夕夜，不管是皇宮還是民間都要舉行驅儺活動。兒童們自然也會參與其中，他們模仿成人的儺舞，穿著戲劇服飾，進行表演與遊戲，驅鬼的傳統禮俗逐漸成為一種兒童自發的遊戲活動。

此外，李嵩的《歲朝圖》描繪了新年兒童在庭園燃放爆竹的畫面：他們穿著繡花襦襖，點著爆竹，博戲不寐。女孩們則將節令風物剪綵，妝點於身上，以增添喜慶。由此可見，身穿繡花襦襖，頭上簪戴剪綵，是孩童們的除夕盛裝。

▶ 儺舞服飾　宋，蘇漢臣（傳）繪《嬰戲圖》局部

小知識　小孩子穿漢服時，搭配什麼鞋子？

首選繡花布鞋，翹頭或者平頭的都可以，最好是帶鞋襻、大小合適、方便活動的。男孩子穿袍服時也可以選擇靴子。其實，搭配日常的運動鞋、帆布鞋、小皮鞋都是可以的，不必拘泥於傳統的範式。

場景二十一　哥倆的球賽

傍晚時分，西花園內涼風習習，湖石芭蕉投射了出一片蔭涼，母親與姊姊身穿褙子，正專注地看兩位弟弟的「捶丸」球賽。哥哥身穿紅色窄袖褙子，頭戴黑色巾幘。弟弟身穿深灰色交領衫，下穿紅色腹圍、白色褲。兩人聚精會神，彷彿決一勝負的時刻即將到來。

▶ 宋，佚名繪《蕉陰擊球圖》局部

一、小學生制服

《蕉陰擊球圖》中較為年長的男童，身穿及地長褙子，頭戴巾幘，顯得非常正式，就像個「小大人」。學齡前兒童肆意玩耍，穿著以便捷舒適為準則。那麼到了入學年紀的男童，他們的服飾又會有怎樣的規範呢？

南宋朱熹編著《童蒙須知》，不僅提出了兒童在語言、讀書、寫字、飲食等方面的行為規範，而且對兒童服飾提出要求：男童從頭至腳皆需緊束，頭上紮以總角，腰間束以絛帶，腳穿鞋襪，不可寬鬆散漫，否則會被視為失禮、不端嚴。

兒童入學之後，服飾又有了更為細緻嚴格的規定。朱熹的學生程端蒙及他的友生董銖共同編寫了一本《程董二先生學則》，這本書規定入學男童在朝揖、會講時需穿著深衣或涼衫，會食、會茶等其他場合穿著道服或褙子。

由此可見，上了小學的男孩穿著「縮小版」的士大夫之服，旨在以士人的言行舉止、穿著打扮來規訓、管理兒童的德行。在蘇漢臣的《秋庭嬰戲圖》中，畫面左側較年長的少年身穿長衫，頭戴紗帽巾，儼然「小儒士」的樣子，畫面右側三位年紀尚幼的男童，身穿更便於活動的短衫和褲。

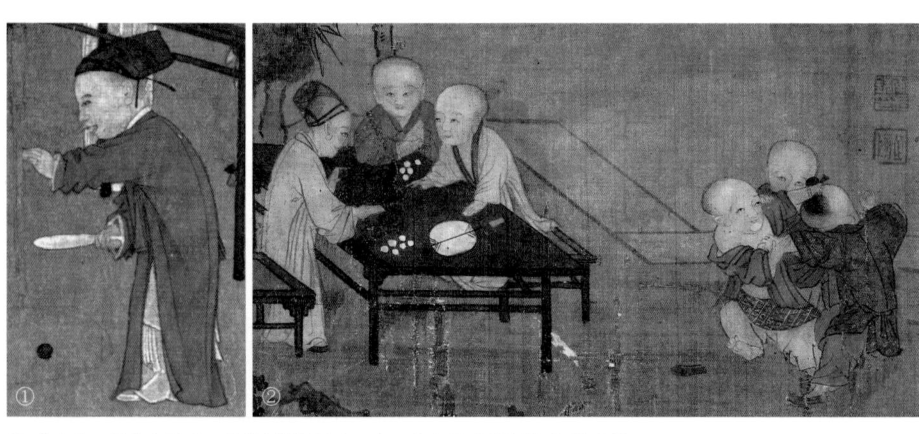

① 像大人一樣身穿褙子、頭戴巾幘的男童　宋，佚名繪《蕉陰擊球圖》局部
② 不同服飾的男童　宋，蘇漢臣繪《秋庭嬰戲圖》局部

二、孩童的「禮服」

成人的禮服與常服有清晰的界線，而且禮服有嚴格的規制。關於兒童的禮服沒有專門的規定，但透過相關的記載可以看出，兒童的日常便服以合體舒適為主要功能要求，不受過多禮制束縛。在重要的禮儀場合，講究的士庶人家會給孩子穿上與成人同款的縮小版服飾。因此，對於兒童來說，「穿成大人模樣」便是他們較為正式的著裝了。

三、男童的髮飾

宋朝嬰戲圖中的男童多以「絲繒」束髮，顏色多以紅色為主。此外，也有在髮髻上插一支短釵的男童形象。

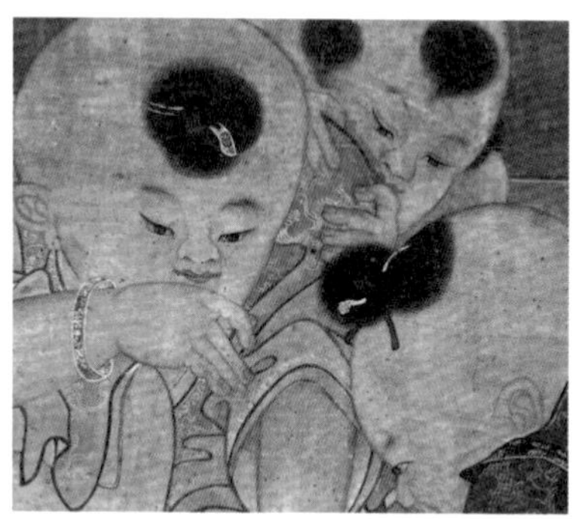

▶ 男童頭上的短釵與紅絲繒
宋，蘇漢臣繪《秋庭嬰戲圖》局部

小知識　比較正式的兒童禮服可以選什麼？

以宋制漢服為例，在較為正式的場合，男孩子可以穿朱子深衣、襴衫、圓領袍、褙子，女孩子可以穿上衣下裳的襦裙、衫裙或者再外加褙子。

場景二十二　姊弟玩棗磨

深秋忽至，碩棗累累，最是製棗磨、玩棗磨的最佳時節。靜謐庭園之中，姊弟二人正圍著螺鈿漆墩上新製的棗磨玩耍。姊弟二人均穿衣褲，腰間束帶。姊姊梳雙髻，上穿交領白綾衫，兩側開衩，領緣鑲印花裝飾，以紅帛帶束紮，兩鬢束總角，以紅藍珍珠絲繒繫上。弟弟穿著紅色對襟衫，白色中單、褲。

二人全神貫注，玩興正濃，不遠處散落著被厭棄的轉盤、小佛塔等玩具，看樣子喜新厭舊是古今兒童共同的天性呀。

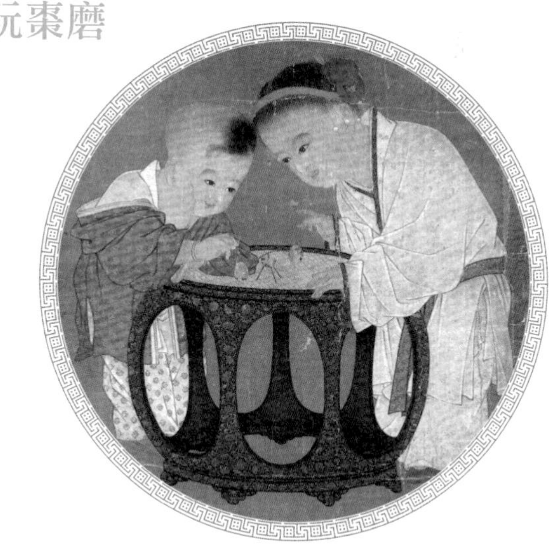

▲ 宋，蘇漢臣繪《秋庭嬰戲圖》局部

一、姊弟的秋裝

《秋庭嬰戲圖》中姊姊身穿白色夾衣，兩側開衩，腰間以紅色勒帛束紮，下穿白色褲裝。弟弟內層穿白色衣褲，外搭紅色對襟衫。孩童的上衣為修身窄袖，無袖頭，方便活動玩耍。從服飾的制式、紋樣、質感來看，這應該是富庶家庭的子弟，他們所穿的應該為雙層的夾衣、綿衣等秋冬服飾。

二、女童的髮型

宋代女童多梳丫髻，在傳世的嬰戲圖之中表現女童的畫作較少，從有限的女童形象來看，主要有雙丫髻、三丫髻。宋代詩人陸游在《浣花女》中寫道：「江頭女兒雙髻丫，常隨阿母供桑麻。」

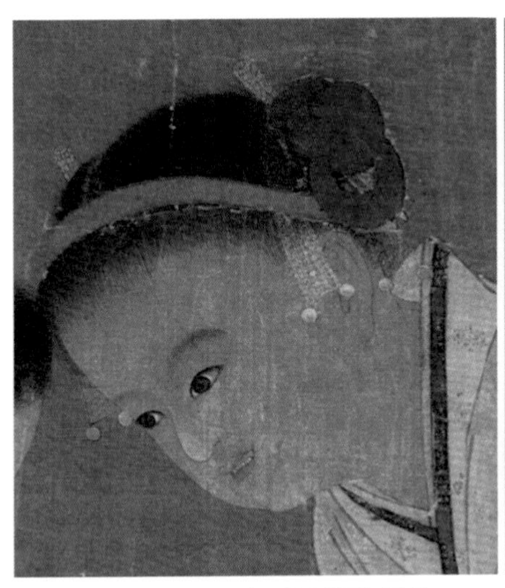

▲ 丫髻　宋，蘇漢臣繪《秋庭嬰戲圖》局部

▲ 丫髻　宋，蘇漢臣繪《冬日嬰戲圖》局部

三、女童的髮飾

1. 髮帶

從嬰戲圖中可以看出，髮帶是女童的常見髮飾，多為長條狀，以紅色和藍色為主，部分用珍珠、金線裝飾。

女孩的秋季穿搭展示

庭院秋聲落棗紅，
拾來旋轉戲兒童。
——乾隆題蘇漢臣《秋庭嬰戲圖》

◀ 女孩的秋季穿搭

南鄉子的今日穿搭：

簇花暗紋交領夾衣＋紅緞勒帛＋月白絹夾褲＋平頭鞋

髮型配飾：

雙丫髻＋黛青色流蘇髮帶＋鎏金折股釵

2. 短釵

蘇漢臣的《冬日嬰戲圖》中的女孩梳的就是三丫髻，插三支U形短釵，繫紅色髮帶，上垂珠串。

女童髮飾造型簡潔大方，重量較輕，佩戴方便，不僅有助於體現女孩的天真無邪、可愛單純，而且與其頭部的承重能力相適應。

小知識　女寶寶穿漢服時，可以選什麼髮型？

考慮到小孩的承重能力，髮型以簡約為主，避免厚重的髮包假髮；髮飾以簡單輕便為主，儘量避免帶長流蘇的髮飾，因流蘇容易纏住孩子頭髮，而且在孩子活動過程中，也有被東西勾住造成傷害的風險。

場景二十三　弟弟他怕貓

冬日庭園，假山堆疊，臘梅修竹，競翠爭芳。姊弟二人在戲逗狸奴，興致盎然。

姊姊身穿交領樣式深色鑲邊綿袍，形似直裰，腰繫泥金花草紋紅綢帶，在頂額、兩鬢結上髮髻，以印花綴珠紅絲繒、鎏金折股釵固定裝飾。她右手拿著方格旗，側身而立，目不轉睛。弟弟顯然有些害怕，他躲在姊姊身後，身穿紅邊對襟襖，罩泥金紅緣邊貉袖，下穿白色褲，腳穿白襪皂履。頭髮結成多個髮髻，以紅絲繒束紮。

姊弟二人均睜大雙眼，聚精會神地觀察狸奴，天真無邪，頗有童趣。

▲ 宋，蘇漢臣繪《冬日嬰戲圖》局部

一、孩童的冬裝

1. 袍服

《冬日嬰戲圖》中女童所穿的袍服，長至足面，為窄袖緊身式、斜領交襟，領襟、袖口等處都有黑布緣邊，腰間束勒帛，形制與成年男子所穿直裰極為相似。袍有單層，也有雙層的夾袍，雙層夾袍內裡填充絲綿的綿袍。該圖為冬季場景，推測圖中女童所穿的為綿袍，袍內搭配有綿褲。

▲ 身穿圓領袍的兒童
宋，佚名繪《百子嬉春圖》局部

此外，在嬰戲圖中，也常見孩童身穿圓領袍，盤領交襟，兩側開衩，長及膝下，常搭配褲穿著，如《百子嬉春圖》中的兒童。

2. 貉袖

《冬日嬰戲圖》中男童所穿的外層半袖服飾即為前文所講的貉袖，直領對襟，長度到腰，兩袖僅掩肘。圖中男童所穿的貉袖應該是用織錦製作的，有夾裡或填充絲綿，紅色緣邊上有印金彩繪的植物花卉紋樣。

3. 襖

同成人一樣，襖也是兒童的冬裝。《冬日嬰戲圖》中的弟弟內穿碧色對襟襖，《百子嬉春圖》中有身穿對襟襖、交領襖的兒童，《歲朝圖》描繪了兒童在除夕於庭園燃放爆竹的畫面：他們穿著繡花襦襖，點著爆竹，博戲不寐。

①② 穿交領襖與對襟襖的兒童　宋，佚名繪《百子嬉春圖》局部

女孩的冬季穿搭展示

小德最憐渠，丹頰三髻丫。
——宋，洪咨夔《寄趙景周撫乾二首》

▶ 女孩的冬季穿搭

● **南鄉子的今日穿搭：**

皂緣交領素緞夾綿袍＋纏枝花草紋刺繡紅勒帛＋白絹綿褲＋平頭鞋

● **髮型配飾：**

三丫髻＋花草紋刺繡綴珠髮帶＋鎏金折股釵

一、孩童的冬裝

1. 袍服

《冬日嬰戲圖》中女童所穿的袍服，長至足面，為窄袖緊身式、斜領交襟，領襟、袖口等處都有黑布緣邊，腰間束勒帛，形制與成年男子所穿直裰極為相似。袍有單層，也有雙層的夾袍，雙層夾袍內裡填充絲綿的綿袍。該圖為冬季場景，推測圖中女童所穿的為綿袍，袍內搭配有綿褲。

此外，在嬰戲圖中，也常見孩童身穿圓領袍，盤領交襟，兩側開衩，長及膝下，常搭配褲穿著，如《百子嬉春圖》中的兒童。

▲ 身穿圓領袍的兒童
宋，佚名繪《百子嬉春圖》局部

2. 貉袖

《冬日嬰戲圖》中男童所穿的外層半袖服飾即為前文所講的貉袖，直領對襟，長度到腰，兩袖僅掩肘。圖中男童所穿的貉袖應該是用織錦製作的，有夾裡或填充絲綿，紅色緣邊上有印金彩繪的植物花卉紋樣。

3. 襖

同成人一樣，襖也是兒童的冬裝。《冬日嬰戲圖》中的弟弟內穿碧色對襟襖，《百子嬉春圖》中有身穿對襟襖、交領襖的兒童，《歲朝圖》描繪了兒童在除夕於庭園燃放爆竹的畫面：他們穿著繡花襦襖，點著爆竹，博戲不寐。

①② 穿交領襖與對襟襖的兒童　宋，佚名繪《百子嬉春圖》局部

女孩的冬季穿搭展示

小德最憐渠，丹頰三髻丫。

——宋，洪咨夔《寄趙景周撫乾二首》

▶女孩的冬季穿搭

● **南鄉子的今日穿搭：**

皂緣交領素緞夾綿袍＋纏枝花草紋刺繡紅勒帛＋白絹綿褲＋平頭鞋

● **髮型配飾：**

三丫髻＋花草紋刺繡綴珠髮帶＋鎏金折股釵

貉袖的穿搭展示

日長睡起無情思，閒看兒童捉柳花。

——宋，楊萬里《閒居初夏午睡起》

◀ 男孩的冬季穿搭

● **小重山的今日穿搭：**

絳紅緣邊青緞襖＋球路紋提花緞貉袖＋龜背紋綿褲＋平頭鞋

● **髮型配飾：**

滿頭髻＋紅絲繒髮繩＋金項圈

二、兒童服飾色彩

1. 男童服飾色彩

在傳世的宋代嬰戲圖中，男童服飾色彩搭配對比強烈，明豔濃麗，且常見紅與白的色彩組合。《冬日嬰戲圖》中的男童服飾配色為紅、白、青碧色，《百子嬉春圖》中的男童服飾顏色主要有石青、赭石、朱砂等。

2. 女童服飾色彩

女童服飾色彩總體上清新淡雅，柔和內斂，以白色、淡黃、淡綠、淡紫色、褐色等顏色為主。衣裝清雅，不施朱粉，不戴華麗首飾，以此貼合宋代儒士心中溫婉賢淑的女子形象。

三、鄉村兒童服飾

鄉村兒童的服飾在款式上與富貴人家的孩子基本相同，只是多用苧麻等相對廉價的面料，且沒有過多裝飾，也不佩戴項圈、手鐲等飾品。李嵩《貨郎圖》呈現了鄉村兒童形象：多數兒童上衣為交領衫或對襟衫，下半身著褲，衫外再著裙或繫腹圍。服飾面料質樸，製作工藝較簡單，與富貴人家的孩童形象截然不同。

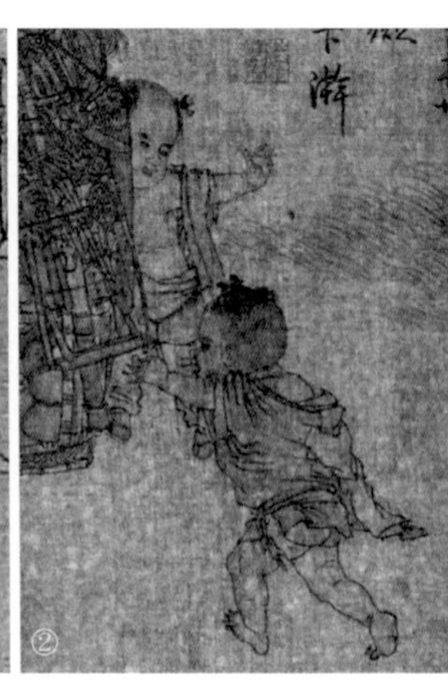

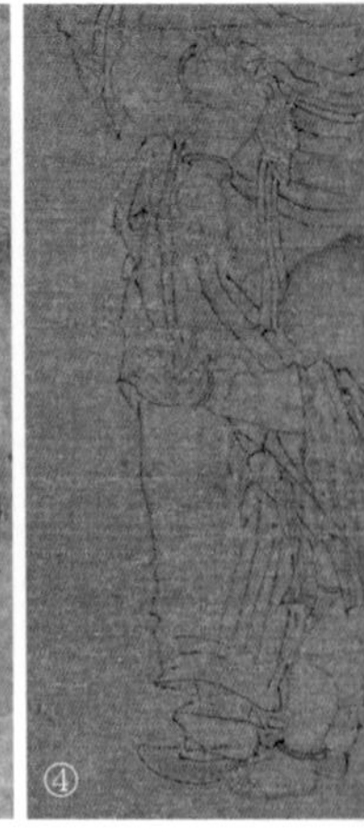

① 鄉村女童　宋，佚名繪《迎鑾圖》局部
②～④ 鄉村兒童　宋，李嵩繪《貨郎圖》局部

小知識　給寶寶買漢服，怎麼挑選面料與工藝？

現代漢服的布料以棉、雪紡、絲、混紡紗、呢絨、綢緞為主，有的還加了少量的蕾絲。寶寶皮膚細嫩，化纖成分容易引起皮膚過敏，因此儘量選擇天然的面料，如棉麻、絲、綢緞等。此外，儘量避免選帶過多裝飾、飄帶、花邊的漢服，如果做工欠佳，會出現裝飾越多，質感反而越不好的情況，而且過多裝飾也容易勾傷或絆倒寶寶，有安全隱患。

場景二十四　冬季踢「足球」

孟冬初至，寒氣日盛。諸位孩童都換上了冬衣與冬帽。庭院梅樹下，四位男童在蹴鞠熱身。四人均穿交領長襖、綿褲，其中三位還穿了外衣褙襦。四人所戴冬帽各有不同，一人戴彩色氈笠，一人戴藍色風帽，另外兩人則戴「搭羅兒」，露出頭頂的鵓角。四人玩得津津有味，彷彿忘記了嚴寒。

▶ 宋，蘇漢臣繪《長春百子圖》局部

一、兒童的首服

宋代兒童的首服，主要有笠帽、巾幘、抹額等三類。此外還有一種頂部鏤空的式樣，名叫「搭羅兒」。

1. 笠帽

笠帽帽體呈斗笠形狀，帽檐則較斗笠窄，緣邊縫綴皮毛，起到裝飾與保暖作用。貴族階層帽子材質講究，更加強調裝飾和身分象徵，如前文提到的狸帽是用狐狸毛皮製作的暖帽，兒童亦可佩戴。

2. 巾幘

與成人相同，孩童所用的巾幘也有「軟裹巾」與「硬裹巾」之分。軟裹巾沒有固定造型，可以根據喜好與需求做出不同的樣式，《長春百子圖》中的風帽即是一種保暖的軟裹巾。紗帽巾是常見的硬裹巾，有固定造型，用漆紗製作，清爽透氣，適合夏季佩戴。

3. 抹額

抹額，也稱額帶、頭箍、髮箍、眉勒等，是束在額前的飾品。抹額最早是北方少數民族為保暖禦寒束在額上的貂皮，隨著時代變遷，其形制、材質也發生了變化。

4. 搭羅兒

搭羅兒是宋朝兒童在天氣初涼之時所戴的無頂小帽，盛行於江浙一帶。其形制呈帶狀，用絲綢、錦緞或毛皮製作，服戴時束於額髮上。

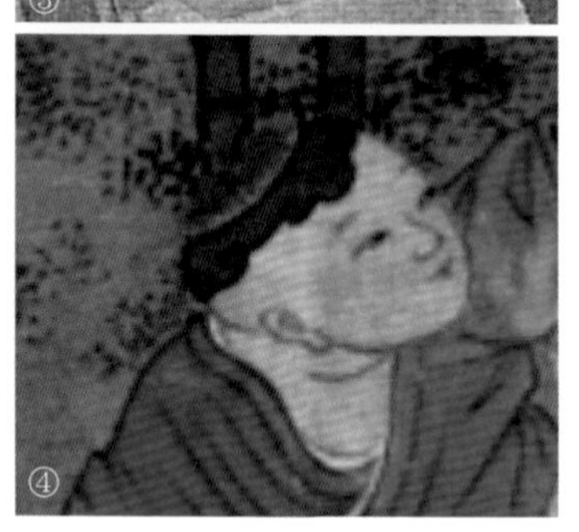

① 氈笠　宋，蘇漢臣繪《長春百子圖》局部
② 風帽　宋，蘇漢臣繪《長春百子圖》局部
③ 抹額　宋，蘇漢臣繪《侲童傀儡圖》局部
④ 「如意」搭羅兒　宋，蘇漢臣繪《長春百子圖》局部

二、吉祥「百家衣」

蘇漢臣的《長春百子圖》中，有一位正在玩耍的男童身穿百家衣。「百家衣」又稱「百衲衣」，是一種將碎布塊縫綴在一起的拼布衣。

在嬰兒誕生不久時，家裡親屬向鄰居逐戶索要小塊布片，然後將其拼綴起來製成百家衣。在傳統觀念裡，百家衣集百家的贈予，可以承百家福澤，祛病免災，健康成長。雖然得來的布片大小、形狀、顏色各異，但是講究人家會將布片裁剪修整，縫綴出配色與紋路精美的百家衣。就如《長春百子圖》中男童身上這件百家衣，拼綴講究，色彩鮮麗，布片形狀規整，製作精良。

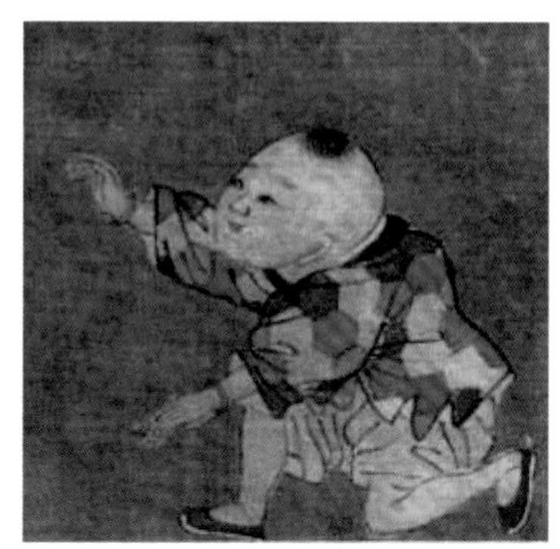

▲ 百家衣　宋，蘇漢臣繪《長春百子圖》局部

三、群嬰華服秀

綜上所述，大多數兒童服飾的款式與成人服飾相近，就像是成人服飾的縮小版本，不過在穿著習慣、搭配方式以及飾品佩戴等方面有自身的特點，主要概括為以下幾點：第一，兒童的服飾比成年人短小，以方便他們活動嬉戲；第二，在服裝形制上常見「上衣下褲」、「上衣下裳」，也有袍服，多見於年齡相對較長的兒童；第三，兒童下身多穿方便玩耍活動的褲裝，輕鬆便捷；第四，兒童可以外穿抱肚、開襠褲等內衣，不必過多受限於禮教約束。

與成人服飾相比，兒童的服飾穿著與搭配更加靈活、多樣，本書無法詳述。

讓我們透過宋代兒童「寫真集」，看一場「群嬰華服秀」。

如下為男童服飾展示。

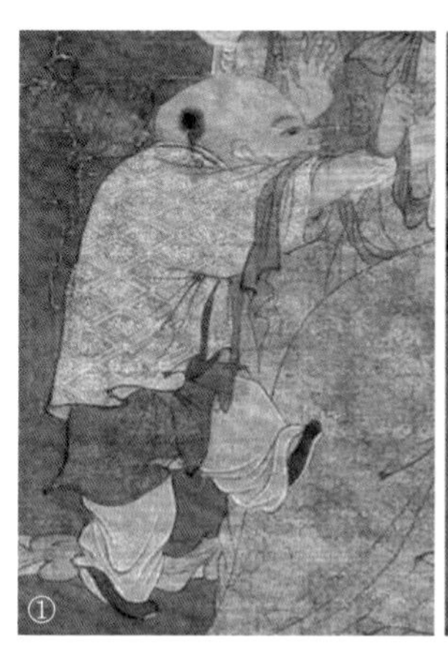

① 白綾襖、腹圍、白褲　宋，李嵩繪《觀燈圖》局部

② 背心、褲、拼色鞋　宋，蘇漢臣繪《長春百子圖》局部

③ 對襟衫、腹圍、褲　宋，蘇漢臣繪《傀童傀儡圖》局部
④ 內穿襦裙，外穿直領對襟褙子　宋，蘇漢臣繪《百子歡歌圖》局部
⑤ 半袖圓領衫、氈帽、靴　宋，蘇漢臣繪《貨郎圖》局部
⑥ 斜領褙子、褲　宋，佚名繪《百子嬉春圖》局部
⑦ 身穿長衫，頭戴紗帽巾　宋，蘇漢臣繪《秋庭嬰戲圖》局部

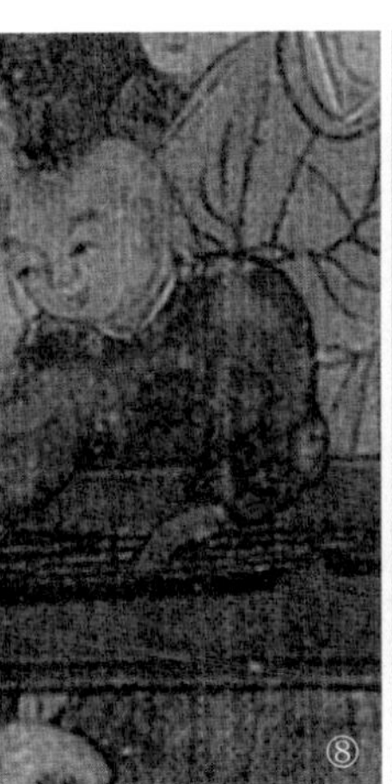

⑧ 圓領窄袖袍　宋，佚名繪《百子嬉春圖》局部
⑨ 半袖衫、褲，背上掛香囊或符牌　宋，蘇漢臣繪《貨郎圖》局部
⑩ 紅色對襟紗衫、綠色腹圍、褲　宋，佚名繪《狸奴嬰戲圖》局部

如下為女童服飾展示。

① 紫色長衫、褲　宋，佚名繪《蕉石嬰戲圖》局部
② 紫色對襟短衫、褲　宋，佚名繪《蕉石嬰戲圖》局部
③ 短襖、鵝黃色腹圍、褲　宋，蘇漢臣繪《百子歡歌圖》 局部
④ 長衫、褲、白色腹圍　宋，蘇漢臣繪《百子歡歌圖》局部

⑤ 交領衫、裙　宋，蘇漢臣繪《重午戲嬰圖》局部
⑥ 衫、腹圍、褲　宋，蘇漢臣繪《百子歡歌圖》局部
⑦ 衫、腹圍、褲　宋，蘇漢臣繪《百子歡歌圖》局部

小知識　給孩子穿漢服，需要注意些什麼？

小孩子身體機能尚未發育成熟，且對環境的潛在風險缺乏辨別與應對能力，所以童裝設計製作的規範要求也有很多。那麼，給孩子買漢服或穿漢服時，應該注意些什麼呢？

（1）漢服的繫帶不宜過長，過長的可以自行修剪，以免孩子被勾到、纏住，造成傷害。

（2）裙長、衣長不能過長，以方便活動，不會被踩到為準。

（3）髮型簡約，避免厚重的髮包假髮，髮飾儘量簡單輕便，以免給孩子頸椎造成壓力。

（4）在漢服面料上，儘量選擇親膚的棉麻或絲織品，避免化纖面料。

第五章

庶民百工服飾

庶民百工即不同職業的平民，包括宮女內侍、宮伎樂舞、民間藝人、農夫農婦、廚娘商販、貨郎雜役等。由於職業身分的需要，不同人物的服飾裝扮各具特色，呈現「百工百衣」的現象。本章結合宋畫尤其是風俗畫，來解析這些鮮明的人物形象。

場景二十五　端午節宮宴

端午佳節，大內尤為熱鬧，宮女內侍們也穿上節日盛裝，忙著陳設端午時令器物，以應景、驅邪、祈福。

宮女皆身著黛青色描金花草紋圓領窄袖袍，兩側開衩，綴珍珠裝飾，內襯交領朱衣朱裳，腰束紅鞓金銙帶，穿素羅弓鞋。兩鬢、眉間貼珍珠，戴珍珠耳墜。頭戴「一年景」簪花幞頭，額首綴珠翠團花，花垂珠絡，幞頭上則插滿絹製的桃花、牡丹、菊花、山茶等四季花朵。內侍們皆服皂色圓領袍，襯交領中單，著素色下裳，腰束紅鞓金銙帶，穿烏皮靴，戴垂腳幞頭。

位於遠處金明池的競技龍舟呼喊聲此起彼伏，一場端午盛宴即將拉開帷幕。

▲ 宋，佚名繪《宋仁宗后坐像》局部

一、宮女的盛裝

1. 宮女的「一年景」

《宋仁宗后坐像》中的兩位侍女頭戴的簪花幞頭也有個雅致的名稱，叫「一年景」，即把一年四季的花卉合在一起嵌在幞頭上。除用鮮花裝飾以外，通常還會搭配各種絹花、羅花。

宋朝「一年景」既包含植物圖案，又會穿插人物、香串、繡球等圖案，是宋人美學創造力與浪漫主義情懷的體現。

▲「一年景」花冠　宋，佚名繪《宋仁宗后坐像》局部

（1）「一年景」的應用。

「一年景」是一種裝飾形式與概念，不僅可以用在服飾、帽冠上，而且可以用在器物、飾品甚至化妝品上。南宋黃昇墓出土的服飾中，大量的衣緣裝飾圖案均為「一年景」，墓中漆奩內有二十塊粉餅，有圓形、四邊形、六邊形，分別印有水仙、牡丹、菊花、梅花、蘭花等四季花卉圖案。此外，常州博物館藏南宋朱漆戧金奩的奩身上為「一年景」折枝花卉圖案。

▲ 南宋黃昇墓出土粉餅上的圖案

▲ 南宋朱漆戧金蓮瓣式人物花卉紋奩

（2）「一年景」真的不吉利嗎？

在「一年景」流行的一年後，靖康之變發生，因此它被視為不吉利的「靖康節物」，象徵著只有一年的好光景。

陸游的《老學庵筆記》載：「靖康初年，京師織帛及婦人首飾衣服，皆備四時，如節物則春幡球、競渡、艾虎、雲月之類，花則桃、杏、荷花、菊花、梅花，皆並為一景，謂之『一年景』，而靖康紀元，果止一年。蓋服妖也。」其實，所謂「服妖」，不過是變亂之後的一種毫無依據的「甩鍋」，通常將變亂歸咎於原本無關的事物上。除了「一年景」，「錯到底」的女鞋款式、「不徹頭」的竹骨扇，都是這樣的「背鍋俠」。

2. 宮女的袍服

宋朝宮廷侍女所穿的袍服，是從男子袍服演變而來的，稱為「女著男裝」樣式。《宋仁宗后坐像》中的兩位侍女均身穿窄袖圓領袍，兩側開衩，腰束紅鞓金銙帶，腳穿素羅弓鞋，頭戴簪花幞頭，左邊的侍女手拿銷金紅羅披帛，右邊的侍女手端唾盂。袍服內襯的紅色衣裝的形制難以辨清是「上衣下裳」的分裁還是上下一體的「連裳」。

這樣的服飾妝扮應為侍女在重大節日場合穿著的盛裝，雖然身為侍女，但其服飾的裝飾華麗精緻，幞頭上鮮花與珍珠輝映，袍服上滿布描金花草圖案，緣邊均綴滿珍珠，紅色襯服的衣領上也是描金與珍珠裝飾，下裙的裙褶上也綴滿珍珠，就連弓鞋看起來也是用了珠翠點綴。華冠麗服，璀璨奪目，滿滿都是皇室的排面。

▲ 身穿袍服、頭戴「一年景」花冠的宮女　宋，佚名繪《宋仁宗后坐像》局部

二、宮中職役的服飾

《女孝經圖》中的隨從頭戴垂腳幞頭、身穿深灰色窄袖圓領缺胯袍，兩側開衩，腰束紅鞓金銙帶，腳穿烏皮靴，這只是宮中職役的一種裝扮。宮中職役類別多樣，也有等級之分，下文透過圖像資料整理了不同職役的服飾形象。

1. 儀衛

儀衛是皇家出行時隨駕的儀仗與衛士，負責安保工作，顯示威儀。宋朝佚名的《迎鑾圖》中的儀衛形象為：頭戴皂色無腳幞頭，或方頂，或丫頂；所穿服飾款式一致，均為缺胯窄袖圓領袍，但有的為深灰色，有的為紅色帶彩色纈染圖案，腰束銙帶，內襯白色中單，穿白褲、練鞋，手中皆執球杖。類似的儀衛形象在《鹵簿玉輅圖》中也能看到，《女孝經圖》中也有戴垂腳幞頭的儀衛形象，《景德四圖》中有戴直腳幞頭的儀衛形象。此外，在南宋陳居中的《文姬歸漢圖》中，有身穿紫色圓領袍、頭戴無腳幞頭的儀衛形象，且袍服接縫以及幞頭均用球路紋織錦裝飾。

2. 輦官

輦官是宮中負責引輦、抬輦的職役。《迎鑾圖》中出現了「肩擎輦官」的形象：頭戴黑色籠巾，穿青灰色缺胯袍，腰束黑鞓帶，內襯白褲。《宋史・儀衛二》記載：「肩擎輦官四十八人，幞頭、緋羅單衫、金塗海捷腰帶、紫羅表夾三襜、緋羅看帶。」由此看出肩擎輦官的服飾在不同時期應該也有不同的規定。

① 儀衛　宋，佚名繪《迎鑾圖》局部
② 儀衛　宋，陳居中繪《文姬歸漢圖》局部
③ 輦官　宋，佚名繪《迎鑾圖》局部

3. 執事人

執事人是在大禮上負責禮器遞送的人員。《鹵簿玉輅圖》描繪了皇帝出行的儀仗隊，從中我們可以看到執事人的形象：頭戴皂色籠巾，穿紅色纈染窄袖袍，外搭青色圓領缺胯袍，且用襻膊將衣袖綁於背後以方便活動。內襯的紅色袍服從上文儀衛的形象中可以看到全貌。

▲ 執事人將衣袖用襻膊收在背後
宋，佚名繪《鹵簿玉輅圖》局部

4. 教頭

教頭是宋朝軍隊中教授武藝的教官。在宋朝的儀衛中，教官戴幞頭加紅繡抹額。在《鹵簿玉輅圖》中，可以看到教官形象：身穿褐色公服，束革帶，頭戴直腳幞頭配紅抹額。還有四位頭戴紅色抹額的「弓箭手」，背著弓箭騎馬而行。

①② 教頭形象　宋，佚名繪《鹵簿玉輅圖》局部

5. 內侍

宋朝的宦官不稱太監，總稱為內侍、內臣、宦者、中官。宋人不稱他們為「公公」，一般稱呼他們的官職。宮外人尊稱宦官為「中貴人」。高等宦官要尊稱「大官」，中等宦官可以稱呼為「閣長」。

在山西太原晉祠聖母殿的彩塑之中，我們可以看到內侍的形象：頭戴方頂無腳幞頭，身穿窄袖或廣袖圓領袍，腰間束帶，下穿褲、靴，叉手或袖手站立。

①② 內侍形象　太原晉祠聖母殿彩塑

內侍的穿搭展示

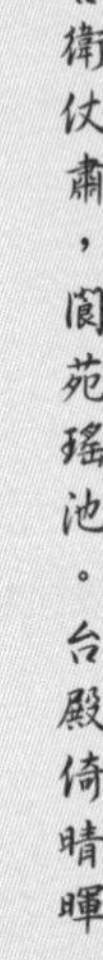

——宋，曹勳《十六賢．閒暇》

江城子的今日穿搭：

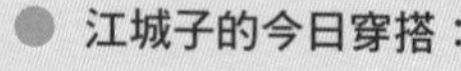

鴉青窄袖圓領開胯袍＋紅鞓成金銙帶＋皂靴

髮型配飾：

丫頂幞頭

◀內侍的職業穿搭

6. 樂工

宋人吳自牧在《夢粱錄》之中記載，「擊鼓人皆結寬袖，別套黃窄袖」。孟元老《東京夢華錄》記載：「宮架前立兩竿，樂工皆裹介幘（ㄗㄜˊ）籠巾，著緋寬衫，勒帛。」這樣的樂工形象在《女孝經圖》中可以看到，樂工們頭戴漆紗籠巾，內穿黃色窄袖袍衫，外穿紅色寬袖袍衫，大部分樂工會將寬大的衣袖束結起來，腰束白色勒帛。

▲ 樂工　宋，佚名繪《女孝經圖》摹本局部

作為皇室人員的服務者以及皇室活動的參與者，不同的宮職人員在不同活動場合的裝束應該不能一概而論。上文僅擷取部分宋朝畫作及文獻中的隻言片語，管窺不同宮職人員的形象面貌。

小知識　男生穿圓領袍，該怎麼選擇與搭配？

一是可以敞開當作長風衣穿著，裡面搭配襯衫、褲子、鞋子；二是可以束腰穿著，搭配銙帶或者現代風格的腰帶。如果頭繫髮帶，袖口用護腕束起，換上一雙運動鞋，又可以化身「運動少年」。

場景二十六　梧桐深院鎖清秋

夏末秋初，梧桐深院，張娘子與劉娘子忙著裁製新衣。侍女阿奴叉手而立，身著褐底綠斑纈染圓領袍，窄袖修身，兩側開衩，襯著素色下裳，腰繫鵝黃色花草紋腹圍，以革帶束之。頭梳丫鬟，簪綴珠花鈿，神情自若，淺笑淡然。

▲ 宋，劉松年繪《宮女圖》局部

一、侍女的日常著裝

1. 圓領袍

《宮女圖》之中右側的侍女，身穿褐色圓領缺胯袍，袍上有綠色纈染圖案，腰上束紮淡黃色腹圍，用勒帛繫紮。侍女的髮型為典型的「丫鬟」髮式，以紅絲線、綴珠首飾裝飾，耳朵上戴藍色耳飾。跟《宋仁宗后坐像》中的侍女服飾相比，這樣的服飾裝扮應該為侍女比較日常的「職業裝」。

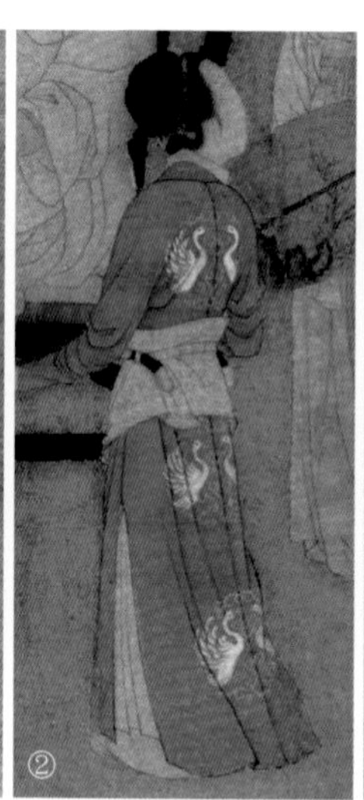

① 侍女形象　宋，佚名繪《飲茶圖》局部
② 侍女形象　五代，顧閎中繪《韓熙載夜宴圖》局部
③ 侍女多用腹圍、勒帛束腰，以方便活動　宋，佚名繪《萬花春睡圖》局部

2. 腰上那抹鵝黃

從《宮女圖》中的侍女形象可以看出，腰間常束紮腹圍，男女通用，常為鵝黃色，所以也稱「腰上黃」。從宋朝的人物畫中可以看出，腹圍多為宮廷侍女或其他從事體力勞動的女子使用。從劉松年另外一幅《宮女圖》可以看出，侍女的腹圍上還有印花或刺繡的花草圖案，以革帶束紮。

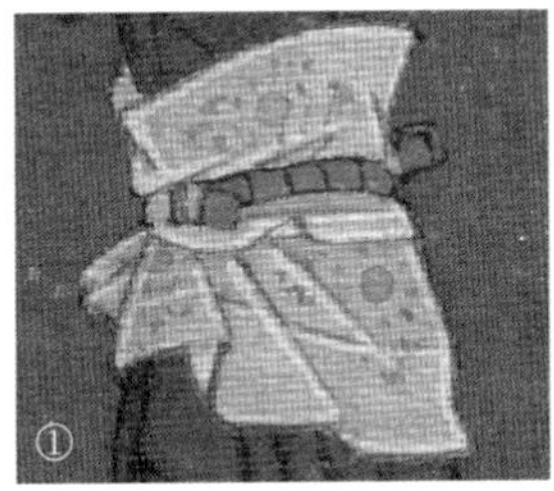
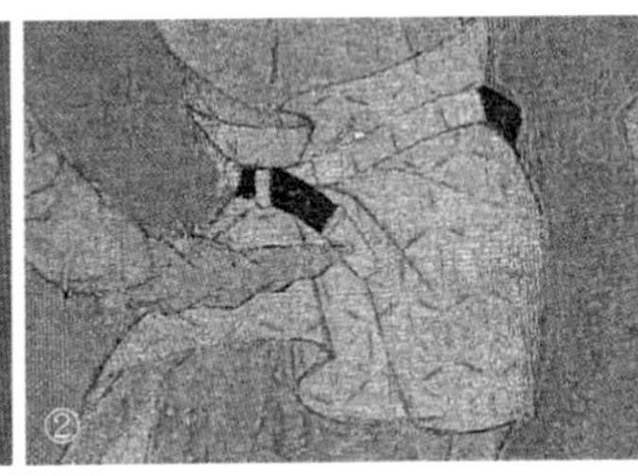

① 侍女的腹圍及銙帶　宋，劉松年繪《宮女圖》局部
② 侍女的腹圍及銙帶　五代，顧閎中繪《韓熙載夜宴圖》局部
③ 侍女的腹圍及銙帶　宋，佚名繪《飲茶圖》局部

3. 其他宮女形象

在太原晉祠聖母殿的彩塑中，宮女形象寫實逼真，根據著裝大概有三類。一類是頭戴方頂無腳幞頭，身穿廣袖圓領袍，袍服前襟塞在腰帶裡，以方便活動；一類亦頭戴方頂無腳幞頭，身穿圓領短衫，衫的下擺從中間開衩，下穿裙，腰間束帶；還有一類是身穿交領襦裙、肩披披帛，頭梳高髻或戴髮冠或包髻的宮女形象；此外，還有少數身穿褙子、長裙的宮女，推測是管理階層的女官。

① 穿廣袖圓領袍的宮女
② 穿窄袖圓領短衫的宮女
③ 穿交領襦裙、戴蓮花冠的宮女
④ 穿褙子的女官（①～④均為太原晉祠聖母殿彩塑）

侍女圓領袍的穿搭展示

細馬遠馱雙侍女，青巾玉帶紅靴。

——宋蘇軾《臨江仙・以為異人》

◀ 侍女的職業穿搭

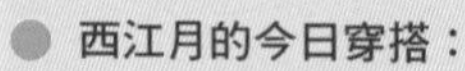

西江月的今日穿搭：

月白色中單+駝褐色纈染窄袖圓領袍+鵝黃色腹圍+雲紋錦緞平頭鞋

髮型配飾：

丫髻+綴珠鎏金鈿釵+泥金絳羅髮帶

二、侍女的髮型

侍女的髮式較為簡單，且辨識度較高，主要有丫鬟、丫髻和螺髻。

1. 丫鬟

「丫鬟」一詞在古代是指婢女，同時也是女子的一種髮式。丫鬟是把頭髮分成兩部分，辮梳成圓環狀，左右對稱。因年輕婢女多梳此種髮式，故稱為「丫鬟」。其與丫髻的形制類似，不同之處在於，丫髻梳成的髮髻為實心髮髻，而丫鬟為空心環狀。

2. 丫髻

丫髻也稱為「丫頭」。在宋朝，丫髻大多是未成年或成年但未婚嫁的女子，以及宮廷侍女、丫鬟婢女的髮式。所梳的髮型，以雙丫髻和三丫髻較為常見，其形象如《盥手觀花圖》中一旁服侍的侍女髮式。

3. 螺髻

螺髻因髮髻似螺殼狀而命名為螺髻，源於初唐，到宋朝仍有此髮式。在相關的畫作中，可以看到雙螺髻、雙垂螺髻兩種樣式，且多用於宮廷侍女、丫鬟婢女或未及笄的少女，《觀燈圖》中一侍女梳即雙垂螺髻。

① 丫鬟　宋，劉松年繪《宮女圖》局部
② 丫髻　宋，佚名繪《盥手觀花圖》局部
③ 雙垂螺髻　宋，李嵩繪《觀燈圖》局部

小知識　女生穿圓領袍，怎麼搭配才好看？

圓領袍穿起來比較方便，類似現代的長風衣，可以敞開衣襟穿著，也可以搭配腰帶，下面配褲子、靴子，再紮上高馬尾，這樣就能成為街上最颯的女子。

場景二十七　宮廷樂舞彩排中

今晚官家宴請眾后妃娘娘，安排了樂舞表演。宴飲重要場合容不得差錯，樂舞隊正在緊張排練中。

樂舞隊共有女伎九名，身穿印金絳羅褙子，內著抹胸、褶裙，頭頂高髻，戴松塔簪，根部繞以紅繩。女舞童兩位，一位穿綠色圓領窄袖袍衫，兩邊開高衩，前裾短、後裾長，內著紅色中單，束白裙。一位身著右衽交領袍衫，腰圍紅色描花巾帛，束及地白裙。老樂師頭戴交腳幞頭，身著褐色圓領窄袖開胯袍，束腰帶，袍側開衩，內著中單及釣墩。他們或手持樂器，或手舞足蹈，各司其職，儼然已準備就緒。

▲ 宋，佚名繪《歌樂圖》局部

一、《歌樂圖》服飾解析

1. 樂伎服飾

《歌樂圖》中的九位女伎亦可稱之為女樂師，她們身著同款印金紅色褙子，衣長及地，內著抹胸及百褶裙，腰上繫腹圍，頭頂高髻，手持各種不同的樂器，神情各異。

女樂師們的髮飾很特別，高髻似用松塔簪綴以珍珠，根部繞以紅繩。髮際線呈現「方額狀」，應該是崇寧年間（1102－1106）流行的「大髻方額」。

▶ 樂伎的服飾和髮型與髮飾
宋，佚名繪《歌樂圖》局部

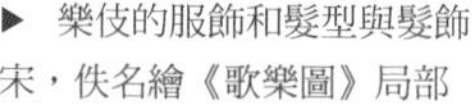

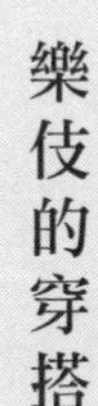

樂伎的穿搭展示

侍女新傳教坊曲，歸來偷賞上林花。

——宋，梅堯臣《送刁景純學士使北》

◀ 樂伎的演出穿搭

西江月的今日穿搭：

白絹抹胸+纈紗褶裙+印金絳羅褙子

髮型配飾：

高髻+松塔簪+紅絲繒髮帶

2. 舞童服飾

《歌樂圖》中兩位年幼的舞童均頭戴簪花直腳幞頭，其服制特別，推測應為樂舞專用的表演服飾。右邊舞者身著團領袍衫，窄袖、兩邊開高衩，前裾短、後裾長，內著紅色中單，衣長在膝蓋以上，繫紅色描金勒帛。左邊舞者身著土綠色右衽交領袍衫，兩側開衩，腰束紅色描金腹圍。

3. 樂師服飾

《歌樂圖》中老樂師頭戴局腳幞頭，身著褐色圓領窄袖開胯袍衫，配束腰帶，袍側開衩，內著白色中單，腰束黑革帶。舞童的簪花幞頭、男樂師的局腳幞頭都是宮廷樂舞常見的首服，女樂師的高髻也應該是配合角色形象進行表演的裝扮。

① 舞童服飾　宋，佚名繪《歌樂圖》局部
② 樂師服飾　宋，佚名繪《歌樂圖》局部

二、宮廷樂舞服飾的特徵

宋朝的宮廷樂舞有不同的職能，對應不同的服飾裝扮。從《歌樂圖》以及宋朝樂舞主題壁畫，我們可以總結出宋朝宮廷樂舞服飾的特徵。

1. 色彩濃麗，鮮豔奪目

《宋史》、《東京夢華錄》等史料在描述樂舞服飾時，常見「五色繡羅寬袍」、「緋綠紫色青生色花衫」、「鴉霞之服」、「紅黃生色銷金錦繡之衣」等詞句，可以看出樂舞服飾多用紅、黃、紫、綠、青等鮮豔的顏色。

▲　河北宣化遼墓壁畫《散樂圖》中遼人樂部仍著北宋幞頭及圓領袍

2. 質料昂貴，做工精細

雖然身為樂舞，但宮廷樂舞的觀眾是皇室貴族。樂舞的服飾質料講究，多用羅製作。此外還用到刺繡、銷金等裝飾工藝，做工精細。《武林舊事》用「首飾衣裝，相矜侈靡，珠翠錦綺，眩耀華麗」來描述宋朝的舞蹈服飾，其精緻程度可見一斑。

▲　樂伎形象　山西開化寺壁畫局部

3. 頭飾華麗，配飾講究

「玉兔冠」、「花冠」、「仙人髻」、「雲環髻」、「高金冠」……從相關史料記載的樂舞冠飾和髮型的名目中可看出，樂舞的髮型和冠飾不僅要貼合角色，且在造型、製作上也極考究。

三、私家樂舞團

宋朝有條件的王公顯貴會擁有私家樂舞團，從一些宋墓壁畫中，可管窺宋朝私家樂舞的概貌。這些樂舞的服飾裝扮與宮廷樂舞相比或許略遜一籌，但整體精緻考究，男子多穿圓領袍，束革帶，戴牛耳或局腳幞頭，女子多戴團冠、花冠，穿褙子長裙。在山西省陽泉市平定縣城關鎮姜家溝村北宋墓出土壁畫《伎樂圖》中，可以看到窄袖衫外搭配半袖褙子的女子，有三位女子頭戴一種樣式特別的「垂肩冠」，還有一對身穿綠色衫子、白色褲子的舞童。

▲《伎樂圖》　山西平定縣城關鎮姜家溝村北宋墓出土壁畫

小知識　想穿漢服跳舞，該怎麼選擇？

可以先根據舞蹈的種類與風格，選擇合適的朝代。然後選擇合適的裙長，裙長過長容易踩到裙邊，如果舞蹈動作幅度過大，比如有連續的旋轉、高抬腿這樣的動作，記得一定要穿襯褲。在袖型上，如果沒有特別要求，建議選窄袖，大袖袖型寬闊，容易「吃」動作。此外，儘量選較大的裙擺，這樣在做旋轉等動作時，裙擺更加靈動飄逸。

場景二十八　南瓦子「對口相聲」直播

自官家下詔解除宵禁，橋道坊巷，瓦舍勾欄，商販雲集，交曉不絕。

這會兒，南瓦子正上演熱門雜劇《打花鼓》。左邊這位是慢星子（《武林舊事》記載的雜劇女藝人名）扮演的副淨色，此人頭戴諢裹，身穿皂緣對襟窄袖衫，外斜罩一件男式長衫，腰間繫白藍相間腹圍，內束抹胸，下穿白褲，腿部綁鈞墩，腳穿弓鞋，戴耳環。右邊這位是王雙蓮（《武林舊事》記載的雜劇女藝人名）扮演作為市井小民的副末色，此人戴簪花羅帽，也穿衫、褲、弓鞋，腰間束白底藍花腹圍。

兩人互行萬福禮寒暄之後，一齣讓人忍俊不禁的精彩劇碼即將上演。

▲ 宋，佚名繪《雜劇〈打花鼓〉》局部

宋朝的雜劇是由滑稽表演、歌舞以及雜戲所組合而成的一種綜合性戲曲。北宋時盛行於東京（今河南開封），南宋時臨安（今浙江杭州）也很流行。後來，北方的雜劇逐漸發展為元雜劇，南方的雜劇逐漸發展為宋元南戲。

《打花鼓》中的兩個角色分別是左側的副淨色，扮演裝呆賣傻的角色，特點是有假裝憨愚的滑稽感。右側是副末色，所扮演的應為城市中市井小民的身分，服飾裝扮與副淨色相近，是宋朝典型的日常裝扮，故不贅述。下文重點講述兩件雜劇演員常用的特別配飾：諢裹和鈞墩。

「副末色」的穿搭展示

一場雜劇也好笑，來時無物去時空。

——宋，吳潛《謝世頌三首‧其一》

◀雜劇藝人的演出穿搭
參考《雜劇〈打花鼓〉》繪製

● **西江月的今日穿搭：**

牙白紵麻抹胸+紅緣邊窄袖對襟衫+月白色腹圍+印金褐色羅裹肚+月白絹褌+紅色弓鞋

● **髮型配飾：**

簪花羅帽+琉璃耳墜+弦紋金鐲

一、藝人的「傻帽」——諢裹

諢裹一般是宋朝雜劇藝人常戴的首服，是將巾子變形、誇張，束紮成不規範的、滑稽的形狀。在現存宋朝圖像中，除了《雜劇〈打花鼓〉》中副淨色頭戴諢裹之外，另有河南偃師出土的宋朝丁都賽磚雕形象將頭巾偏向頭右側裹紮，露出一角。《雜劇〈賣眼藥〉》中「諢」角頭巾朝天束紮，上紮麻繩。

從這些圖像可以看出，諢裹由於其裹法的不同從而形成各式各樣的頭巾，使雜劇人物形象更加滑稽搞笑。此外，雜劇演員的服飾打扮根據所扮演角色的不同，呈現多樣化。

① 戴諢裹的藝人　宋，佚名繪《雜劇〈打花鼓〉》局部
② 戴諢裹與簪花的雜劇藝人　丁都賽磚雕局部
③ 戴諢裹的藝人　宋，佚名繪《雜劇〈賣眼藥〉》局部

釣墩

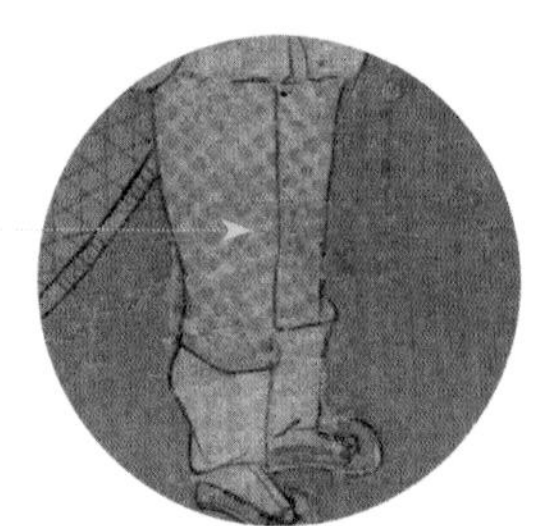

二、來自異國的「漁網襪」——釣墩

副淨色膝下套有網狀長筒襪，此物稱為「釣墩」，來自契丹、女真風俗。宋朝有正式法令禁止上層婦女平時穿用，但是演員的戲裝則不受限制，可以按劇中人物身分穿戴。

關於釣墩的具體式樣，在《中國衣冠服飾大辭典》中已有文獻整理：「婦女的一種脛衣，形似襪袎，無腰無襠，左右各一。著時緊束於脛，上達於膝，下及於踝。初用於契丹族婦女，北宋時期傳至中原。」

從現存的宋朝圖像資料來看，如丁都賽雜劇磚雕中，人物形象作男子裝束，幞頭諢裹簪花枝，身著圓領小袖開衩衫，腰繫帛帶，下穿釣墩襪褲，著筒靴，雙手合抱胸前作揖狀。而且與《打花鼓》中副淨色如出一轍，都是下身著釣墩，可見釣墩在雜劇中已相當流行。

小知識　如何看待漢服中的「胡服」元素？

早在魏晉南北朝民族大融合時期，「漢服」就已經融入了諸多「胡服」元素，到了唐朝，隨著中原與西域經濟文化往來日盛，胡服日漸流行。在服飾款式、特徵上，胡服和漢服歷來都有互相參考改進的地方，這也是民族融合、文化交流的體現。

場景二十九　為誰耕織忙

晨光熹微，機杼札札，姑嫂們已忙著織布。有的著衫、褲，有的著交領襦裙，裙掩衣而穿，有的頭戴蓋頭，髮髻多以布帛束紮。這位在織機前側身而立的娘子還在衫子外面罩了件背心，腰間束帶，尤為俐落。素布麻衣，雖無華彩，卻也簡樸大方。

遠處的稻田裡，男子們在忙著插秧。他們多赤腳赤膊，穿短褐、背襠、褌褲，以小巾束髮。埋頭耕耘，汗流浹背，忽已日上三竿而不知。願風調雨順，穰穰滿家，方不負耕耘之苦。

▲ 宋，佚名繪《耕織圖》局部

一、農婦服飾特徵

1. 短窄合體，便身利事

現存的宋朝圖像中，有不少農婦的形象，整體樸素無華，衣服的裁剪相對短窄，上衣衣長短到腰臀，長至膝蓋上下，袖口多緊縮。下裙出現了較短或僅能合圍一圈的樣式，一方面節約面料，比較經濟，另一方面合體輕便，方便家務勞作。

①② 農婦的穿著　元，程棨摹宋朝樓璹《耕織圖》局部

2. 裙掩衣衫，俐落便捷

南宋佚名《蠶織圖》中，可以看到將衫掩入下裙內的婦女形象，李嵩所繪小品畫《市擔嬰戲圖》中也可見到同樣裝束的村婦。此外，還有將裙擺塞進腰帶、腰間束勒帛的農婦裝扮。可見為了方便勞作，底層婦女常將衣衫掩入裙腰之中或用勒帛束紮，勞動起來便捷俐落。

▶ 裙掩衣的農婦　元，程棨摹宋朝樓璹《耕織圖》局部

3. 襠褲合圍，經濟美觀

勞動婦女的穿著中也常見衫與合圍掩裙、襠褲的搭配方式。合圍掩裙流行於勞動階層，常穿在襠褲外以遮擋褲襠部位。合圍掩裙長短不一，合圍的方向也因人而異，向中間或向身側合圍均可，經濟美觀，深受勞動女子喜歡，後來也被上層社會女子穿用，成為一股「自下而上」流行起來的時尚。

南宋佚名《蠶織圖》的「下機、入箱」場景中，也可以看到上穿衫、下穿襠褲，以及合圍掩裙、下穿褲的婦女形象。南宋佚名《耕織圖》中可以看到身著窄袖短衫、外穿背心、下著襠褲、外罩合圍掩裙的勞動婦女形象。

在李嵩的《貨郎圖》中，我們可以看到身穿襠褲的村婦，而且其襠褲褲腳側縫處綴有一根帶子，應該是為了防止褲腿側縫處的襉褶散開，也體現出勞動階層女子服飾對「便身利事」的需求。

① 身穿短衫、褲、圍裙的農婦　宋，梁楷繪《蠶織圖》局部
② 身穿衫褲、紅色腹圍、合圍的勞動婦女　元，程棨摹宋朝樓璹《耕織圖》局部

4. 葛麻印花，質樸素雅

在服飾的面料上，勞動階層婦女常用相對廉價的葛、麻等，少有精緻的裝飾，多為純色。在《女孝經圖》中出現了身穿印花布裙的婦女形象。

宋朝還流行一種藍色印花布，叫「藥斑布」，明朝稱為「澆花布」。用天然植物藍草的液汁，經浸泡沉澱纈染而成，是江南一帶的傳統纈染工藝品。在宋朝，五彩夾纈、絞纈被禁止在民間製造，於是藍白兩色的夾纈、蠟纈等製品在民間流行，其吉祥的圖案滿足了百姓對美的追求。但在當時，藥斑布仍然是珍貴的印花布料，只有富農家庭才用得起。

▲ 身穿印花布裙的女子　宋，佚名繪《女孝經圖》局部

5. 平頭布鞋，便於耕織

由於從事耕織勞作的需要，勞動階層的婦女不裹腳，多穿平頭、圓頭布鞋或草鞋。

農婦的穿搭展示

青裙田舍婦，饁餉前村去。

——宋，黃機《菩薩蠻·次杜叔高韻》

◀農婦的樸素穿搭（一）

西江月的今日穿搭：

秋香綠葛麻抹胸+月白絁衫+棕紅色裹肚+白絁褌+鴉青百褶合圍+平頭布鞋

髮型配飾：

高髻+檀色苧麻頭巾

——宋，陸游《浣花女》

◀ 農婦的樸素穿搭（二）

西江月的今日穿搭：

秋香綠絁衫+靛青葛麻纈染裙+平頭布鞋+檀色裙帶

髮型配飾：

檀色苧麻蓋頭

二、農夫服飾特徵

1. 斗笠巾帕，經濟實用

根據身分、時節和場合的不一，宋朝平民的首服主要有斗笠、巾帕、幞頭等。斗笠為一種敞簷之帽，帽檐有窄有寬，常以藤竹編織而成。斗笠不僅可以用來遮陽蔽熱，而且可以擋風避雨，所以不管是忙於耕作的農夫，還是寒江獨釣的漁夫，抑或是出行趕路的文人商販均常佩戴斗笠。

此外，在《護法天王圖》、《清明上河圖》中還有頭戴笠帽的男子形象。笠帽是在斗笠邊緣加較短的布條，也是外出時用來遮陽擋雨的首服。

庶民只可束巾而不可戴冠，除了繫紮軟裹的頭巾之外，也可以戴有固定造型的硬裝巾子。幞頭的樣式多，不管什麼身分、階層皆可佩戴。平民男子多戴直腳幞頭，且兩腳較短小。南宋《迎鑾圖》中可見戴軟裝巾、直腳幞頭的平民男子形象。

① 戴笠帽的男子　宋，佚名繪《護法天王圖》局部
② 戴笠帽的男子　宋，張擇端繪《清明上河圖》局部
③ 頭戴巾帽、穿衫褲的農夫形象　宋，佚名繪《迎鑾圖》局部

2. 衣褲短窄，便於勞作

農夫的上衣大致上有短衫、背襠、短褐等，衣褲均短窄，便於勞作。短衫一般長不過膝，背襠是無袖的上衣，短褐是指用粗布做成的短上衣，為體力勞動者勞動時所穿。

下裝主要有長褲以及三角形的犢鼻褌。褲子有長短以及合襠、開襠之分。犢鼻褌一般認為是穿在內層的褻衣，但平民百姓在勞作、農忙之時大多將其直接穿在外。

▲ 身穿短衫、褲的農夫
元，程棨摹宋朝樓璹《耕織圖》局部

① 身穿短褐、紮起褲腿的農夫　元，程棨摹宋朝樓璹《耕織圖》局部
② 身穿背襠、褌褲的男子　宋，劉履中繪《田畯醉歸圖》局部

3. 蒲鞋麻鞋，輕便俐落

農夫的鞋子主要有芒鞋、蒲鞋、麻鞋等，多為平頭、圓頭樣式。

▶ 穿蒲鞋的農夫
宋，劉履中繪《田畯醉歸圖》局部

三、平民服飾特徵

1. 面料質樸

平民服飾受其經濟條件限制，面料多用廉價易得的葛、麻、絹、絁（ㄕ）、粗裘、毛氈等。

（1）葛。

葛布是用葛的莖皮經過加工織成的布，是一種古老的紡織物，可以用來製作衣服、頭巾。

葛衣、葛巾多為平民男子穿用。由於葛布質輕、透氣、吸濕，所以也是士大夫們夏季衣物常用的質料。陸游的《村東晚眺》就有「藤杖穿雲秋望處，葛衣沾露夜歸時」的詩句。

（2）麻。

我們常說的「布」，往往指的就是麻布，也是平民服飾常用的衣料。兩宋時期，棉布仍然是專供官宦貴族的奢侈品，在平民階層尚未能夠普及。

（3）絹。

絹是一種絲織品，但與其他昂貴的絲織品相比，絹的生產工藝較簡單，產量較高，是一種價格低廉的絲織品，因此也成為平民服飾的用料之一。絹質地細密堅韌，輕薄挺括，可以用來製作衣服、巾帽、鞋子。

（4）絁。

絁是一種厚實而粗糙的絲織品，是最為低廉的絲綢織品，因此成為平民常用的服飾面料。

（5）粗裘。

粗裘是豬、牛、羊、犬的皮毛，皮質粗劣，價格低廉，往往是平民所穿皮裘的原料。

（6）毛氈。

毛氈是宋朝平民製作冬衣常用的面料，據《參天台五台山記》載：「通事毛衣、毛頭巾、手袋、毛襪等，直錢五貫，與了。」、「五貫」是多少錢呢？北宋的一文錢大約相當於新台幣0.9元，一貫錢是一千文錢， 五貫錢折合新台幣1500元左右。看來這毛氈衣服也是價格不菲，想必是富農商販等家庭才穿用得起。

（7）綿。

綿衣是在夾衣中填充絲綿用以保暖的冬衣，綿的價格比裘皮、毛氈便宜，是宋朝底層平民製作冬季服飾的最主要材料。兩宋時棉紡織業尚未普及，綿衣所用綿絮並非棉花纖維，而是蠶絲結成的纖維，為絲綿。綿衣的面料可以用麻、綃、絞、綺、緞等，所用面料不同，綿衣的品質、價格及保暖效果也有不同。

（8）樹皮。

製作紙衣、紙被的原料是楮樹樹皮，經過浸泡軟化、搗爛，再用木錘錘實，曬乾之後就成為塊狀的布匹，也叫「樹皮布」。這種布的擋風特性尚可，保暖性能一般。「紙衣」這種聽起來就透著貧寒的服飾，是收入微薄的貧苦百姓不得不選擇的冬衣。

2. 色彩淺淡

平民男子的服飾以純色為主，顏色多為葛麻面料的本色或者白色、灰色。白衣、白褲是平民常穿的服飾，此外，紅、黃兩色被認為是貴色，平民男子被禁止穿用。平民婦女的服飾多以青、白、褐色為多，上了年紀的婦女也喜歡穿紫紅色的襦。

3. 紋飾簡單

宋朝頒布了很多關於服飾的禁令。對於平民服飾，多規定不能穿什麼，以防止僭越。比如在服飾的紋飾上，一度禁止平民穿用「纈衣」，即印花服飾，禁止平民服飾用銷金、泥金、珍珠裝飾，也禁止穿用帶有織繡紋樣的服飾。在各種禁令以及經濟條件的制約下，平民服飾多樸素無華。南宋年間，關於「纈衣」的禁令開始寬鬆，印花布才開始在民間流行。

綜上所述，平民所穿著的首服、上衣或是褲裝、足服，皆以便捷實用為前提，衣飾樸實無華，服色大多為衣料的本色或是不同深淺的灰色。但需要説明的是，不管是農夫農婦，還是雜劇藝人、廚娘、貨郎等其他職業的人，都不是只有一種裝束，他們既有勞作時的便裝，又有在較正式場合穿著的「盛裝」，比如巾帽袍衫、褙子襦裙等。

▲ 平民的服飾　宋，佚名繪《迎鑾圖》局部

小知識　夏季漢服選什麼面料比較涼快？

比較平價的夏季漢服面料可以選棉、麻，自然樸素，親膚透氣，但容易起皺；雪紡清透飄逸，也更易清洗打理；天絲面料柔軟垂墜，性價比較高；醋酸面料觸感柔滑舒適，垂墜性好，價格相對較高；真絲親膚飄逸，但價高且不易打理。大家根據自己喜好與消費能力，選擇合適的面料即可。

場景三十　洗手作羹湯

這裡是一位官員的後廚，諸位廚娘正在為晚宴忙碌著。她們身量纖秀，面容姣好，高挽髮髻戴山口冠，服儀整齊。一人穿交領衫裙，其餘多穿衫子、抹胸。看那位主廚劉娘子，紅裙碧裳，容止循雅，賞心悅目。她上穿灰青色窄袖衫，緋色褶裙外又罩百褶合圍，腰繫朱紅絛帶。為保持服飾乾淨整潔，腰束青色圍裙。整裝，斫鱠，烹茶，滌器，她們各司其職，嫻熟幹練。

在宋朝，廚娘可謂是一個熱門的職業，不僅做得一手色香味俱全的精緻菜肴，而且容儀秀美，穿著體面俐落。廚娘的待遇也很高，除了基本工資，還有小費補貼，因此請廚娘上門做飯是一筆不小的支出，一般只有官宦貴族才請得起。

▲ 河南偃師酒流溝宋墓出土的磚刻拓片

一、廚娘的服飾特徵

從現存的宋朝磚雕、壁畫中的廚娘形象，可以總結出廚娘服飾裝扮的以下特徵：

1. 緊窄修身

從河南偃師酒流溝宋墓磚刻的廚娘形象，可以看出廚娘的衣著體面講究，其中三人穿窄袖對襟衫，衣長到膝蓋以上，纖瘦修身，內搭抹胸，下穿合圍、裙或褲，另外一人上穿交領衫，下穿合圍裙，腰間繫著圍裙，裙側懸掛著絛帶飾品。《烙餅圖》、《備宴圖》中的廚娘形象也較為類似，均穿短衫、抹胸、裙，服飾整體緊窄修身，便於活動。

▲ 《烙餅圖》河南登封高村宋墓壁畫

2. 襻膊圍裙

《暘谷漫錄》中記載了一個專為貴族製作菜羹的廚娘工作的畫面：「廚娘更圍襖圍裙，銀索攀膊，掉臂而入，據坐胡床。」

襻膊是用來綁住衣袖方便勞作的繩索。圍襖、圍裙用來防止衣服沾染油污，襻膊用來收縛衣袖，也是廚娘形象的特徵之一。

3. 高髻髮冠

《烙餅圖》、《備宴圖》中的廚娘均高挽髮髻，以簪釵、髮帶固定裝飾。河南偃師酒流溝宋墓磚刻的廚娘頭戴山口冠，又窄又高，形似現代的廚師帽。

因為商品經濟發展的緣故，讓宋朝產生了諸多以手藝謀生的「職業女性」，如伎樂人、雜劇人、針線人、拆洗人、廚娘等。雖然「廚娘最為下色」，但是憑藉精湛的廚藝，她們不僅可以自力更生，甚至成為富婆，還贏得了社會的尊重。所以廚娘的穿著打扮雖然不如官宦之家華麗精緻，但也體面俐落。

▲《備宴圖》　河南登封唐莊宋墓壁畫

▲　正在備宴的廚娘形象　陝西韓城新城區宋墓壁畫

▲　《備茶圖》　河南登封黑山溝村北宋李守貴墓壁畫

廚娘的穿搭展示

秀色可憐刀切玉，清香不斷鼎烹龍。

——宋，秦觀《次韻范純夫戲答李方叔饋筍兼簡鄧慎思》

● **西江月的今日穿搭：**

灰青窄袖衫＋纈染圍裙＋百褶合圍＋檀色襠褲＋弓鞋

● **髮型配飾：**

雲尖巧額＋山口白角冠＋紅絲繒髮帶

◀ 廚娘的職業穿搭

二、關於「圍襖」的推測

《暘谷漫錄》中記載「廚娘更圍襖圍裙」，透過河南偃師酒流溝宋墓磚雕，我們可以看到圍裙的樣子。那麼，「圍襖」應該是什麼樣子呢？

正當筆者疑惑的時候，在常州博物館舉辦的「南宋芳茂——周塘橋南宋墓出土文物特展」上一件首次面世的「特別衣服」吸引了我的注意。這件衣服兩袖基本完整，但衣身只有單面，在頸部、腰部各有一對繫帶，這和現代的長袖圍裙如出一轍，不禁讓我暗自推測：難道這件就是「圍襖」？

這件特別的衣服是絲綿的，和「襖」的定義相符。該墓中同時出土了酒器等宴席用具，墓主人生前應該是喜愛宴飲的，也有可能聘請專業廚娘來備宴。但是，墓中衣服一般都是墓主人的衣服，怎麼會有廚師服裝？難道主人生前喜歡親自下廚嗎？或者，有沒有一種可能，這件衣服也可以在主人寫字作畫、親事園藝的時候罩在外面，防止衣服弄髒呢？關於這件特別服飾的具體功能，暫無定論，筆者提出以上推測與各位讀者探討。

▲ 黃褐色絹絲綿襖（單面）　常州周塘橋南宋墓出土

小知識　穿漢服時，能騎共享單車嗎？怎樣更安全？

建議儘量不要穿漢服騎車，如果不得不騎，務必選擇合適的漢服，且注意安全。可以選擇窄袖短衫搭配宋制襠褲，簡便俐落，切記將較長的衣帶收好。如果穿裙子，建議大家搭配一條襯褲，騎行前，把裙子繫好。此時，安全第一，美麗第二。

場景三十一　早市上的鬥茶

晨光熹微，相國寺的市集早已熙熙攘攘。東門外，有幾位茶販佇立鬥茶，街坊行人爭相圍觀。諸男子均戴皂色巾幘，著交領短衫、白褲，腰間繫帶，腳穿布鞋或草鞋。他們注湯調膏，快速擊拂，舉杯品茗，一決高下。

▶ 宋，佚名繪《鬥漿圖》局部

一、茶葉商販的服飾

「鬥漿」即「鬥茶」，又稱「茗戰」或「點茶」，是指以競賽方式比較茶葉品質和品茶技藝高低的一種活動。南宋劉松年的《鬥漿圖》即描繪茶販們在售賣之餘，以鬥茶的方式交流茶湯。茶販們頭上以不同方式裹著皂巾，身穿白色或灰褐色衫，交領或圓領，窄袖，衣長在膝蓋以上，衣領鬆散敞開，腰間束勒帛、革帶，衣擺多紮在腰間，下穿白色束口長褲，腳踝裸露，穿線鞋、黑布鞋。

茶販腰間吊掛的傘狀器物為席囊，以竹子編製而成，用來盛裝茶葉，應該是茶販形象的標誌物。在蘇漢臣的《賣漿圖》中，也可以看到類似的茶販形象。

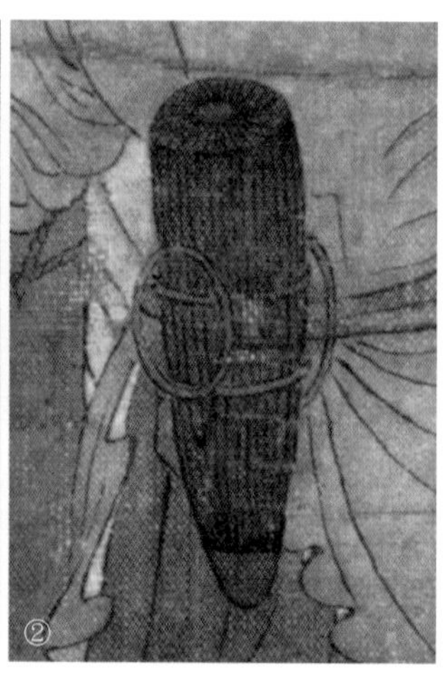

①② 茶販形象與席囊　宋，蘇漢臣繪《賣漿圖》局部

二、「點茶師」的服飾

在劉松年的《攆茶圖》中，我們可以看到兩位在進行點茶的男子，從其裝束來看，應該是專門為文人雅士服務的專業「點茶師」。兩人均頭戴皂色丫頂幞頭，穿淺青灰圓領短衫、麻色中衣、麻色長褲，一人腰間束著墨綠色勒帛，戴襻膊，穿麻色繫帶低幫鞋，一人穿腹圍束革帶，穿灰綠色鞋。一人碾茶，一人注湯點茶，風爐茶盞、茶筅甌碗，陳設井然。

▶ 侍茶者形象　宋，劉松年繪《攆茶圖》局部

小知識　展示茶藝時，穿什麼漢服比較合適？

首先，儘量選窄袖，如果選大袖，要多注意不要讓袖子刮蹭到茶具，或者用襻膊將衣袖束好。至於形制與顏色，根據喜好選擇即可。做「復原」風格的點茶展示時，建議選清雅的宋制漢服。

場景三十二　行走的雜貨鋪

熟悉的吆喝聲在村口響起，孩童們喜出望外，蜂擁而出，原來是那貨郎串村來了。貨郎將推車停到了老梅樹下，只見他身穿斜領交襟半袖衫，內搭交領窄袖衫，下穿白褲、皂靴，頭戴四腳幞頭，肩上、腰間、背後亦插掛著各色貨品，笑意盈盈地逗引著孩童們。孩童們圍著推車上的小風車、撥浪鼓、花籃、糖葫蘆、花燈籠等各種物品，或歡呼雀躍，或眼巴巴地觀望，喧鬧聲、歡笑聲在村口回蕩。

▶ 宋，蘇漢臣繪《貨郎圖》局部

貨郎也是宋朝風俗畫中表現較多的人物形象。這一時期，因為商人的地位有所提升，所以貨郎的身分也相應地發生變化，逐漸成為人們生活中不可缺少的一部分。他們或挑著，或用推車裝載著日用雜貨、美味零食、兒童玩具等各式各樣物品，走鄉串村，給偏僻的鄉村地區帶來了物品補給。

一、貨郎的服飾特徵

1. 束手束腳

蘇漢臣的《貨郎圖》呈現了一位貨郎推車停在梅花樹下，幾個孩童歡呼雀躍地在推車周圍玩耍的情景。貨郎內穿白色交領衫，袖口緊窄，衣長在膝蓋以上，外穿綠色半袖交領衫，腰間束帶，下穿白褲，腳穿皂靴，靴筒裡似還插有刀具。身上累累掛著、背著些葫蘆之類物件，面帶笑容，微彎著腰，一手扶握車柄，一手正向圍攏的兒童比畫著什麼。貨架子上琳琅滿目，吃的、穿的、玩的、用的應有盡有，如雉雞翎、撥浪鼓、手套、帽子、竹耙、笙等。

在其他幾幅《貨郎圖》中，貨郎的服飾裝扮也有共同的特徵：衣袖、褲腿多束紮、捲起來，以方便負重趕路。

2. 持撥浪鼓

撥浪鼓是貨郎行商的工具，在宋朝，它除了是孩童的玩具，也是貨郎專門的「聲替」，撥浪鼓有節奏的清亮響聲，可以有效地吸引人群前來光顧。此外，貨郎的幌子及其上的文字和圖案，一出現也能吸引大人與孩童的目光。

3. 形象滑稽

蘇漢臣《貨郎圖》中的貨郎頭戴印金紅色抹額、綠色頭巾，頭巾上有四條繫帶，兩條繫紮在前，兩條在後，帽子上還簪了一朵茉莉花。在李嵩的《貨郎圖》中，貨郎頭上簪插的物品五花八門，有翎毛、小旗子、小風車，以及宋朝立春日要簪戴的黑色燕子「彩勝」，這樣的形象滑稽逗樂，容易招引孩童。

▶ 貨郎頭上簪戴的黑色燕子，應是宋朝立春日要戴的「彩勝」　宋，李嵩繪《貨郎圖》局部

二、其他行業商販形象

根據孟元老《東京夢華錄》記載，宋朝東京的生意人必須根據所屬行業來穿戴服飾，香鋪做香生意的店家戴頂帽，圍披肩；店鋪中的管事要穿黑色短袖單衣，腰間束角帶，不戴頂帽。此外，在《清明上河圖》中，可以看到售賣鮮花、小吃的其他流動商販。這些商販多以小巾束髮，穿短衫、長褲，或背襠、短褲，腰間束帶，穿平頭布鞋、草鞋，輕便俐落，樸素簡單。

小知識　可以從哪些方面區分平民服飾與貴族服飾？

① 面料與色彩：平民服飾多使用葛、麻等低廉面料，顏色以布料本色、淺色或低飽和度色彩為主；貴族服飾多用絲綢、織錦等珍貴面料，色彩豐富且相對明豔。② 服飾的長短寬窄：平民服飾多合身，便於勞動，較為短窄；貴族服飾相對較長，衣袖、衣身相對寬博。③ 服飾的裝飾：平民服飾多樸素無華，少有裝飾；貴族服飾多以印染、彩繪、刺繡、銷金、珍珠等裝飾，華麗典雅。④ 服飾的制式：具有禮服性質的「盛裝」，比如大袖霞帔、官員公服，平民階層一般不能穿用。

場景三十三　你的外賣到了

日上中天，東京汴梁的街頭人聲鼎沸，空氣中彌漫著茶酒佳餚的香味。趙娘子方才派人來腳店點了餐食，囑咐速速送去。飯菜準備齊整，店家遂打發一閒漢送去。閒漢端起餐食、餐具，向趙娘子家尋去。他身穿白色裲襠、褲、草鞋，腰繫白色圍裙，行動俐落，莫不是怕送去遲了客人會給差評？

▶ 宋，張擇端繪《清明上河圖》局部

一、外賣員的服飾

《清明上河圖》當中的這位「外賣員」在宋朝常被稱為「閒漢」，專門為人跑腿，拿取物品。他頭頂紮髻，身穿白色背襠，腰間繫著附兜式圍裙，穿白褲、白鞋。

宋朝的背襠原屬內衣，但體力勞動者們為了勞作方便、涼快和舒適，一般直接外穿，年幼的孩童也常如此。頭頂餐食，手拎便攜的「餐桌」，腰間繫圍裙是宋朝外賣員的典型特徵，從《清明上河圖》中其他的外賣員形象中可以得到印證。

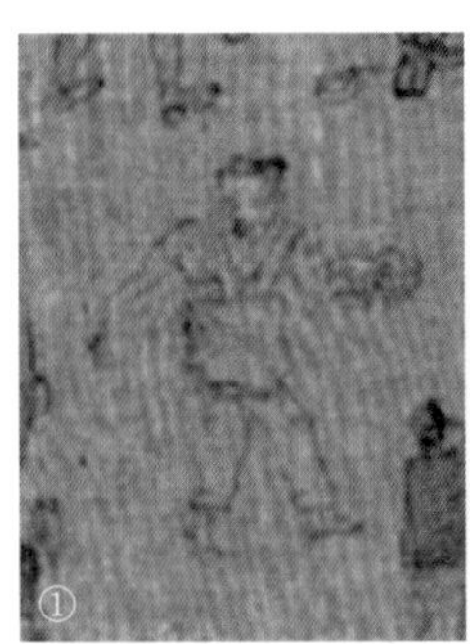

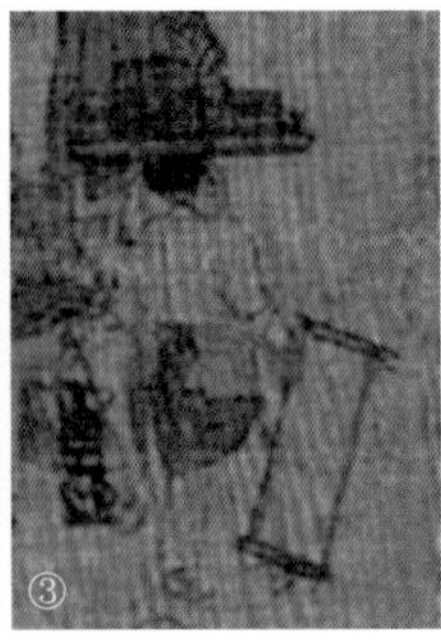

①～④　「外賣員」形象　宋，張擇端繪《清明上河圖》局部

二、餐飲服務人員的服飾特徵

從《清明上河圖》中其他餐飲服務人員的服飾來看，有以下共同特徵：第一，頭裹巾帕，以黑色居多，也有白色；第二，穿短衣背襠，上衣下褲均較短，上衣衣長在膝蓋以上，褲子長度露出腳踝，也常見身穿白色背襠、腰間束帶的形象；第三，腰繫圍裙，這是從事餐飲業人員的標誌配件；第四，多穿平頭布鞋、草鞋。

①②　餐飲服務人員形象　宋，張擇端繪《清明上河圖》局部

三、《清明上河圖》中其他的「百工」形象

宋人張擇端的傳世名畫《清明上河圖》描繪了宋朝社會生活百態，人物服飾造型各具特色，士子、農民、工人、商賈、僧人、道士、車夫、船工、胥吏、篙師、纜夫，形形色色，其服飾各依本色而穿。打開這幅千年之前的畫卷，一個個鮮明的職業形象讓人有身臨其境之感。

① 搬運工
② 轎夫
③ 修車師傅
④ 算命先生
⑤ 郎中
⑥ 胥吏（①～⑥ 均出自宋朝張擇端繪《清明上河圖》局部）

小知識　「百工」有沒有獨特的形象標誌呢？

總體來看，不同身分職業的平民服飾，並沒有特別的制式，只是在服飾質料、裝飾工藝、穿著方式以及配飾等方面體現身分特徵。宮中仕女的圓領袍與花冠，儀衛手持的銅骨朵，宮廷樂舞的華冠麗服，雜劇藝人的「諢裹」，農婦的合圍襠褲，農夫的短褐斗笠，廚娘的襻膊圍裙，茶販的竹編席囊，貨郎的撥浪鼓，外賣員的圍裙背襠，這些服飾、器物成為不同職業的身分標識。

餐飲服務人員的穿搭展示

酒保殷勤邀瀹茗，道翁傴僂出迎門。

——宋，陸游《與兒孫同舟泛湖至西山旁憩酒家遂游任氏茅庵》

◀ 餐飲服務人員的職業形象

● 江城子的今日穿搭：

瓦灰苧麻短褐+雅青絁布圍裙+牙白色苧麻褌+蒲鞋

● 髮型配飾：

雅青苧麻軟裹頭巾

第六章

成人禮服飾

隨著傳統文化的復興，在一些人生大事上，越來越多的人會選擇傳統的儀禮，比如為兒女辦一場傳統的「成人禮」，用傳統的儀程完成自己的婚姻大事。在這些隆重的典禮上，華冠麗服，不可或缺，它不僅有著濃濃的儀式感，而且是身分角色轉換的象徵。

場景三十四　再別陌上少年郎

白駒過隙，錢塘張公子已至弱冠之年，今日宴請賓客前來見證其冠禮。

迎賓，就位，開禮……張公子始穿四䙆衫，梳總角，繫勒帛，穿彩鞋，在東房中面向南站立。其父為其加幅巾，張公子回至東房更皂緣素色深衣，腰繫絛帶，行至庭中。其父為其加帽，遂更皂衫、絛帶，是為再加。後又更換白細布襴衫、幞頭，是為三加。若是有官位之家，則三加公服、皂靴。

禮畢，張公子作揖拜謝賓客長輩，褒衣寬袖，文質彬彬，儼然儒雅士子也。

一、冠禮與《朱子家禮》

冠禮，是中國漢族男子的成年禮，是嘉禮的一種。未成年男子不戴冠，所以加冠是男子成年的標誌，表示男子可以婚娶、參加氏族的各項活動。

1. 冠禮年齡

《儀禮》定「男子二十而冠」。北宋司馬光在《書儀》中規定「男子年十二至二十歲」行冠禮。《朱子家禮》沿用了《書儀》的主要儀節，但將冠禮年紀規定為十五至二十歲，並且提出，如果年紀滿十五歲的男子，能夠精通《孝經》、《論語》，粗略知道禮義，這時候行冠禮就再合適不過了。

2.《朱子家禮》

《儀禮》為儒家十三經之一，主要記載周代士大夫階層的冠、婚、喪、祭、鄉、射、朝、聘等各種不同禮儀。宋朝有關冠禮的史料主要有北宋司馬光的《書儀》、官方典籍《政和五禮新儀》、南宋朱熹的《朱子家禮》。前兩者主要施行於北宋中晚期，都是在前朝儀禮的基礎上進行了增補，對宋朝冠禮的復興以及家庭倫理的建設起到了推動作用。

《朱子家禮》秉承《儀禮》，在宋朝官方禮儀以及司馬光等前人的成果的基礎上，刪繁就簡，讓冠禮更便於在普通家庭中施行，具有很強的實用性。《朱子家禮》中的冠禮、婚禮簡便易行，流傳最廣，對東南亞、日本、朝鮮等地均有深遠影響。下文就以《朱子家禮》為藍本，講述冠禮的流程與服飾。

二、《朱子家禮》中的「三加」冠禮

1.「三加」之前的流程

（1）主人告於祠堂。

《朱子家禮》曰：「前期三日，主人告於祠堂。」在行冠禮之前的三天，主人須向祠堂相告。朱子簡化了古禮中的「筮（ㄕˋ）日」流程，建議行冠禮的日子在正月內選一天即可。

（2）戒賓。

朱子簡化了古禮中的「筮賓」環節，建議選擇一位「賢而有禮」的朋友擔任加冠的正賓即可。主人告於祠堂以後，身著深衣登門拜訪邀請正賓。

（3）宿賓。

為保證正賓如期參加，冠禮前一天，主人遣族中子弟致書給正賓，作正式的邀請。

（4）冠禮當日的準備。

冠禮當日清晨，準備冠禮所用服裝、首服以及各類器物，所用的盛放器物、器物擺放位置等均有諸多規定。

（5）迎賓。

在族中子弟、親戚中選擇一位懂禮的人為贊者，再選擇一位負責迎賓的儐相，面向西站立在門外。正賓和贊者身穿盛服來到主人家門外，東向站立等待，待儐相通報後，主人出門將正賓與贊者迎入正廳。

2.「三加」冠禮

（1）加前。

將冠者穿四褑（ㄎㄨㄟˋ）衫，梳總角，繫勒帛，穿彩鞋，在東房中面向南站立。

（2）一加。

贊者為將冠者將總角梳成髮髻束於頭頂，加幅巾。將冠者回至東房中，脫去四褑衫，換上深衣，加大帶，穿鞋，自房中出，面向南站立。

（3）再加。

執事為將冠者取下幅巾，戴上帽子。將冠者再次回到東房，脫去深衣，換上皂衫、革帶，繫鞋，走出東房，南向站立。

（4）三加。

執事為將冠者取下帽子，換上幞頭。將冠者再次回到東房，脫去皂衫，有官位的人換上公服、革帶、靴，無官位的人則換上襴衫、腰帶、靴。將冠者走出東房，南向站立，作揖致謝。

3.「三加」之後的流程

「三加」之禮之後，再行醮子、命字、拜見尊長等流程。

三、《朱子家禮》中的冠禮服飾

1.「三加」的服飾

根據《朱子家禮》，將冠者加冠前服飾以及「三加」服飾整理如下：

關於「三加」，《朱子家禮》原文中載道：「三加幞頭，公服革帶，納靴執笏。若襴衫，納靴。」這裡對三加襴衫所搭配的首服和腰帶未有清楚的交代，一種可能是三加襴衫也搭配幞頭、革帶，一種可能是襴衫的搭配有其定式，朱子沒有再多加說明。從《五百羅漢・應身觀音圖》中的士人形象來看，身穿襴衫的文人頭戴儒巾，腰間繫絛帶。

男子冠禮的「三加」服飾表

步驟		首服（髮型）	身服	足服	配飾
加冠前		總角	四褑衫	彩履	勒帛
一加		幅巾	深衣	履	大帶
再加		帽子	皂衫	鞋	革帶
三加	有官者	幞頭	公服	靴	革帶、笏
	無官者	幞頭	襴衫	靴	帶

冠禮「一加」的穿搭展示

深衣增重逾貂暖，立到天花雨滿台。

——宋，劉鑒《和率齋王廉使三首·其二》

● **江城子的「一加」服飾：**

朱子深衣＋大帶＋五彩絲絛＋雲頭履

● **髮型配飾：**

紗羅朱子幅巾

◀ 男子一加服飾

冠禮「二加」的穿搭展示

青蓋皂衫無復禁，可能乘興酒家眠。

——宋，王安石《清明輦下懷金陵》

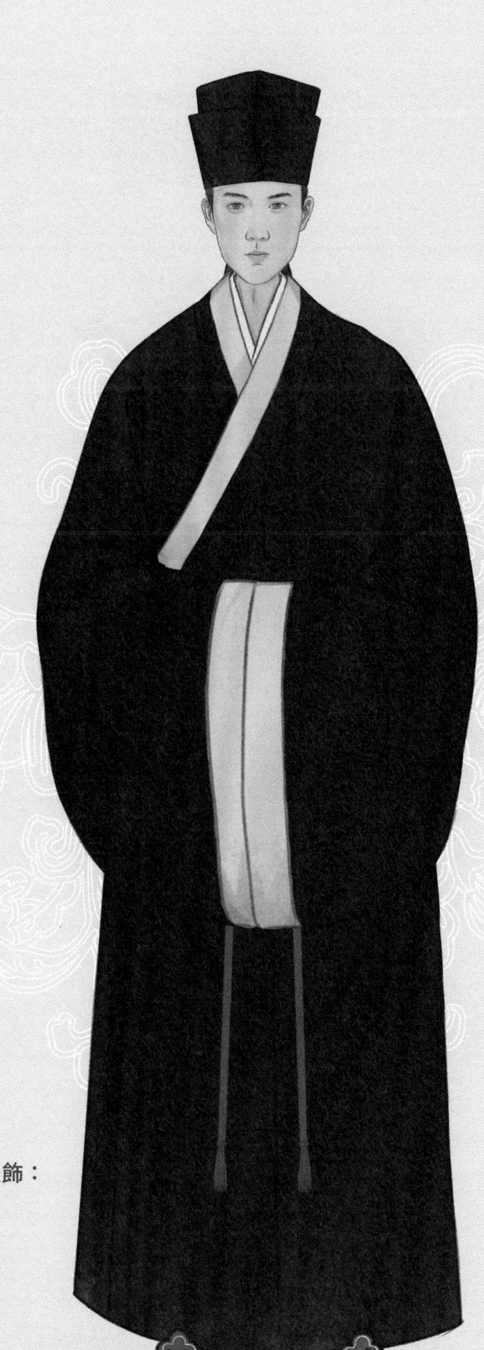

◀ 男子二加服飾

江城子的「二加」服飾：

皂羅衫+絛帶+雲頭履

髮型配飾：

東坡巾

冠禮「三加」的穿搭展示

我有大兒孔文舉，弱冠駸駸暮齒。
——宋，劉辰翁《念奴嬌．槐城賦以自壽，又和韻見壽，三和謝之》

● **江城子的「三加」服飾：**

白絹中單＋白襴衫＋條帶＋皂靴

● **髮型配飾：**

儒巾

◀ 男子三加服飾

2. 四褑衫

「三加」禮開始以前，將冠之人會先身穿四褑衫。四褑衫，也作「四袴衫」，衣裾開衩曰「褑」，所以「四褑衫」是前後左右均有開衩的短衫，衣長通常不過膝，在宋朝多是庶人、兒童穿著。

3. 朱子深衣

深衣來源於先秦經典《禮記》中的《深衣》篇，是指上衣、下裳分開裁剪並縫合到一起的制式，並有一定的製作規範。朱子深衣指根據《朱子家禮》記載考證的深衣，為男子的一種禮服，多用於祭祀等較為正式的場合。

朱子深衣的結構特點為直領而穿為交領，下身有裳十二幅，裳幅皆梯形，右衽穿著後，左襟三幅在外。朱子深衣的影響很大，日韓服飾中有一部分的禮服都是在朱子深衣制度的基礎上製作的。

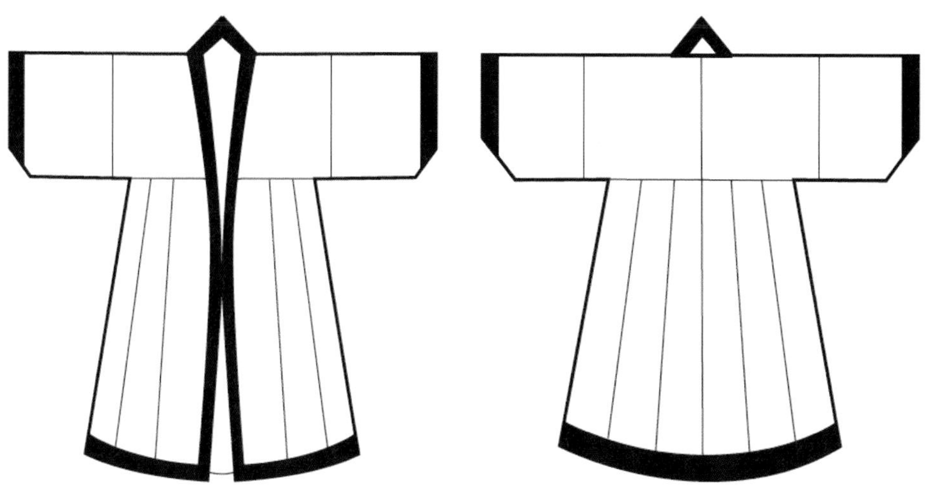

▲ 朱子深衣形制示意圖 根據《朱子家禮》繪製

4. 大帶

古代的士大夫階層在深衣外面要束一條大帶以束衣，這條大帶雅稱「紳」，所以也被稱為士紳或者紳士、縉紳。《朱子家禮》中記載的深衣大帶用白繒製成，邊緣夾縫有黑色牙線，寬四寸，穿用時在前面打結，繫成「兩耳」後垂下（形似現代的蝴蝶結），長度與下裳齊平。然後用五彩線繫紮打結的地方，垂下的五彩線也要與下裳齊平。

5. 皂衫

皂衫又叫帽衫，是「帽」和「衫」組合穿著的套裝。根據《宋史・輿服志》所載，帽衫以皂羅製成，搭配的帽以烏紗製成，搭配角帶、繫鞋，是國子生的常服。帽衫是宋朝士大夫出席禮見社交場合的禮服，到了南宋時期，帽衫的穿用逐漸減少，除了國子生仍然穿帽衫以外，士大夫階層只有在祭祖、冠婚禮時穿。

小知識　現代人在幾歲行冠笄禮比較合適？

冠笄禮是古代象徵成年的禮儀，一方面可以在現代官方定義的「成年」年紀——18歲時舉辦，一方面也可以根據地方習俗，在規定的年紀舉辦。此外，也可以在自己覺得重要的人生節點上舉辦，比如高中畢業、大學畢業等。冠笄禮的精神內涵是其象徵意義與儀式感，現代冠笄禮的舉辦時間可以根據自己需要靈活選擇。

場景三十五　吾家有女初長成

吾家有女，今年十五，已許嫁，清明將至，遂定於今日行笄禮。

眾賓客家眷濟濟一堂，家中婦人穿戴假髻、大衣、長裙，妾室皆穿戴假髻、褙子。香案、服飾、器物準備就緒，賓客就位，開禮。

吾妻盥手後就位，小女正坐，上穿粉紅抹胸、鵝黃上襦、球路紋絳羅裙。吾妻為小女挽起髮髻，為其簪戴鎏金花頭簪、花頭橋梁釵。小女起身向賓客行揖禮後回到東房，不多時，更生色領絳羅褙子回到庭中，作揖拜謝各位賓客長者。循據《朱子家禮》，尋常人家女兒笄禮，「一加」即為禮成。

笄禮，是中國傳統的女性成年禮。笄禮通常於女子十五歲舉行，作為女性的成人禮，其制式與流程大體和冠禮相同。宋朝，女子笄禮（古代又稱上頭）多安排在清明前兩日舉行。南宋吳自牧《夢粱錄》記：「清明交三日，節前兩日謂之寒食……凡官民不論小大家，子女未冠笄者，以此日上頭。」皇室公主或官宦女子的笄禮流程繁複，三加的冠服也華麗尊貴，尋常人家女兒的笄禮流程相對簡單，只施行一加褙子即可。

一、宋朝公主的及笄禮

《宋史・禮十八》中詳細記載了宋朝公主的笄禮流程，公主年至十五歲，即使還未婚嫁也要行笄禮。公主笄禮用「三加」之儀，以示隆重。一加冠笄、裙褙，再加冠朵、大袖長裙，三加九翬四鳳冠、褕翟。加笄時，皇帝親臨，待取字後，公主拜見父皇，聆聽訓誡。之後，公主需要拜見皇后、妃嬪等，接受她們的祝賀，這樣笄禮就完成了。

一加的冠笄為固定冠的簪子，而冠朵為花朵型髮簪。九翬四鳳冠是雉雞與鳳結合的髮冠，等級低於皇后所用的九龍四鳳冠，是妃子與公主所戴的禮冠。褕翟是皇后的級別僅次於褘衣的禮服，也是諸侯夫人、公主、皇太子妃的最高級別禮服。公主的「三加」服飾用到了其可以穿用的最高級別冠服，以彰顯身分的尊貴。

公主笄禮的「三加」冠服表

步驟	首服（髮型）	身服	足服
始加	冠笄	裙褙	鞋
再加	冠朵	大袖長裙	鞋
三加	九翬四鳳冠	褕翟	鞋

二、宋朝尋常女孩的及笄禮

和公主的笄禮相比，普通女孩的笄禮簡便了許多，再加上古代「男尊女卑」思想的流行，關於普通家庭女孩的及笄禮的記載較為簡略。

1.《書儀》中的及笄禮

根據北宋的《書儀》，女子需在許嫁後方可加笄，如果一直未許嫁，最遲也要在二十歲時行笄禮。笄禮的地點在中堂，家中婦女婢妾充當執事者。執事者端拿放有冠笄的盤子，冠笄上用帕子蒙上。主人在中門迎接賓客，賓客言說祝詞之後為女子加冠、笄，其餘陳設、儀節、服飾、祝詞等仿照冠禮。

2.《朱子家禮》中的及笄禮

南宋朱熹《朱子家禮》規定：「女子許嫁，笄，年十五，雖未許嫁，亦笄。」此時，許嫁已經不是行笄禮的必要條件，到了十五歲，不論是否婚嫁，都要行笄禮。女子笄禮一般為其母親主導，實行一加「褙子、冠笄」即可，其餘流程都與冠禮相同。

褙子作為宋朝女子常用的服飾，首次作為加笄禮服，具有很強的實用性和推廣性，同時也體現了司馬光、朱熹等宋朝儒士所主張的冠笄要用「時服」的理念，也就是要運用當朝流行的服飾。

三、現代女孩的「改良」及笄禮

由於古代社會「男尊女卑」的思想，《書儀》、《朱子家禮》中普通女孩笄禮的禮節略顯單薄，儀式感尚有欠缺。笄禮是女孩子的成人禮，也是人生中重要的典禮之一，現代女孩要如何擁有一場儀式感滿滿的宋式笄禮呢？

結合男子冠禮的流程、公主及笄禮以及《書儀》、《朱子家禮》中的流程，再結合宋朝女子服飾體系，筆者提出現代女孩笄禮的「復興」方案。

現代女孩的宋式笄禮也可以施行「三加」，結合宋朝未成年少女的形象，及笄之前可以梳丫髻，穿短衫、褲、鞋。挽起髮髻後，更換襦裙，此為一加；母親為笄者加冠笄，笄者穿褙子長裙，此為二加；母親取下髮笄，為笄者加冠朵，笄者穿大袖長裙，換翹頭履，此為三加。如果想讓禮節更隆重些，三加髮飾可以換成鳳簪或髮冠，在大袖長裙的基礎上加霞帔或直帔。其餘流程同男子冠禮。

現代宋式笄禮的「三加」服飾表

步驟		首飾（髮型）	身服	足服
及笄前		丫髻	短衫	弓鞋
一加		成人髮髻	襦裙	弓鞋
再加		冠笄（簡單的簪子）	裙褙	弓鞋
三加	常規版	冠朵（簪首為花朵）	大袖、長裙	翹頭履
	華麗版	鳳簪或髮冠	大袖、長裙、霞帔（或直帔）	翹頭履

笄禮「一加」的穿搭展示

石榴裙束纖腰裊。金蓮穩襯弓靴小。

——宋，盧炳《菩薩蠻．石榴裙束纖腰裊》

◀ 女子一加服飾

● **西江月的「一加」服飾：**

粉紅抹胸＋鵝黃素羅上襦＋球路紋絳紅百迭裙＋弓鞋

● **髮型配飾：**

同心髻

● **妝容：**

三白妝

笄禮「二加」的穿搭展示

雲鬟裁新綠，霞衣曳曉紅。

——宋，蘇軾《南歌子・雲鬟裁新綠》

◀ 女子二加服飾

● **西江月的「二加」服飾：**

粉紅抹胸＋鵝黃素羅上襦＋球路紋絳紅百迭裙＋泥金菊花紋緣邊絳羅褙子＋弓鞋

● **髮型配飾：**

同心髻＋鎏金花頭簪＋銀鎏金花頭橋梁釵

● **妝容：**

三白妝

笄禮「三加」的穿搭展示

紫帔紅襟豔爭濃。光彩爍疏櫳。

——宋，朱敦儒《眼兒媚．紫帔紅襟豔爭濃》

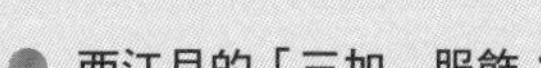

● **西江月的「三加」服飾：**

粉紅抹胸＋鵝黃素羅上襦＋球路紋絳紅百迭裙＋泥金菊花紋緣邊絳羅褙子＋鵝黃素羅大袖＋纏枝牡丹提花羅直帔＋纏枝花草紋金帔墜＋翹頭履

● **髮型配飾：**

高髻＋縷金銀冠＋金荔枝耳墜

● **妝容：**

三白妝

◀ 女子三加服飾

四、成人禮服飾小結

《政和五禮新儀》還記載了皇太子以及皇子的冠禮服飾，本書未作詳細講述，將其一起整理如下：

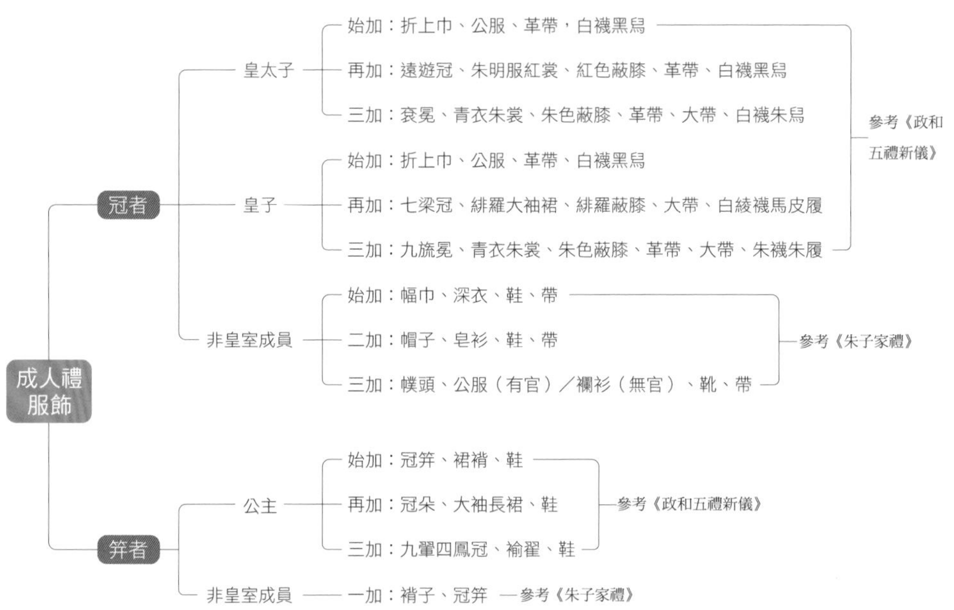

▲ 不同身分人員的成人禮服飾

小知識　完整的冠笄禮流程太複雜了，可以刪減嗎？

可以的。儒家十三經之一的《儀禮》規定了冠禮的基本框架，但縱觀歷代的冠笄禮，其流程儀節及所用冠服也有變革。另外，官方常恪守禮制規定，而士大夫與平民階層也會根據需要進行「私人定制」。在延續冠笄禮象徵意義與精神內涵的前提下，其流程多寡、儀節繁簡，可以靈活優化，甚至可以增加具有時代特徵或個人特色的環節。

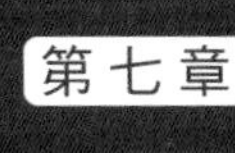

第七章

婚禮服飾

婚禮是重要的人生儀禮之一。關於成婚的年齡，宋朝官方推行早婚政策，規定：「凡男年十五、女年十三以上，並聽婚嫁。」而私家禮書則反對早婚，司馬光、朱熹都把成婚的年齡定為男子年十六至三十，女子年十四至二十。

場景三十六　弄妝梳洗遲

吉時將至，迎親的隊伍漸行漸近。妝奩前的新婦，面著紅妝，淡掃蛾眉，薄掃胭脂，濃點絳唇，眉間貼珍珠花鈿，耳戴「一把蓮」金耳墜，面若桃花，明媚動人。新裁雲鬢，高挽同心髻，頭戴雲月紋縷金銀冠，兩側以金球簪固定，冠上各色時令鮮花爭奇鬥豔，雲鬢處綴珠金簾梳搖曳生姿，榮曜秋菊，華茂春松，皎皎若仙姝下凡。

一、婚禮流程

按照古禮，婚禮需要經過六個步驟，稱為「六禮」。六禮流程繁雜，講究太多，在社會上難以全面推廣。官方之禮尚能恪守，士大夫私家之禮和平民的民間俗禮則進行了刪減和世俗化的改變。在六禮之前，先要進行「議婚」，即「相親」。據《東京夢華錄》載，相媳婦是男家親人前往女家，如果沒中意，就留下兩匹彩緞，為女子壓驚，代表這樁婚事不合適；如果看中了，就用髮釵插冠中，叫作「插釵子」，接下來便進行六禮的流程。

1. 納采

納采，即男方家向女方家提親。按照私家之禮，納采前要行告祠堂之禮，把聯姻之事鄭重告於祖先。納采的禮物，按照古禮應該是生雁，六禮中除納幣外，其餘五禮皆以生雁為禮。因為在宋人看來，雁為「順陰陽往來者」，且對伴侶忠誠，寓意婦嫁從夫，忠誠相伴。

納采所遣使者應為自家子弟，於當日身穿盛服到達女子家，表達求婚意圖，主人應允後，將生雁贈予主人。然後交換婚書，即求婚信與允婚信。之後，主人設酒宴招待使者，納采之禮即成。

2. 問名

問名，即男方家向女方家或媒人詢問女方的名字、生辰進行占卜，俗禮稱「繫臂」。問名實際上是和納采同日進行，納采之後，使者立即問名。宋朝的問名，是問女子在家中的排行、生母名姓及生辰八字等，以便男方家占卜吉凶，進而決定是否合婚。

3. 納吉

納吉，即男方家卜得吉兆，通知女方家，並送定禮正式訂立婚約。如果占卜結果為不吉，婚姻只好作罷。其實，納吉之儀多是走個形式，一般在議婚前已得知生辰八字是否相合。

以上三種儀式，民間的俗禮統統不用，而代之以「過帖」和「過定」。所謂的「過帖」，實即交換婚書，帖有草帖、定帖之分。草帖上寫著雙方的生辰、家中排行、父母是否健在、官職、隨嫁嫁妝等資訊，透過媒人相互交換，待兩家都同意後，便擇吉日過定帖，即確認婚姻關係的正式婚書。

4. 納徵

納徵，也稱納幣，即男方家向女方家送聘禮。聘禮的品種、數量不固定，視貧富不同，各從其便。朱熹在《朱子家禮》中規定：「幣用色增，貧富隨宜，少不過兩，多不逾十。今人更用釵釧羊酒果實之屬，亦可。」

5. 請期

請期，即男方家擇好成親的吉日並派人告知女方家，徵求對方的同意，俗禮稱「催妝」。親迎前三日，男家送催妝花髻、銷金蓋頭等新娘用品，女家則回送羅花幞頭、綠袍、鞋等新郎用品。

6. 親迎

親迎就是正式的婚禮儀式，新郎至女方家迎娶新娘。按照古禮，親迎之日，男方家長要行告廟禮，向祖先告知此事。然後行醮（ㄐㄧㄠˋ）子禮，即父親要給予新郎鄭重的叮囑，然後向新郎發出迎娶之命。新郎領命後，便乘馬前往女家，在其門口等候。此時，女家也要行告廟禮和醮女禮。禮畢，新娘父親迎接新郎進門。迎回新娘後，同牢、合巹（ㄐㄧㄣˇ），便算禮成。

二、婚嫁飾品

1. 花髻

前文提到男方送「催妝花髻」，這是一種用鮮花或絹花裝飾的「特髻」，即假髮。我們在仕女畫中看到的古代女子多鬟髻高挽，鬢髮如雲，不禁羨慕其髮量，其實這或許是用了假髮的效果。

宋朝流行高髻，有一些髮量比較少的女子為了加高自己的髮髻，會將假髮摻入其中，還可以根據自己的喜好「預製」好髮髻形狀，用時戴在頭上即可，簡單方便。因此假髮在宋朝也很流行，在當時的汴梁還開了許多專門生產、銷售特髻的店鋪，供人隨時選購。據《夢粱錄》記載，南宋時士宦人家嫁娶時送的聘禮，就包括「珠翠特髻」等首飾。

2. 髮冠

《夢粱錄》說道仕宦之家聘禮中的首飾就包括「珠翠團冠」，「頭戴銀冠相媚好，銀冠猶是嫁時妝」，由此可知，珠翠團冠、鎏金銀冠是宋朝女子婚嫁時必備的行頭。頭戴用金、銀、珍珠、鮮花裝飾的髮冠，也是典型的宋朝新娘形象。

3. 三金

現今社會嫁娶流行的「三金」習俗，自宋朝就有紀錄，宋人吳自牧在《夢粱錄・嫁娶》中記有：「且論聘禮，富貴之家當備三金送之，則金釧、金鐲、金帔墜者是也。」可見宋朝「三金」的聘禮為金臂釧、金手鐲、金帔墜。

小知識　穿大袖霞帔，頭飾應該怎麼選？

大袖霞帔在宋朝是后妃的常服，這裡說的「常服」是指「盛服」，相當於小禮服，而不是日常的便裝。所以在頭飾的選擇上，可以正式但不宜過於「盛大」，建議選團冠、花冠等髮冠，也可以選用鳳簪、博鬢為主要飾品。

場景三十七　著我新嫁裳

迎親鑼鼓聲已至院門外，新婦已經穿戴整齊，嬌羞又緊張地等待著。

新婦上穿鵝黃素羅長褙子，下束球路紋銷金絳紗褶裙，外罩牡丹紋生色領大袖。披纏枝花刺繡描金紅霞帔，下綴雙魚金墜子，腳穿綴珠鳳頭履，再蒙上絳紗蓋頭。明眸流盼，玉容嬌柔，服飾粲然，好似宮娥仙妃。

一、新娘的婚服

1. 紅衣紅裙

《夢粱錄》寫到宋朝的嫁娶風俗時，提到仕宦之家送與女方的聘禮：「亦送銷金大袖、黃羅銷金裙、段紅長裙，或紅素羅大袖段亦得。」《朱子家禮》中所載女子婚服為紅色大袖、紅色長裙、高髻盛飾、同色蓋頭。官貴富庶之家的女子的婚服則是銷金長裙、段紅大袖。

由此可見，紅色大袖、紅色長裙是宋朝新娘婚服的定式，而是否穿用銷金婚服，則取決於雙方的經濟條件。

2. 紅霞帔

《夢粱錄》中所載富貴之家送的「三金」中有「金帔墜」，即霞帔墜子。《東京夢華錄》載「下催妝冠帔花粉，女家回公裳花幞頭之類」，「冠帔」即珠翠團冠與霞帔。《朱子家禮》中提到霞帔與衣同色。由此可見，紅色霞帔搭配金帔墜也是宋朝女子婚服的標誌性元素。

霞帔一般用錦緞為面料，上面繡有花草或花鳥紋圖案，兩端呈尖狀，在尖處裝飾有金玉帔墜，與大袖長裙搭配使用，不僅可以保持服飾的平整，而且使裝扮愈加華麗。

3. 紅蓋頭

根據《夢粱錄》記載：「先三日，男家送催妝花髻、銷金蓋頭⋯⋯」，婚前幾日男方所送的催妝禮就有「銷金蓋頭」，即面料加金的蓋頭。結合《朱子家禮》中提到的「紅色大袖」、「同色蓋頭」可知，宋朝的新娘婚嫁時用紅色蓋頭，富貴之家用紅色銷金蓋頭。用於婚嫁的紅蓋頭形制應該類似於面衣，用一塊紅布帛裁製，蒙頭覆面，取代了唐朝婚禮中遮羞的「扇」，成為新娘的必備行頭。

4. 鞋子

相關的史料中，未見對新娘婚鞋的描述，對應大袖霞帔這樣的盛裝，筆者推測，新娘婚鞋可以是紅色翹頭履，以刺繡、珍珠裝飾，並帶有吉祥的花草鳳鳥紋圖案。

二、皇權的恩典——攝盛

所謂「攝盛」，是指出於對婚禮的重視，暫時提高所用衣服、車乘、器具等規格的現象。比如按慣例大袖霞帔非命婦不得穿用，公服非當官者不得穿用，但是新婚的男女在婚禮這天是可以將其當作婚服穿用的。藉由這種方式，彰顯了婚禮的重要性，使婚禮成為獨一無二的人生典禮。

小知識　想辦宋式婚禮，婚服怎麼選？

如果新娘穿褘衣、褕翟等大禮服，那麼新郎也要穿相應的袞服或冕服。建議選擇大袖霞帔與公服幞頭的婚服搭配，按照宋制，新娘穿紅色大袖、紅色長裙、紅色霞帔，新郎根據品級可以穿綠色、紅色、紫色公服。作為現代人，可以根據自己偏好，在色彩、配飾上變通選擇。

場景三十八　許十里紅妝

迎親的隊伍已浩浩蕩蕩向前院走來，新郎被簇擁著走在隊首，衣冠楚楚，滿面春風。

他身穿綠色襴袍，腰束紅鞓金銙帶，頭戴直腳幞頭，鬢邊簪羅花，腳穿烏皮靴，手持槐簡，眉目清秀，神采俊逸。催妝的樂聲響起，兩位新人手持著同心結牽巾款款走出廳堂，才子佳人，佳偶天成。且祝他們琴瑟和鳴，花開並蒂。

▲ 婚禮迎親隊伍　明，仇英繪《清明上河圖》局部

一、新郎的裝扮

1. 公服幞頭

沒有官位的平民男子，在婚禮這天，按照「攝勝」的規制，可以假九品官服，即穿綠袍，戴羅花幞頭。男方所送催妝禮為新娘婚服，而女方的回禮則是新郎親迎的禮服，即「金銀雙勝御、羅花幞頭，綠袍、靴笏等物」。有官位的男子可以穿與自身身分匹配的最高等級禮服，以示隆重。

2. 同心結牽巾

孟元老《東京夢華錄》中載道：「婿於床前請新婦出。二家各出彩段綰一同心，謂之『牽巾』，男掛於笏，女搭於手，男倒行出，面皆相向。」新郎新娘拜堂時，兩家各出一條彩緞結成同心結。新郎用笏板掛住一端，新娘將另一端搭在手上，兩人相對，新郎牽著彩緞一端倒行而出。

3. 笏板與槐簡

笏是官員手中所拿的狹長板子，用玉、象牙或竹片製成，不同的材質具有等級象徵，不同官階的人使用不同材質的笏。平民男子婚服假借九品官服，對應的笏是用槐木製作而成的，因此也叫「槐簡」。

二、參加婚禮的賓客穿什麼

不管是冠禮、及笄禮還是婚禮，都有眾多賓客參與。根據《朱子家禮》，賓客們都應該穿「盛服」出席。那麼，不同身分的人的盛服是什麼呢？

1. 媒人穿什麼？

《東京夢華錄》載：「其媒人有數等，上等戴蓋頭，著紫褙子，說官親宮院恩澤；中等戴冠子、黃包髻，褙子，或只繫裙，手把青涼傘兒。」這句話說的是上等的媒人說皇宮官宦之家的婚事，頭戴蓋頭，穿紫色褙子；中等的媒人戴髮冠、黃色包髻，穿褙子、裙，手裡撐著青色涼傘。

2. 其他賓客穿什麼？

參照《朱子家禮》，有官的人穿戴幞頭、公服、革帶、靴、笏，進士穿戴幞頭、襴衫、條帶，處士穿戴幞頭、皂衫、帶，沒有官位的人則穿戴帽子、衫、帶；如果這些條件都不具備，則穿深衣或涼衫。婦人戴假髻，穿大袖長裙；未出嫁的女子穿褙子，戴髮冠；妾室則戴假髻，穿褙子。

宋朝婚服穿搭展示

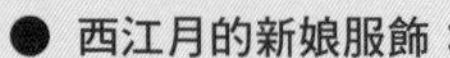

● 西江月的新娘服飾：

素羅抹胸＋素羅襦＋鵝黃緲紗褙子＋纏枝牡丹紋紗羅大袖＋球路紋絳羅銷金裙＋「一年景」刺繡紅霞帔＋雙魚金帔墜＋綴珠鳳頭履

● 髮型配飾：

絳紗蓋頭＋雲月紋鏤金銀冠＋長腳金球簪＋仿生絹花＋綴珠金篦梳＋一把蓮金耳墜

● 妝容：

飛霞妝＋珍珠花鈿

餉耕如賓有翁媼，
頭戴銀冠相媚好。
銀冠猶是嫁時妝，
馬上不知人絕倒。

——宋，周紫芝《野婦行》

● 江城子的新郎形象：

白色中單＋黛青襯服＋綠羅圓襴領袍（即九品公服）＋銙帶＋皂靴

● 髮型配飾：

羅花直腳幞頭＋槐簡

◀宋朝婚服穿搭

三、婚禮服飾小結

本章重點講述士大夫及平民階層的婚禮服飾，皇室成員的婚服應穿符合其身分規制的最高等級禮服。現將宋朝婚禮中新郎、新娘以及賓客所穿「盛服」整理如下：

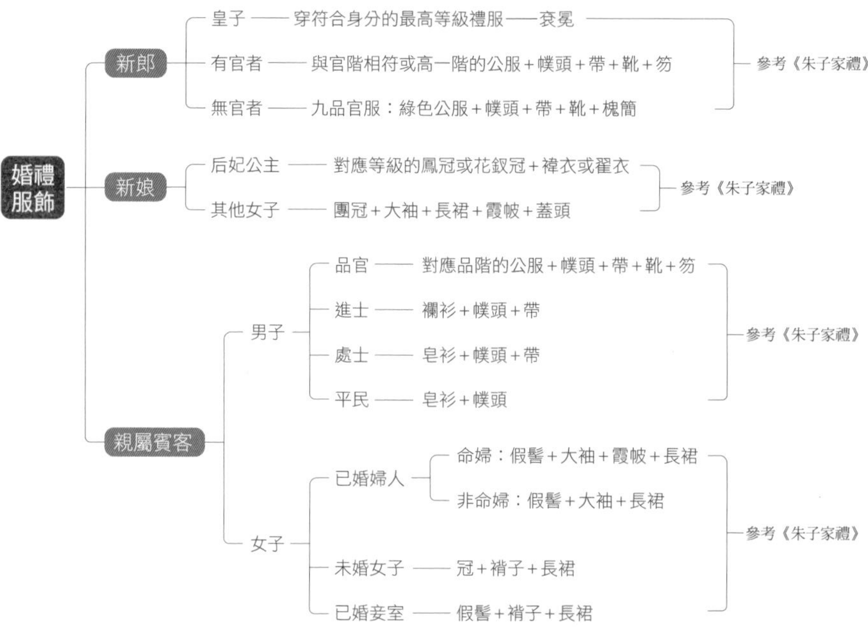

▲ 不同身分人員的婚禮服飾

小知識 傳統禮衣復興的意義是什麼？如何更好地傳承下去？

漢服的復興不僅是服飾復興的象徵，而且也是文化傳統復興的縮影，復興的意義是在充分了解歷史的基礎上，讓文化傳統在現代生活中更好地融合與傳承下去。漢服傳承的終極理想是漢服的結構特徵、裁剪方式、傳統製作工藝以及圖案紋樣等語言，能夠「潤物細無聲」地融入現代服飾體系，融入當代人的生活場景。同樣，傳統儀禮復興的意義也不是「復古」，而是重拾這些禮儀中蘊含的「仁義禮智信，溫良恭儉讓」的品德，讓其融入家風、世風，繼續發揮其社會教化作用。

第八章

宋朝服飾體系梳理

宋朝服飾整體是繼承自唐朝服制，在多民族文化融合以及社會風化的變遷中，產生了新的服制、新的穿著方式與習慣。不同階層、不同身分、不同場合的著裝均有其規定與約束，在朝會、祭祀、冠笄禮、婚禮等重要場合所穿的禮服，不僅是身分的標識，而且具有儀式的象徵意義。在燕居、宴飲、踏青、賞雪等場合所穿常服（便服），較少受到禮制的約束，更多地體現主人的喜好與個性。

一、宋朝禮服體系

中國古代有著嚴格的等級制度，這種「高低貴賤」不僅體現在官位封號、院宅居所上，更體現在服飾上。皇親宗室遍身羅綺、雯華若錦，平民百姓只能穿粗布麻裙、衣不兼彩。達官貴婦褒衣廣袖、環佩粲然，村夫農婦只能敝衣芒履、葛巾布帶。在等級制度下，赤、橙、黃、綠等色彩被用於標識身分，日、月、星辰、山川等紋樣被用於象徵權勢。

禮服是在莊重場合或舉行儀式時穿的服裝，中國古代這種區分階層身分的服飾等級，在禮服的穿著規定上體現得淋漓盡致，當然，宋朝也不例外。

在宋朝，什麼身分、什麼場合穿什麼規制的禮服，都有嚴格的規定與等級劃分，不能隨意違反，輕則視為失禮，重則視為僭越。下圖將從官家、官員、命婦、平民男女不同階層人群的視角，分解與梳理宋朝的禮服體系。

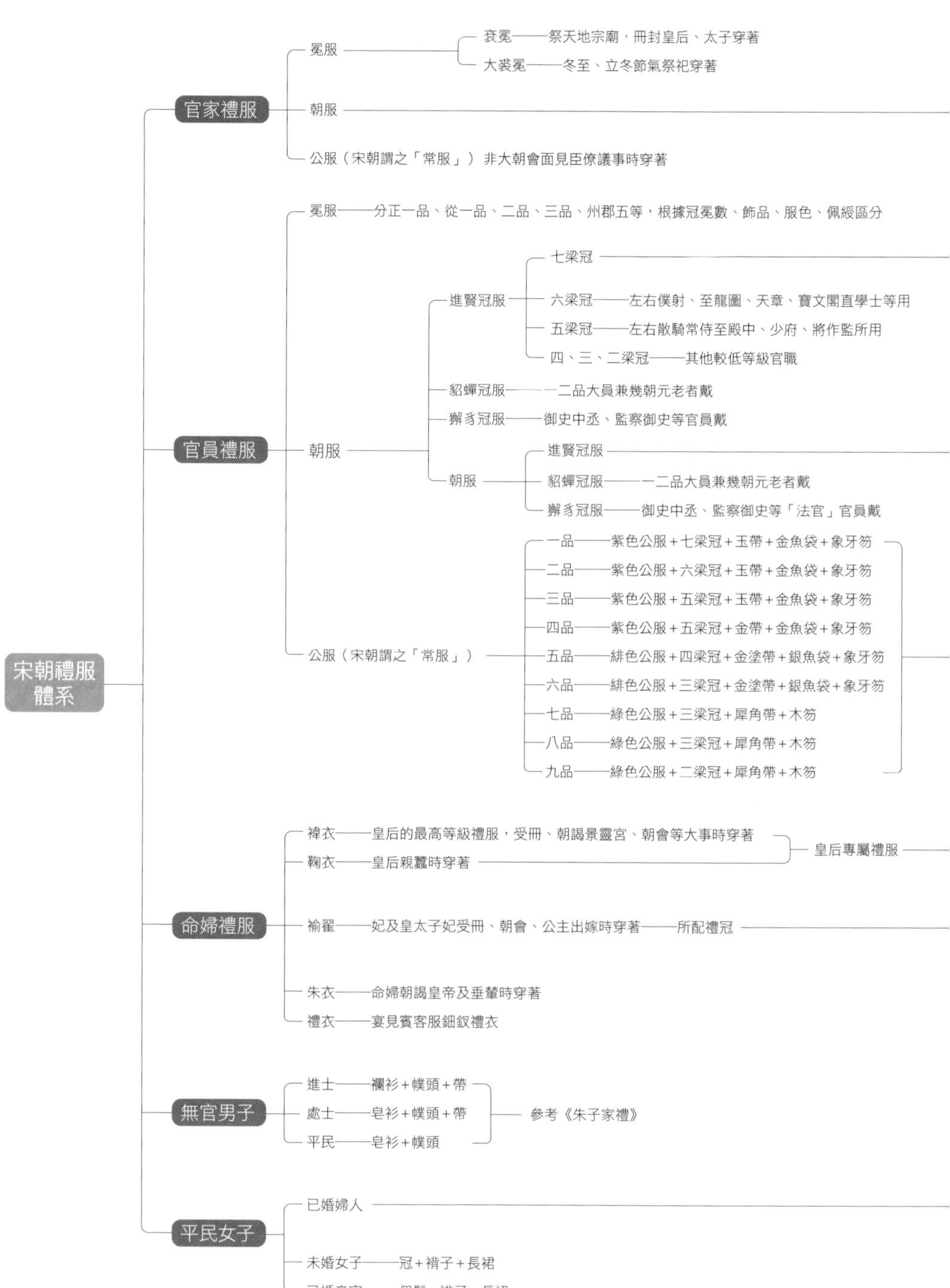
宋朝禮服體系
官家禮服
冕服
衮冕——祭天地宗廟，冊封皇后、太子穿著
大裘冕——冬至、立冬節氣祭祀穿著
朝服
公服（宋朝謂之「常服」）非大朝會面見臣僚議事時穿著
官員禮服
冕服——分正一品、從一品、二品、三品、州郡五等，根據冠冕數、飾品、服色、佩綬區分
朝服
進賢冠服
七梁冠
六梁冠——左右僕射、至龍圖、天章、寶文閣直學士等用
五梁冠——左右散騎常侍至殿中、少府、將作監所用
四、三、二梁冠——其他較低等級官職
貂蟬冠服——二品大員兼幾朝元老者戴
獬豸冠服——御史中丞、監察御史等官員戴
朝服
進賢冠服
貂蟬冠服——二品大員兼幾朝元老者戴
獬豸冠服——御史中丞、監察御史等「法官」官員戴
公服（宋朝謂之「常服」）
一品——紫色公服＋七梁冠＋玉帶＋金魚袋＋象牙笏
二品——紫色公服＋六梁冠＋玉帶＋金魚袋＋象牙笏
三品——紫色公服＋五梁冠＋玉帶＋金魚袋＋象牙笏
四品——紫色公服＋五梁冠＋金帶＋金魚袋＋象牙笏
五品——緋色公服＋四梁冠＋金塗帶＋銀魚袋＋象牙笏
六品——緋色公服＋三梁冠＋金塗帶＋銀魚袋＋象牙笏
七品——綠色公服＋三梁冠＋犀角帶＋木笏
八品——綠色公服＋三梁冠＋犀角帶＋木笏
九品——綠色公服＋二梁冠＋犀角帶＋木笏
命婦禮服
褘衣——皇后的最高等級禮服，受冊、朝謁景靈宮、朝會等大事時穿著
鞠衣——皇后親蠶時穿著
皇后專屬禮服
褕翟——妃及皇太子妃受冊、朝會、公主出嫁時穿著——所配禮冠
朱衣——命婦朝謁皇帝及垂輦時穿著
禮衣——宴見賓客服鈿釵禮衣
無官男子
進士——襴衫＋幞頭＋帶
處士——皂衫＋幞頭＋帶
平民——皂衫＋幞頭
參考《朱子家禮》
平民女子
已婚婦人
未婚女子——冠＋褙子＋長裙
已婚妾室——假髻＋褙子＋長裙

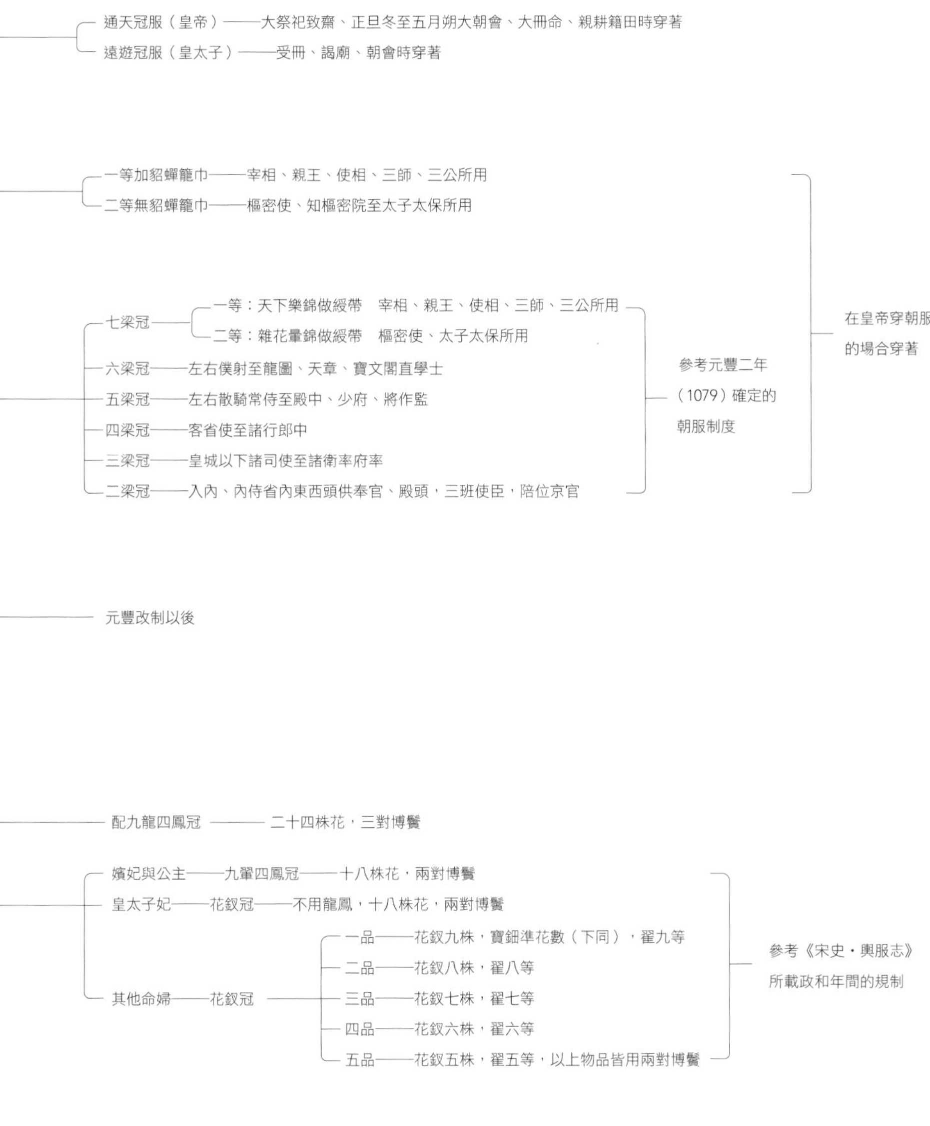

通天冠服（皇帝）——大祭祀致齋、正旦冬至五月朔大朝會、大冊命、親耕籍田時穿著
遠遊冠服（皇太子）——受冊、謁廟、朝會時穿著
一等加貂蟬籠巾——宰相、親王、使相、三師、三公所用
二等無貂蟬籠巾——樞密使、知樞密院至太子太保所用
七梁冠
一等：天下樂錦做綬帶　宰相、親王、使相、三師、三公所用
二等：雜花暈錦做綬帶　樞密使、太子太保所用
六梁冠——左右僕射至龍圖、天章、寶文閣直學士
五梁冠——左右散騎常侍至殿中、少府、將作監
四梁冠——客省使至諸行郎中
三梁冠——皇城以下諸司使至諸衛率府率
二梁冠——入內、內侍省內東西頭供奉官、殿頭，三班使臣，陪位京官
參考元豐二年（1079）確定的朝服制度
在皇帝穿朝服的場合穿著
元豐改制以後
配九龍四鳳冠——二十四株花，三對博鬢
嬪妃與公主——九翬四鳳冠——十八株花，兩對博鬢
皇太子妃——花釵冠——不用龍鳳，十八株花，兩對博鬢
其他命婦——花釵冠
一品——花釵九株，寶鈿準花數（下同），翟九等
二品——花釵八株，翟八等
三品——花釵七株，翟七等
四品——花釵六株，翟六等
五品——花釵五株，翟五等，以上物品皆用兩對博鬢
參考《宋史・輿服志》所載政和年間的規制
命婦：假髻＋大袖＋霞帔＋長裙
非命婦：假髻＋大袖＋長裙
參考《朱子家禮》

二、宋朝便服體系

宋朝語境下的「常服」和現在的「常服」概念還是有區別的，宋朝的「常服」事實上是指「小禮服」，是日常穿著但比較正式的服飾，比如公服、大袖即為宋朝的「常服」。本小節所指的便服，即日常所穿的便裝。

下圖分男子、女子兩類人群，從首服、身服、足服以及配飾四個層面，分解梳理宋朝便服體系。

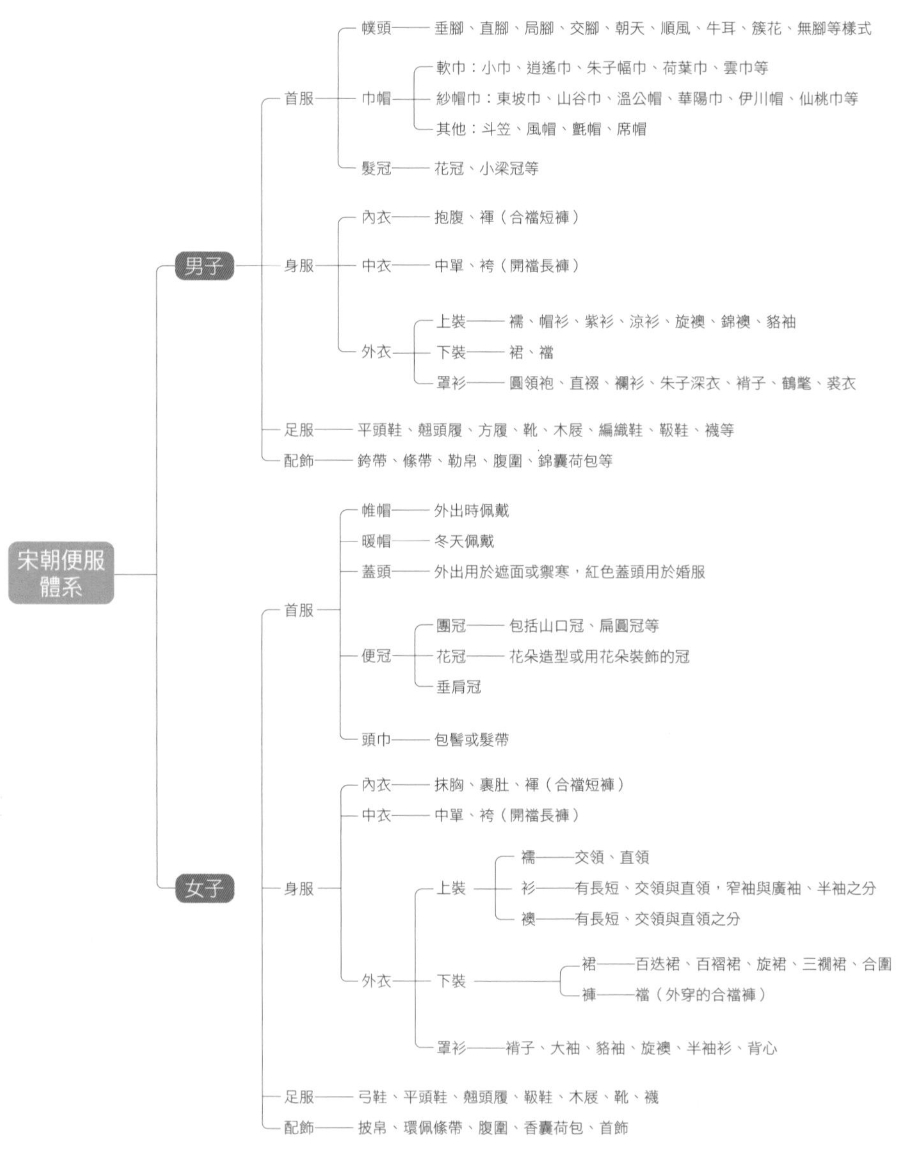

後記

在書稿即將付梓之際，我的心緒竟有些複雜。能夠專注於自己熱愛的事情，在那些文物遺存、畫作影像以及前人筆墨中解讀歷史密碼，我是如此享受，竟有些捨不得這種充盈向上的狀態；能夠將宋畫、宋詞、宋服以及社會風俗等資訊在建構的場景中融合表達，完成自己初始的設想，我是如此欣喜，很是期待它會以怎樣的面貌呈現給同袍們、讀者們；作為文化遺產領域的研究者，我掌握著歷史研究的方法，但作為傳統服飾的愛好者，我又是如此忐忑，不知道「將傳統文化通俗化表達」的初衷能否實現，讓更多非專業的愛好者更容易「入門」。

所以，讀者朋友們，這本書是否能讓你系統地了解不同場景下宋人的形象裝束，驚歎於宋朝織造技術與服飾裝飾工藝的精湛與華美？是否能夠讓你感受到宋畫刻畫人物的傳神與細膩，宋詞描寫服飾的生動與凝練？是否能讓你回想起那些遠去的大宋人物，感受到宋人的生活美學與市井煙火？如果你的答案是肯定的，那麼，我會感到非常榮幸，也感謝你們讓我所有的堅持與努力都有了意義。

當然，所有的研究都不是無源之水，感謝眾多前輩們的研究成果給了我莫大的支撐與引導。如沈從文先生的《中國服飾史》、周錫保先生的《中國古代服飾史》、黃能馥與陳娟娟學者的《中國服裝史》、華梅教授的《中國歷代〈與服志〉研究》、傅伯星先生的《大宋衣冠》、李芽與陳詩宇學者的《中國妝容之美》等。此外，《東京夢華錄》、《夢粱錄》、《武林舊事》、《事林廣記》、《西湖繁勝錄》、《事物紀原》、《演繁露》、《建炎以來朝野雜記》、《都城紀勝》以及《大宋宣和遺事》等宋朝筆記小説、文獻也是我撰寫過程中主要的史料依據。

「明來處，知去處，曉歸處」，歷史研究讓文化復興有了「根本」，但復興不是復古，也不僅僅是復刻，復興中一定會有發展與融合之後產生的「時代性」。因此，在講述「宋人穿搭檔案」中間，我穿插了作為「今人穿搭指南」的「小知識」，希望針對愛好者穿著漢服時遇到的問題提供一些建議和參考，希望來源於歷史的研究成果也能在當代生活場景下靈活應用。

「以古人之規矩，開自己之生面」，有傳承也要有變革，這樣才能延續傳統文化的生命力，重塑具有時代特色的「禮儀之邦」。

2023年8月